# COMO EDUCAR UM FILHO FEMINISTA

# SONORA JHA

# COMO EDUCAR UM FILHO FEMINISTA

## MATERNIDADE, MASCULINIDADE E A CRIAÇÃO DE UMA FAMÍLIA

Prefácio de Maíra Azevedo,
a Tia Má

Tradução de Giu Alonso

AGIR

Título original: *How to Raise a Feminist Son*

© 2021 by Sonora Jha

Direitos de edição da obra em língua portuguesa no Brasil adquiridos pela Agir, selo da Editora Nova Fronteira Participações S.A. Todos os direitos reservados. Nenhuma parte desta obra pode ser apropriada e estocada em sistema de banco de dados ou processo similar, em qualquer forma ou meio, seja eletrônico, de fotocópia, gravação etc., sem a permissão do detentor do copirraite.

Editora Nova Fronteira Participações S.A.
Rua Candelária, 60 — 7º andar — Centro — 20091-020
Rio de Janeiro — RJ — Brasil
Tel.: (21) 3882-8200

---

**Dados Internacionais de Catalogação na Publicação (CIP)**

J59c   Jha, Sonora
       Como educar um filho feminista: maternidade, masculinidade e a criação de uma família / Sonora Jha; tradução de Giu Alonso; prefácio de Maíra Azevedo. – Rio de Janeiro: Agir, 2021.
       304 p. ; 15,5 x 23cm

       Título original: *How to raise a feminist son*

       ISBN: 978-65-5837-052-9

       1 . Feminismo 2. Educação I. Alonso, Giu . II Título

                                            CDD: 305.42
                                            CDU: 305

André Queiroz – CRB-4/2242

---

Impresso pela Exklusiva - 2021

Para meu filho

# SUMÁRIO

**PREFÁCIO**, 9
**NOTA DA AUTORA**, 11
**PRÓLOGO:** Como criei um filho feminista no escuro, 13

**CAPÍTULO UM:** Socorro, acabei de descobrir que vou ter um filho!, 25
**CAPÍTULO DOIS:** E se eu não for uma boa feminista?, 39
**CAPÍTULO TRÊS:** O que as deusas fariam?, 53
**CAPÍTULO QUATRO:** A Mamãe Gansa já ouviu falar de feminismo?, 67
**CAPÍTULO CINCO:** Se é preciso uma aldeia, cadê minha aldeia feminista?, 87
**CAPÍTULO SEIS:** Como vou protegê-lo dos homens à nossa volta?, 109
**CAPÍTULO SETE:** Como vou protegê-lo da mídia?, 133
**CAPÍTULO OITO:** Eu tenho mesmo que falar com ele sobre sexo?, 159
**CAPÍTULO NOVE:** O feminismo é bom para o corpo dele, assim como para sua mente?, 177
**CAPÍTULO DEZ:** E se ele cometer um deslize?, 197
**CAPÍTULO ONZE:** Meu menino não branco vai se sentir sobrecarregado demais? Meu menino branco vai se sentir culpado demais?, 213
**CAPÍTULO DOZE:** E se *eu* cometer um deslize?, 235
**CAPÍTULO TREZE:** Como vou saber se tive sucesso em criar um filho feminista?, 249

**RECURSOS**, 265
**AGRADECIMENTOS**, 297
**SOBRE A AUTORA**, 299

# PREFÁCIO

**POR QUE CRIAR UM FILHO FEMINISTA?** Fiquei me perguntando muito sobre isso! Afinal, eu sou mãe de um menino cisgênero e de uma bebê. E entendi que criar um filho que entenda a importância do feminismo, respeite a existência de outros corpos, para além do dele, é importante para ele e também para a coletividade. É preciso, urgentemente, que os meninos, futuros homens, compreendam que o mundo não se resume à sua existência e que o falocentrismo é um conceito equivocado, ultrapassado, reacionário e impeditivo de compreender a diversidade que nos cerca.

Neste livro de Sonora Jha, muitos questionamentos são respondidos sobre como orientar nossos filhos a compreenderem que é impossível desenvolver uma sociedade justa e igualitária sem compreender as diversas formas de opressão que nos acompanham no cotidiano e que, muitas vezes, são as figuras masculinas que estão no topo das práticas agressivas.

*Como educar um filho feminista* nos possibilita iniciar um debate sobre nossas existências e sobre proteção. Proteção dos corpos femininos, mas também dos próprios meninos, que precisam compreender que podem ser exatamente como são, únicos. Que não precisam seguir o padrão da masculinidade tóxica que adoece e mata!

Educar um filho feminista é proteção e segurança! Para ele e para todos nós!

*Maíra Azevedo (Tia Má)*
Jornalista e palestrante

# NOTA DA AUTORA

**AO USAR A PALAVRA "FILHO" NO** título e filhos/meninos no tema deste livro, estou escolhendo me concentrar na tarefa urgente de criar meninos cisgêneros para serem feministas, mas também faço referência a outras identidades interseccionais nestes capítulos. Este livro é para todos que se interessam pelo feminismo, mas especialmente para aqueles que têm influência na criação de meninos. A maioria de nós tem.

Mudei os nomes da maioria das pessoas mencionadas, com exceção dos especialistas citados, figuras públicas e alguns amigos. Resumi alguns períodos de tempo e me concentrei nas pessoas e nas partes da minha história que acredito serem centrais para o tema. Também me baseei na minha memória para contar minhas verdades sobre momentos na minha vida e na vida do meu filho. Outros podem se lembrar desses momentos compartilhados de forma diferente.

Prólogo
# COMO CRIEI UM FILHO FEMINISTA NO ESCURO

**NO FILME *NÓS*, DE JORDAN PEELE,** há uma cena logo no início, em que um menino diz: "Tem uma família no nosso jardim." Se você já viu o filme, sabe que este é um momento de suma importância que inicia toda a loucura. Vemos a silhueta de um homem, uma mulher e duas crianças de mãos dadas, parados de pé em frente a uma casa de férias, olhando para as pessoas lá dentro.

O inferno está prestes a começar no filme, mas estou distraída. Como o menino sabia que tinha que chamar aquele grupo de pessoas do lado de fora de "família"? É porque isso é tudo que ele conhece e vê refletido ali, fazendo ele mesmo parte de uma família tradicional norte-americana? É por causa daquele adesivo no carro, com os bonecos de palitinho de homem, mulher, menino e menina de mãos dadas — você sabe de qual estou falando —, simbolizando uma família? Se eu e meu filho aparecêssemos na frente da casa de alguém, parados de mãos dadas silenciosamente, em silhueta por algum motivo, seríamos vistos como tão assustadores quanto eles? Será que o menino olhando para fora *nos* chamaria de família?

Eu sei a resposta a esta pergunta, e a resposta é não. Nem *eu* chamo nossa unidade de mãe-solo-e-filho-único de família. Deveria, mas não chamo. Quando me recosto e me deixo levar, afastando meus pensamentos estraga-prazeres, suspendendo minha descrença para poder me entregar ao terror deliciosamente escapista reservado a famílias tradicionais, dou uma olhada em meu filho adulto ao meu lado e então volto a observar a tela em que uma família mata uma família, e me pergunto se Jordan Peele não gosta de famílias tradicionais tanto quanto eu. Estranhamente, essa ideia me traz um alento.

É por isso que vamos ao cinema, meu filho e eu. Essas coisas belas que brilham no escuro, essas sequências de pensamento e história enviadas para nós a partir de fábricas de imaginação, conectam Gibran e eu em nossa vida reimaginada juntos. Aqui, estamos longe da minha família violenta na Índia, dos péssimos modelos de masculinidade aos quais eu teria que entregar meu menino caso não tivéssemos encontrado nosso templo nestas poltronas de cinema.

Você poderia argumentar, é claro, que Hollywood, Bollywood, e qualquer outra indústria cinematográfica do mundo estão longe de ser nossos templos de pensamento e representação feminista. Na verdade, em geral, são bem o contrário. Mesmo assim, embora eu não soubesse disso por muitos anos, estava criando um menino feminista, de coração bom e mente afiada, no cinema.

A tarefa de transformar um menino em um homem com uma consciência feminista às vezes envolve roubá-lo da misoginia cotidiana e de suas infrações constantes e ininterruptas, e levá-lo para as fantasias conjuradas em 24 *frames* por segundo. O feminismo, como o cinema, exige que deixemos de lado nossa descrença. Exige que confiemos que uma garotinha possa usar sua inteligência e coragem para resgatar seus pais quando o pai faz uma curva errada e entra em um mundo fantástico em *A viagem de Chihiro*, de Hayao Miyazaki. Sugere ao meu filho que acredite que Nancy Chan, que senta ao seu lado na sala do terceiro ano, é mais esperta que ele e um dia será presidente.

Para cada filme assim, que criava uma faísca em nossa imaginação feminista, havia inúmeros outros que a apagavam com sua misoginia óbvia. Os dois tipos serviam à causa feminista. Os filmes nos davam uma atividade para fazermos juntos, só mãe e filho. Eles nos ofereciam uma forma de conversar sobre as coisas, primeiro sobre noções simples de justiça, e depois sobre amor e sexo e representação e apagamento. Os filmes são uma força social, ao mesmo tempo que são fantásticos, determinam o normativo. Nos termos de uma criança de dois anos, isso se traduzia em: "Gibran, por que tem tantos meninos no *Mogli* e só uma menina importante, Kaa, a serpente, e ela é má e traiçoeira? A mamãe quer ver mais meninas fazendo coisas importantes nos filmes! Você também não quer?"

Conforme Gibran crescia, ele assistiu aos filmes e assistiu à visão feminina da sua mãe dos filmes. No ônibus ou no carro voltando para casa, eu perguntava ao meu filho, já adolescente, por que víamos mulheres sendo sexualizadas para o prazer dos homens, ou para a violência dos homens, ou para a vingança dos homens uns contra os outros. O Gibran adulto teve que refletir sobre os motivos pelos quais vemos tão pouco do prazer feminino nos filmes. E por que não nos era oferecido o visual do corpo masculino direcionado ao olhar feminino heterossexual?

Essas conversas nos deixavam desconfortáveis e nós ríamos do desconforto. Assistíamos a filmes que giravam em torno de meninas e mulheres com poder e iniciativa (*Mulan*, *Ponyo*, *Matilda*, *Mirch Masala*, *Zootopia*, *Meu amigo Totoro*, *Valente*, *Oitava série*) e também assistíamos aos que não faziam isso.

Contei a Gibran sobre o Teste de Bechdel — as três perguntas que a autora e cartunista Alison Bechdel criou para determinar se as mulheres são representadas de forma justa em um filme: 1) a obra contém pelo menos duas mulheres, 2) que falam uma com a outra 3) sobre algo que não seja um homem. Mais tarde, ele me ensinou o conceito de "mulheres na geladeira", um termo cunhado pela roteirista de quadrinhos Gail Simone em referência a um quadrinho do Lanterna Verde de 1994, em que o herói da DC volta para casa e encontra a namorada assassinada e enfiada numa geladeira, o que então o motiva a buscar vingança enquanto a mulher está, literalmente, congelada fora da história.

Nós íamos ao cinema por diversão, mas voltávamos falando dos filmes tanto como espelhos quanto como ladrões de mentes. Uma vez eu o entreouvi explicando a um amigo como aprender a reconhecer clichês sexistas basicamente os reduzia a algo ridículo e cômico, e encontrá-los se tornara uma espécie de jogo. No cinema, Gibran era em partes iguais fã, crítico de cinema, crítico cultural e feminista. Perceber o apagamento das mulheres nos filmes (como personagens, atrizes, autoras e como espectadoras) alerta para o apagamento na vida real.

•••••••••

O primeiro filme a que assisti com meu filho, quando ele tinha um ano, foi *Babe, o porquinho atrapalhado*. O último filme a que assisti com ele, pouco antes de ele ir para a faculdade, foi *Memórias*, do Woody Allen, ou seja, também sobre um porco.

Meu bebê era estranho no cinema. Quando o levei para ver *Babe*, eu trabalhava como crítica de cinema em Bangalore e tinha que ir ao cinema semanalmente para avaliar filmes norte-americanos e de outros países para o jornal *The Times of India*. Também era chefe da redação metropolitana, uma estrela ascendente do jornalismo. Eu tinha um marido, uma casa, amigos. Descobri que podia ter todas essas coisas deliciosas e, além disso, roubar um tempinho com meu bebê se o levasse para o cinema comigo. Tecnicamente, eu estava trabalhando, mas como não estava no escritório, estaria com meu bebê.

Eu o colocava no colo e o envolvia com o braço esquerdo, enquanto fazia anotações no caderno com a mão direita. Na escuridão do cinema, dava uma cafungada na cabeça dele. Fiz isso por anos depois que o cheirinho de bebê já tinha sumido. O melhor lugar para fazer isso era no cinema. Sempre, como naquela primeira vez durante *Babe*, ele estava fascinado demais para perceber.

O pai dele e nossos amigos me avisaram que não era uma boa ideia levá-lo ao cinema.

"Não é saudável", diziam. "Ele vai ficar viciado em filmes."

Eu não conseguia pensar em nada melhor.

"Ele vai chorar. Vai incomodar as outras pessoas", diziam.

Meu bebê ficava paradinho, de olhos arregalados. Quieto como um ratinho o tempo todo. Ainda me lembro da sua nuca, ereta daquele jeito que bebês conseguem manter seus pescoços moles quando estão observando o mundo.

O que foi que ele viu na tela que o manteve tão fascinado? O porco sendo adotado pelas ovelhas? Os problemas do fazendeiro? As boas maneiras do porquinho quando fala com a velha ovelha? A esperança no filme? O desespero? O triunfo do porco que era o estranho no concurso de cachorros? Nada?

*Bá, carneiro, ovelha,*
*À tua raça, à tua lã, ao teu clã serás fiel*

Em um dia das mães recente, uns vinte anos após aquela sessão de *Babe*, meu menino, agora já de pescoço bem forte, me escreveu uma carta no Facebook Messenger (esse em geral é seu último recurso no Dia D, quando enviar cartões da faculdade já não é mais uma opção). A carta era breve, e em sua brevidade estava:

> *E, talvez o melhor de tudo, eu aprendi a apreciar e criticar arte em todo aquele tempo que passamos juntos assistindo à TV e filmes na telona ou em nossos variados sofás, apontando problemas de roteiro, ridicularizando a estupidez de diferentes personagens e rindo. Essas provavelmente são minhas memórias de infância mais queridas, elas vão estar sempre comigo, e vou poder contar com elas nos momentos em que temer estar sozinho, ou sentir que a vida é solitária demais, entediante demais ou dolorosa demais para continuar.*

Eu nunca quero que ele sinta que a vida é solitária demais. Mas quero que ele conheça a solidão. Isso ajuda a desenvolver aquele músculo chamado empatia. Isso o faz atender o telefone quando ligo para ele depois de mandar uma mensagem desesperada dizendo: "Acabei de assistir a *Jantar com Beatriz*. Estou chorando." Isso o faz escutar. Isso o faz dizer: "Chorei assim depois de ver *Eu, Daniel Blake*. Aquele filme partiu meu coração."

Que as vozes de rapazes por todos os Estados Unidos e a Índia e a Irlanda e a Arábia Saudita e a Nigéria se ergam em um canto alto e ribombante: *Algo partiu meu coração*.

Em *Babe*, e nos filmes que entraram rápida e lealmente em nossas vidas depois, durante todo o tempo em que foi possível, eu o sentava no meu colo e deixava meu coração bater junto às costinhas dele enquanto o balançava com gentileza no joelho. Meu coração ficou forte. Suas costas ficaram firmes. Quando ele já era grande o bastante para sentar na poltrona ao meu lado, eu me inclinava por cima da pipoca e cheirava sua cabeça.

O pai dele arrumou um emprego em Singapura. Pedi demissão do meu emprego como estrela-ascendente-do-jornalismo-indiano e o segui com nosso bebê. Nós três íamos ao cinema juntos, mas algo estava errado. Para começar, eu não tinha emprego. Além disso, meu marido estava se divertindo muitíssimo, indo bem na carreira, viajando muito, indo a festas para as quais estranhamente eu nunca era convidada. Eu fiquei incomodada, comecei a tomar antidepressivos. Meu menininho chorava no cinema. Sim, a gente não deveria ter entrado com ele escondido em *O advogado do diabo*, durante o qual ele ficou irritado porque estava com calor. Em *Titanic*, ele ficou ansioso, temeroso: "O navio vai afundar, mamãe? Todo mundo vai se afogar?"

"Não", respondi e saí com ele, esperando o pai dele no saguão. Por alguns anos, na imaginação do meu filho, aquelas pessoas do Titanic chegaram ao seu destino tranquilamente e viveram muitos anos. Quando meu menino descobriu depois, em livros, que o navio afundou, sim, e que aquelas pessoas se afogaram, sim, ele nunca me questionou sobre minha mentira. Os filmes já tinham, a essa altura, se tornado aquelas diversões em que não só a descrença era deixada de lado, mas todas as distorções da verdade também.

Nos anos seguintes da sua infância, meu filho se veria mudando para os Estados Unidos comigo, veria os pais se divorciando, veria a mãe ser levada para uma cirurgia de emergência depois de um acidente de carro do qual ele escapou sem nenhum ferimento. Eu e ele sobrevivemos às incertezas da vida muitas e muitas vezes, e continuamos indo ao cinema, filme atrás de filme. Já tendo reimaginado e reconstruído algo tão colossal quanto o destino do Titanic, eu agora rearrumava os detritos de nossas vidinhas e reimaginava como eu e meu menino viveríamos e quem seríamos depois. Fiz um doutorado, depois consegui um emprego como professora de jornalismo em Seattle e me mudei para lá para construir uma vida para ele e para mim, não importava onde estávamos, porque eu ainda não imaginava que fôssemos uma família.

Nós criamos um ritual: sempre que viajávamos, assistíamos a um filme naquela cidade. Era uma forma de explorar o lugar, ele dizia, através dos seus cinemas. Aham, eu dizia. Era só o jeito que ele dava para ir ao cinema, não importava o que acontecesse. E, embora não falasse isso para ele, eu sabia que era a forma dele de encontrar algo rotineiro, normal, familiar, não importava em que lugar do mapa ele estivesse, enquanto o mundo de seus pais se desfazia. Na nossa vida cotidiana, nós tínhamos preocupações. Nos filmes, nós tínhamos admiração.

Quando visitávamos minha família na Índia, e a violência do passado me atingia na forma de um soco do meu irmão ou das palavras duras da minha mãe, nós ainda tínhamos os filmes com o galã Shah Rukh Khan. Na Índia, os filmes tinham intervalos nos quais comíamos samosas. Eu não tinha ensinado meu filho a falar hindu, então precisava sussurrar traduções rápidas no ouvido dele enquanto o filme passava. "Eu a amo", disse Shah Rukh Khan em *Kabhi Khushi Kabhie Gham*. "Ela não é da nossa classe ou casta, mas eu a amo e você não vai humilhá-la", declarou ele em um delicioso melodrama para o pai e saiu de casa para construir uma vida em que a esposa seria respeitada. Meu menino assentiu no escuro.

Acredito que ele sabia que os filmes eram o batimento cardíaco da mãe. Também era onde eu me sentia segura, de pés firmes no chão. Em Seattle, os pais dos amigos dele levavam as crianças para suas casas no lago, ou pelo menos para pescar no lago. Levavam as crianças para resorts de ski no inverno e para passeios de canoa no verão. Para acampamentos. Estar ao ar livre é vital para o crescimento das crianças, diziam. E sim, é possível criar um feminista na natureza. Eu também tentei acampar, ficar ao ar livre. Andei de trenó. Mas tive poliomielite na infância e esmaguei o tornozelo em uma batida de carro na vida adulta, então minhas pernas estragadas atrasavam todo mundo.

No cinema, eu era forte. No caminho para casa, Gibran ficava falante. Quando os anos introspectivos da adolescência chegaram, ele ainda se inclinava para a frente no cinema, com os olhos bem abertos. Então a gente se encontrava ali, o melhor dele e o melhor de mim. *À tua raça, à tua lã, ao teu clã serás fiel.*

Meu menino me via feliz no cinema. Talvez feliz não seja a palavra certa. Ele me via entregue. Quando o mundo lá fora me confundia e eu o levava junto na minha confusão, o mundo ali dentro, no escuro, era onde depositávamos nossa confiança.

Conte-me uma história, estou aqui. Tire-me da minha história por um tempo.

Por anos, eu olhava para ele durante um filme e Gibran olhava de volta, assentindo ou sorrindo. Sim, mamãe, estamos aqui. Ainda estamos nós dois aqui.

Então um dia Gibran me levou para assistir a um filme porque ele queria ver a *minha* cara: *Planeta dos macacos: a origem*. Ele tinha 16 anos e começava a ir ao cinema com os amigos, então já tinha visto o filme. Ir ao cinema não era mais exclusivamente uma coisa só nossa. E eu estava tentando ser gentil quanto a isso.

Mas ele queria ver aquele filme pela segunda vez, comigo, falou, porque "tinha uma cena".

"Eu não quero ver um filme sobre macacos", falei. "Você sabe como eu sou com bruxos e hobbits." Eu tinha dormido nos filmes de *Harry Potter* e de *O senhor dos anéis*.

"Confie em mim."

Em uma hora, estávamos assistindo ao macaco ficar inteligente. Então Caesar estava em uma jaula, andando de um lado para o outro, preso, enfurecido pela forma como ele e seus companheiros macacos eram mantidos encarcerados e famintos. Caesar escapou. O tratador chegou e o atacou com o taser. O ator era alguém que eu reconhecia como um menino dos filmes de *Harry Potter*. Isso não estava indo nada bem.

"Entre na gaiola de novo!", gritou ele para o macaco. Eu me encolhi na poltrona. Meu pescoço ficou tenso. Caesar agarrou a mão do tratador.

"Tire essas patas sujas de mim, seu macaco maldito!", disse o tratador.

Caesar se ergueu ao máximo e gritou: "*Não!*"

Caesar disse *não*. Caesar fala. Caesar tem uma linguagem. Caesar tem raiva.

Eu arfei, alto demais para um cinema, o equivalente adulto a um bebê barulhento na sessão. Meu filho apertou minha mão. Arranquei os olhos da tela e olhei para ele. Seus olhos estavam brilhando. Ele estava sorrindo de orelha a orelha. Estava olhando não para a tela, mas para meu rosto. Foi por isso que ele me levara para ver aquele filme. Foi por isso que ele estava ali. Nós resistimos. O macaco resiste. Nós aprendemos a dizer "não".

Mais tarde, li livros e artigos acadêmicos sobre aquele filme. Eu sentia uma satisfação pelo "não!" de Caesar representando um motim contra a opressão. Aquela cena se tornou algo que eu procurava com frequência no YouTube e enviava para amigos pelas mídias sociais, como um grito de guerra cinematográfico pela revolução. Duvido que fosse tão catártico para a maioria das pessoas. Você tinha que ter visto o filme. Você tinha que ter visto o filme com a gente.

Mas, para mim, mais profundo do que tudo isso foi que meu filho me viu naquele dia no *Planeta dos macacos: a origem*. Não, ele me *assistiu*. Ele previu meu arfar e minha catarse. Seu rosto brilhava. Ele amou o triunfo de Caesar duplamente. Ele estava me dizendo que nós, juntos, víamos o valor da divergência. Estávamos na beirada da poltrona enquanto Caesar e sua tribo se libertaram e fugiram pelas sequoias da Califórnia.

Os filmes nos davam uma abertura para conversar sobre coisas que não tinham a ver conosco, mas *tinham* a ver conosco. As histórias levaram meu filho à leitura. Ele se tornou um leitor formidável. Mas ler é uma atividade solitária. Filmes estão na sua cara. Filmes são divididos no momento. Divididos como, talvez, digamos, uma família.

Mas essa sequência feminista teve seus altos e baixos. Depois das revelações do movimento #MeToo, quando Gibran me pediu para ver o filme *Memórias* do Woody Allen com ele, eu concordei, mas avisei que seria o último filme daquele homem que eu veria. Gibran discutiu. Disse que temos que separar a arte do artista, sabe? Trocamos algumas palavras ásperas. Enquanto brigávamos, percebi: *por que eu tinha achado que seria fácil?* Meu trabalho de criar um filho feminista de coração bom e mente afiada nunca terminaria. Lutar contra anos de patriarcado — ou contra a arte de homens brancos, que seja — não seria um trabalho terminado em 18 anos.

Eu ganharia tempo. Eu tiraria esperança do seguinte: os filmes nos davam histórias alheias como galhos em que nos penduramos com alegria, suportando o peso de nossas próprias histórias. O cinema foi onde meu filho conheceu *Babe* e aprendeu a ter empatia, a fundação do feminismo para um menino.

A masculinidade pode ser uma jaula, uma gaiola de ouro, em que Woody Allen prendeu um projetor e distribui pipoca. Meu menino teria que se libertar. Eu poderia lhe jogar a chave.

Quando meu menino me visita agora, logo planejamos nossa ida ao cinema. No caminho até lá, penso nisso — só o tempo dirá se ele cresceu e se tornou um homem feminista de coração bom e mente afiada. E meu tempo com ele, no escuro do cinema, está acabando. Esta criança é a única família que tenho na vastidão dos Estados Unidos. Tenho que ignorar as meias-verdades dos adesivos de bonecos de palitinho e mergulhar nas gloriosas verdades já vividas por pais do mesmo gênero, pais adotivos e tantas outras formas de família, vendo minha própria versão da felicidade familiar. Tenho que ser uma mulher feminista de coração bom e mente afiada e dizer, sobre nós, no mesmo tom definitivo do menininho em *Nós*: "Tem uma família assistindo a um filme."

Capítulo um
# SOCORRO, ACABEI DE DESCOBRIR QUE VOU TER UM FILHO!

**NA ÍNDIA, QUANDO UMA MÃE TEM** um bebê, ela recebe uma massagem pós-parto para tranquilizá-la depois do nascimento e ajudá-la a recuperar a força e a forma. Então, quando o bebê tem mais ou menos um mês de vida, a mãe é encorajada a massageá-lo. Dizem que isso ajuda a criar uma conexão entre o bebê e a mãe, além de remover toxinas do organismo da criança. Quando feita depois do banho do bebê, essa massagem o ajuda a dormir profundamente — e todo mundo sabe o quanto a gente quer que isso aconteça.

No meu filho, eu usava uma mistura de azeite, óleo de coco, óleo ayurvédico e o óleo de massagem da Johnson's Baby. Eu falava com ele, e ele fazia barulhinhos. Ele piscava para mim com seus olhos negros imensos de cílios compridos como se estivesse se perguntando se aquele sentimento que o dominava era amor. É sim, eu sussurrava ao dobrar sua perna esquerda gordinha por cima da direita e com gentileza apertava sua barriga, do jeito que a mulher que ensinava a massagem ayurvédica há gerações me orientara, para ajudar na digestão do bebê e exercitar a flexibilidade das suas juntas.

Naqueles primeiros meses, eu olhava para meu filho e sabia que ele era a coisa mais linda do mundo. Achei que morreria de amor. Isso foi nos tempos antes do Facebook e do Instagram, então eu não podia dividir o que eu sentia com o mundo. Assim, só acreditava nisso em silêncio e mergulhava alegremente nos nossos momentos de gorgolejos e palavras sussurradas.

Também tive tempo de me perguntar como tornar aquele meu lindo milagre de pernas gordinhas e olhos retintos em um poderoso guerreiro da revolução feminista.

Eu queria só o melhor para aquele menino — por isso a mistura de óleos. Parte de mim então parou e se perguntou se meu plano de criá-lo como feminista — que seria bom para o mundo, é verdade — talvez faria com que *ele* ficasse para trás. Por que não permitir que meu filho permanecesse em um sono profundo em vez de usar seu coração, seus membros e seu cérebro ternos por uma causa que não *o* celebrava?

Felizmente, comecei a ler tudo que pude sobre o feminismo e seus benefícios para os meninos. Procurei tanto poesias quanto pesquisas que me ajudariam a permanecer no caminho certo. Conversei com amigos. Ao longo dos anos, conforme Gibran crescia, mantive tudo isso por perto.

Vinte anos depois, quando minha amiga Julie descobriu que estava grávida de um menino, passou por emoções similares. Isso ia ser divertido, concluiu ela. (E, é claro, o menino cresceria feminista.)

Talvez seus amigos estejam comemorando e comprando macacões fofos para seu chá de bebê com os dizeres: "É assim que um feminista se parece." Ou, talvez depois de tantos anos de Trump e das consequências do movimento #MeToo, eles mal consigam concordar, com um assentir sério. Seja como for, sabemos que cada vez mais de nós queremos e nos dedicamos a criar meninos feministas.

Esse desejo não vem só dos vinte anos entre o meu menino e o de Julie, é claro. As feministas imploram para que os homens sejam nossos aliados faz séculos, na verdade. Vamos ver o que a "primeira feminista" da Inglaterra, Mary Wollstonecraft, disse no seu ensaio, *Reivindicação dos direitos da mulher*:

*Se os homens generosamente quebrassem nossas correntes e ficassem contentes com um companheirismo racional em vez de uma obediência servil, eles encontrariam em nós filhas mais devotadas, irmãs mais afetuosas, esposas mais fiéis, mães mais sensatas — resumindo: cidadãs melhores.*

Séculos depois, as coisas mudaram um pouquinho, já que agora tentamos convencer os homens — e algumas mulheres — de que simplesmente gostaríamos de ser caracterizadas como humanas, em vez de ter que apelar aos homens como filhas, esposas, irmãs e mães, mas sim, Mary, eu te entendo: o feminismo vai ajudar meu filho a estar em um companheirismo racional. Para esta mãe sensata aqui, isso significa que ele vai ter a permissão de estar errado às vezes, de falhar, de cair, de chorar, de ser protegido em vez de ser sempre o protetor, de ser cuidado em vez de ser sempre o provedor, de buscar e receber conselhos sábios, de ser criticado tanto quanto é elogiado, de se divertir, de ser abraçado e cobrado, de se educar e de transar.

Eu desejo avidamente, razoavelmente, completamente todas essas coisas para meu filho.

Será que sequer é possível? Será que meninos *podem* ser feministas? Será que estão fazendo isso para o bem geral, em solidariedade altruísta, ou será que *ele* vai ganhar alguma coisa em troca?

Uma resposta pertinente e eloquente a essa questão veio de um cavalheiro no Twitter, onde compartilhei um ensaio sobre criar um filho feminista. "Criar um filho feminista? Por que você não cortou logo o pinto dele quando ele nasceu?", dizia seu tuíte, piscando para mim enraivecido. Eu não respondi de cara. Imaginei que a pergunta era retórica.

Logo percebi que aquele homem estava fazendo uma pergunta importante e relevante no *zeitgeist* universal. A masculinidade dos meninos, em especial nos Estados Unidos, se tornou uma espécie de campo de batalha. Uma batalha estranha, essa, em que os meninos são ao mesmo tempo soldados e espólios. O Homem do Twitter está ligado à pulsação do país, talvez melhor do que eu. O Homem do Twitter exige uma resposta.

Então, querido Homem do Twitter: eu não cortei o pinto do meu filho porque isso seria violência sexual. (As feministas meio que são contra violência sexual.) E, para ser feminista, meu filho precisa do cérebro, do coração, das mãos, dos pés, das lágrimas, da voz, do fôlego e definitivamente do pinto. Não se engane — ele precisa do pinto para "transar como um feminista", um chamado aos nossos homens criado pela comentarista política Samantha Bee após o movimento #MeToo.

Eu entendo por que o Homem do Twitter não ia querer acreditar em mim sobre o assunto. Para compreender por que finalmente chegou o momento de criar meninos como feministas, eu indicaria a ele as opiniões de alguém com pinto. Para ser precisa, gostaria que ele ouvisse o que o Papa João Paulo II disse em uma carta que enviou às mulheres em setembro de 1995, durante uma reunião na Conferência das Nações Unidas em Beijing. A carta foi escrita em 29 de junho, menos de um mês depois do nascimento do meu filho:

> *Há uma necessidade urgente de conquistar a* verdadeira igualdade *em todas as áreas [dos direitos das mulheres]: pagamentos iguais para trabalhos iguais, proteção de mães que trabalham fora, justiça em avanços profissionais, igualdade dos cônjuges nos direitos familiares... Chegou o momento de condenar vigorosamente os tipos de* violência sexual *que frequentemente têm como objeto as mulheres.*

Esta carta de amor do papa foi mais amplamente divulgada do que as palavras de qualquer mulher dizendo o mesmo, seja aos sussurros ou em artigos astutos ou aos gritos (e certamente nunca foi dito por nenhum membro do clero do gênero feminino, porque nem o papa iria tão longe a ponto de ouvir suas próprias palavras sobre avanços profissionais e, *surpresa*, permitir que uma mulher se tornasse sacerdote da sua religião).

Chega de falar de pintos. No mesmo ano em que o papa escreveu sua carta, enquanto meu bebê engordava com o leite da minha bondade humana, ouvi pela primeira vez a sugestão de Gloria Steinem de que os homens deveriam abraçar o feminismo porque ele poderia acrescentar quatro anos às suas vidas, reduzindo o estresse associado aos papéis tradicionalmente masculinos. Tudo bem, então. Leite materno deixaria meu bebê forte e o feminismo lhe daria uma vida longa. *Jiyo, mere laal.*[1]

●●●●●●●●

Então, talvez eu possa ser direta com o Homem do Twitter: a razão pela qual não cortei o pinto do meu filho é que eu quero que ele viva. Para ser mais precisa, também quero que ele viva uma vida *boa*, cheia de amor, amor duradouro. O homem perguntaria: por que seu filho ouviria? Por que ele ia querer ser feminista? Por que arriscaria ser tosco e aprender a ser feminista com a mãe?

A verdade, para confirmar os piores pesadelos do Homem do Twitter, é que, sim, eu nunca dei outra opção ao meu filho. Respeito e igualdade para as mulheres não eram coisas que eu estava disposta a permitir que ele avaliasse, pesando cautelosamente prós e contras. Estupro e violência não são questões sobre as quais você reflete antes de tomar partido. Todos os males que atormentam as mulheres antes mesmo que coloquem os pés para fora de casa — e em algumas partes do mundo nem isso elas fazem — remetem facilmente ao fato de que ainda estamos gaguejando e hesitando quando se discute se mulheres são, na verdade, seres humanos completos ou não.

---

**1** Uma bênção tradicional para uma vida longa dada aos filhos homens na Índia hindu. Não existe uma bênção tão comum e exclusiva para as filhas; as mulheres são abençoadas com "*saubhaagyavati bhava*", que significa "seja uma esposa afortunada".

Para criar um filho feminista, você tira essa opção da mesa. O feminismo foi a água em que meu bebezinho se banhou no meu útero, mesmo na época em que ele ainda parecia um peixe. Feminismo era o tempo — as horas — que passei perseguindo meus objetivos, desviando de balas enquanto trabalhava como jornalista cobrindo protestos na Índia e depois escrevendo artigos acadêmicos tentando me tornar professora universitária nos Estados Unidos. Feminismo é o espaço que viajamos entre continentes para que eu pudesse protegê-lo de nossos parentes patriarcais e desenvolver uma série de valores diferentes com que pudéssemos viver. Feminismo é o shot de proteína nas vitaminas que agora bebemos em cafeterias em Seattle. Feminismo é a nossa onda. Peça ao meu filho para descrever nosso feminismo e ele vai olhar para você, sorrir, dar de ombros e ir embora, com o pinto intacto.

•••••••

O feminismo tem história no mundo inteiro, tanto como conceito quanto como experiência vivida por muitos que não conhecem exatamente essa palavra. Ele foi estudado durante suas quatro ondas no mundo ocidental e se manifestou como uma dissidência sussurrada em lugares em que coisas assim não são documentadas.

Se você foi/é uma feminista durante as quatro ondas nos Estados Unidos, sua lista de afazeres era mais ou menos assim:

*1830 ao início do século XX*: luta por direitos iguais de propriedade e contrato;

*1960 a 1980*: esforços para garantir direitos trabalhistas, sexuais, familiares e reprodutivos e pedido pela Emenda pelos Direitos Iguais (ainda não assinada);

*1990 ao início dos anos 2000*: luta contra desigualdades baseadas em gênero, raça e classe, abarcando as nuances da interseccionalidade (um termo apresentado pela acadêmica e ativista feminista Kimberlé Crenshaw, que nos ajuda a entender como as interseções de diferentes identidades sociais como raça, gênero e sexualidade podem afetar a forma como alguém experimenta diferentes estruturas sociais);

*2010 ao presente*: luta para superar o gênero normativo, para envolver homens e meninos, e o uso das mídias sociais para criar uma solidariedade radical de base.

Se você foi/é uma feminista durante as quatro ondas na Índia, sua lista de afazeres é mais ou menos assim:

*meados do século XIX até 1915*: ser reformista e começar a falar de mulheres na vida pública, em especial sobre a educação feminina;

*1915 à independência indiana em 1947*: unir-se a ativistas como Sarojini Naidu, que se juntou a Gandhi na luta pela independência do Império Britânico enquanto dava destaque às lutas das mulheres na Índia e também iniciava lutas de classe e anticastas;

*1947 a 2010*: apoiar ou trabalhar com organizações de direitos das mulheres que exigem o tratamento justo de mulheres em casa e no mercado de trabalho, em especial em questões como dotes, estupro e propriedade de bens;

*2012 ao presente*: exigir leis antiestupro e equidade de gênero; juntar-se ou apoiar o ativismo *queer*; dar destaque à opressão das mulheres dalit; lançar colaborações feministas transnacionais pelas mídias sociais.

Escolha um lugar do planeta. As feministas deixaram esse lugar melhor para você.

Para mim, como acontece com muitas de nós, o feminismo era um sentimento antes de ser um foco. Quando ele se tornou um foco, comecei esse projeto de criar um filho feminista por medo de que ele se tornasse como os homens que me maltrataram, me bateram, me abandonaram, me atacaram. Hoje, vejo que meu filho se tornou um homem que se parece muito com esses outros homens, mas não vejo nele um opressor. Na verdade, meu filho é vulnerável. É um menino norte-americano de pele escura. Audre Lorde disse, nos anos 1970, que o feminismo das mulheres brancas talvez não seja apropriado para mulheres de minorias étnicas, e acredito que talvez também não seja adequado para meu menino racializado.

Cresci admirando escritoras feministas como Ismat Chughtai, que escreveu sobre a paixão lésbica em 1942, e Mahasweta Devi, que escreveu sobre mulheres sob o colonialismo e opressão de casta. Cheguei à vida adulta na época da coragem de Bhanwari Devi, a ativista rural de base de uma casta registrada (considerada uma casta "mais baixa" na Índia), que tentou evitar que uma família de casta mais alta casasse sua filha bebê. Como punição, ela foi estuprada por um grupo de homens de uma casta superior. Bhanwari Devi e o marido tiveram a ousadia de procurar a polícia. Ela foi banida pela família, atacada pela polícia e violentamente ignorada pelo sistema de justiça, mas seu caso finalmente venceu quando a Suprema Corte reconheceu que ela foi agredida pelo seu trabalho como ativista, o que então modificou leis de abuso sexual na Índia. Quando perguntada em uma entrevista como superou a vergonha do estupro, Bhanwari Devi disse: "Que mal eu fiz? A vergonha é deles, não minha."

Ao mesmo tempo de coração partido e inspirada por histórias feministas como estas na minha terra natal, agora moro nos Estados Unidos, trabalhando — junto com feministas brancas e de minorias étnicas, feministas trans e feministas cis, feministas hétero e feministas *queer* — para criar um feminismo belo, elegante, personalizado, expansível, baseado na história e também atemporal para meu filho.

É aí que você entra. Se está lendo este livro, é provável que você tenha um menino na sua vida que quer criar como feminista. Eu te abraço, feliz e solidária. E te digo que não está só. Podemos acabar com a masculinidade tóxica (definida como um conceito cultural de masculinidade que glorifica o estoicismo, a força, a virilidade, a dominância e a violência, e que é socialmente mal adaptado ou prejudicial à saúde mental dos meninos). Juntos podemos criar uma masculinidade gentil e vital do zero. Podemos criar nossos filhos sem estereótipos de gênero, talvez sem binarismo de gênero, de modo que sejam livres para experimentar e expressar todo o espectro das emoções humanas. E podemos ser pessoas de todos os gêneros construindo famílias de todos os tipos enquanto fazemos isso.

Fui mãe solo durante quase toda a criação de Gibran. Talvez isso tenha tornado meu trabalho de criá-lo como feminista mais fácil, talvez tenha dificultado. Já testemunhei fraquezas e forças do esforço feminista em todo tipo de família.

Em 1996, quando meu filho tinha um ano, a pesquisadora Phyllis A. Katz publicou um estudo chamado "Criando feministas", no qual apontava um importante fator que determinava se seu filho seria ou não feminista: o comportamento dos pais. Para começar, Katz relatou, muitas crianças se baseiam menos em estereótipos de gênero se as mães têm trabalhos fora de casa. Não acredito que minhas amigas que são donas de casa não serão capazes de criar feministas, mas descobri que mães que procuram e encontram prazer desempenhando outros papéis além do de cuidadora do lar têm maior probabilidade de ligar para casa e pedir aos filhos que dobrem a roupa lavada. Eu me esforçava para pelo menos uma vez por semana ligar para meu filho adolescente e perguntar: "O que tem para jantar?"

Katz e seus companheiros de pesquisa descobriram que, aos três anos, uma criança tinha menos probabilidade de reproduzir estereótipos de gênero se os pais demonstravam "um estilo de criação mais positivo — davam mais independência às crianças e eram menos exigentes, autoritários e mais amorosos que pais de crianças mais alinhados aos estereótipos de gênero". O relatório da minha amiga Julie e seu marido Ragan é que estão indo bem na tarefa de criar o filho (e a filha) para serem feministas. Para começar, estão reproduzindo uma equação de gênero diferente para as crianças. Julie é doutora e professora universitária. Ragan é músico e faz trabalhos temporários em construção civil. Julie está pagando a faculdade de engenharia de Ragan para que ele possa usar essas habilidades na sua carreira de produtor musical. Eles também alternam-se nas tarefas domésticas, compram livros de gênero neutro e elogiam a gentileza e o respeito das duas crianças, em especial do filho.

Na batalha pela masculinidade dos meninos, feministas como Julie e Ragan estão em busca de um armistício. Não, na verdade, eles estão dando um passo além e procurando um aliado no menino deles. A quarta onda do feminismo, pesquisadores nos afirmam, vai trazer homens e meninos conosco. As mães no Twitter dizem *sim, por favor*. Por todo o mundo, pais, professores, ativistas e meninos estão construindo uma liga de homens feministas e aliados que, muito em breve, vão rir na cara da misoginia.

Por exemplo, os estudantes Matt Chen e Matias Benitez, que responderam ao chamado da atriz Emma Watson por aliados feministas e começaram um Clube HeForShe na Regis High School em Manhattan. Quando os meninos souberam que algumas meninas tinham ficado desconfortáveis e haviam sido tocadas de forma inapropriada durante algumas das festas em anos anteriores, o clube colaborou com o colégio Catholic Marymount School, só de meninas, para ter uma conversa sobre como impedir esse tipo de comportamento nos bailes.

Por exemplo, Urvashi Sahni, uma educadora que desenvolveu um currículo especial para professores de meninos pobres na Prerna Boys School em Lucknow, Índia. Seus professores passam por um treinamento rigoroso para que possam ensinar aos meninos como demonstrar "cuidado responsivo" uns com os outros. Meninos cuidando de outros meninos é o primeiro passo para ensiná-los autoconhecimento e percepção socioemocional, de forma que possam refletir sobre masculinidade, violência contra mulheres, gênero e casamento. Os professores pedem aos meninos que olhem para suas comunidades e percebam como injustiças de gênero destroem seus próprios sonhos e alimentam seus próprios medos, além daqueles das meninas e mulheres em suas vidas.

Por exemplo, os homens de todo o mundo que lideram o estudo *The Man Box*, cujo relatório de 2017 demonstrou que homens jovens (entre 18 e trinta anos) se sentem pressionados para "serem durões", o que traz problemas para eles mesmos e para as pessoas ao redor deles. O estudo se aprofundou e descobriu que esses comportamentos levam a um custo de 20,9 bilhões de dólares que poderiam ser economizados nos Estados Unidos, na Inglaterra e no México se não houvesse uma "caixa masculina". Quais são esses comportamentos e a que eles levaram? Violência sexual, bullying e violência, suicídio, acidentes de trânsito, alcoolismo e depressão. Uma escola particular para meninos em Croydon, na Inglaterra, fez uma conexão entre o aprendizado de comportamentos masculinos e o fato de que o suicídio é a causa de morte mais comum entre homens com menos de 45 anos no Reino Unido. Eles chamaram voluntários de uma instituição de caridade chamada Great Men, em que homens treinados levam lições para meninos sobre questões de gênero.

Por exemplo, Fatma Özdemir Uluç, que liderou um estudo apoiado pelo British Council sobre igualdade de gênero nas escolas da Turquia. Um dos professores de ciências sociais deu aos estudantes o dever de casa de observar a família por uma semana e escrever quem estava mais cansado. Um menino do sexto ano escreveu que a irmã mais velha e a mãe eram as mais cansadas porque estavam fazendo todas as tarefas domésticas. A irmã mais velha estava se preparando para a prova da faculdade e mesmo assim tinha que preparar o chá dele. Depois que os meninos despertaram para essa injustiça de gênero ao redor deles, os professores chamaram as famílias e conversaram sobre como tratar meninos e meninas igualmente. Uma escola fez uma peça de teatro da Cinderela com um menino no papel principal para descobrir como isso mudava a história.

Por exemplo, uma iniciativa em que 36 professores de pré-escola quenianos participaram de um estudo para ver se tinham visões estereotipadas de gênero e se transmitiam essas visões para as crianças durante a seleção e o uso de materiais recreativos.

Resumindo, o mundo está conspirando para criar meninos feministas. Você, e eu, e todo esse mundão.

A parte de mim que quer criar um filho feminista é a mesma parte de mim que ia conferir se o cobertor do Hércules dele estava direitinho para que ele não ficasse com frio aos três anos. É a mesma parte de mim que tratava de colocar um ovo no seu prato do café da manhã todos os dias antes da escola porque pesquisas diziam que crianças que comiam proteína no café ficavam mais alertas durante a aula. É a mesma parte de mim que diz a ele para me ligar se estiver bebendo com os amigos e eles precisarem de uma carona; vou aparecer, sem perguntar nada. Eu queria que meu bebê ficasse quentinho, queria que meu menino ficasse bem alimentado, quero meu rapaz vivo.

Quero mandar um homem bom para o mundo e quero que meu filho adulto tenha uma vida boa, com relacionamentos de apoio mútuo e uma parceira feliz e satisfeita. Simone de Beauvoir, em *O segundo sexo*, diz: "É quando for abolida a escravidão de uma metade da humanidade e todo o sistema de hipocrisia que implica, que a 'divisão' da humanidade revelará sua significação autêntica e que o casal humano encontrará sua forma verdadeira." Em um mundo em que os relacionamentos são distantes, difíceis e efêmeros, quero um grande amor para meu filho. Quero que ele seja tão completo que, quando o amor chegar, o casal humano possa encontrar sua verdadeira forma.

Não foi fácil criar um menino feminista, e ainda não acabou. Vou dizer o seguinte: vejo sinais disso todos os dias. Sei o quanto você quer fazer isso também, e os capítulos a seguir são um convite.

**A FAZER:**

- Escreva uma lista de motivos pelos quais você acredita que o feminismo é bom para seu menino.
- Complete esta frase com suas próprias palavras: "Eu almejo criar um menino feminista porque…"

## Capítulo dois
# E SE EU NÃO FOR UMA BOA FEMINISTA?

●●●●●●●

**TENHO 23 ANOS E ESTOU DE** pé, totalmente nua, na frente de uma torneira pingando no meio de uma plataforma lotada em plena luz do dia em Allahabad Junction. Sim, no meio da plataforma, não num banheiro feminino, mas em um anexo em forma de L que tem altura para esconder meu corpo, mas não meu rosto. As pessoas cruzam a plataforma da estação nesta que é a segunda cidade mais antiga da Índia, em que tanto deuses Hindus quanto imperadores mongóis deixaram suas sementes patriarcais, e se eu ousar tirar os olhos da água pingando aos meus pés, vou ter que encarar o rosto dos homens que pararam para olhar fixamente minha cara enquanto tento juntar água o suficiente em uma caneca de plástico para me lavar. Estou tentando não pensar em como seria fácil qualquer um deles dar um passo para o lado e depois um passo para o outro desse anexo e me ver nua. Escolhi correr esse risco porque minha pele estava cozinhando sob o sol de quarenta graus de Allahabad e eu não tomava banho fazia dois dias. Minhas roupas, me cobrindo do pescoço até o tornozelo, feitas para prover o maior grau de modéstia, estão na verdade perto de me causar uma insolação. Então, meu cérebro pueril de 23 anos escolheu me deixar tirar toda a roupa e passar água fria no corpo enquanto engulo lágrimas ardentes. *O que estou fazendo aqui?*

Anos depois, eu descobriria que aquelas torneiras e aquelas áreas de banho haviam sido criadas para os 120 milhões de *sadhus* que chegavam em Allahabad Junction, ascetas mendicantes que se reuniam para a Kumbh Mela, a maior peregrinação conhecida pela humanidade, homens religiosos com os cabelos em dreads tão longos e retorcidos quanto troncos de árvores, os corpos magros e nus exceto pelas cinzas sagradas, e as mentes flutuando sob a influência dos deuses e da maconha. Onde eles lavavam os pés para se livrar da lama encrustada entre os dedos depois de quilômetros de procissão sagrada, estou agora lavando a fuligem e poeira e camadas de suor seco e azedo de horas de viagem de trem.

Esses chuveiros na plataforma da estação foram feitos para homens. Quase todos os espaços públicos na Índia são feitos para os homens.

Minha família está muito longe, em Mumbai, e eles não têm ideia de que estou parada, pelada e envergonhada, nesta estação de trem. Não que eles tivessem sido ótimos em me proteger de homens ou de constrangimentos no passado. Mesmo assim, sinto que deveriam saber sobre a situação atual. Mas estamos em 1991 e celulares e internet ainda não são algo onipresente. Minha família não tem ideia de que fui expulsa do trem junto com alguns outros repórteres — todos homens, não se engane. Nós quatro estamos voltando para Mumbai depois de alguns dias em uma vila remota habitada por um culto de veneradores de caveiras que são temidos e odiados por aqui.

A sensação geral do grupo é de que *eu* sou o motivo pelo qual fomos expulsos. Meu sexo estava listado como "masculino" na lista estranhamente detalhada de informações demográficas do cobrador de passagens. Essa discrepância não causou nenhum estranhamento na viagem de ida, mas um cobrador especialmente diligente, quando ergueu os olhos apertados da prancheta, me viu, claramente mulher. Um dos veneradores de caveiras, o responsável por relações públicas e comunicação, tinha comprado as passagens de trem e listado todos os repórteres como homens, porque nunca teria imaginado que uma repórter mulher seria enviada para as perigosas vilas do interior de Bengala Ocidental, que fazem fronteira com o estado sem lei de Bihar. Ele nunca imaginaria que o pai de uma menina indiana permitiria que ela participasse de um trabalho assim. Além disso, que tipo de nome é Sonora? Com certeza masculino.

O cobrador do trem não estava nem aí. Os veneradores de caveiras estavam aprontando alguma, ele concluiu. Essa bela menina de 23 anos com eles podia ser alguém que haviam sequestrado, ele falou para todos no compartimento da ferrovia. Eles assentiram. A forma do cobrador de lidar com a situação foi arrancar os veneradores de caveiras e seus quatro cúmplices do trem, junto com a menina sequestrada, na Allahabad Junction.

Todos no meu grupo estavam furiosos comigo. É isso que acontece quando você traz uma mulher. E olha só para ela, lavando o cabelo no meio da plataforma de trem. Se alguém a estuprar, vai ser culpa nossa.

Eu sei o que estão pensando, e sinto muito. Estou tomada de amargura e raiva do meu editor do jornal, um homem chamado Behram Contractor, que, enquanto estou tomando banho apavorada em uma plataforma de trem, provavelmente está se arrumando para um coquetel de alguma celebridade em uma suíte de cobertura no Taj Mahal Hotel em Mumbai. Não consigo entender a fé dele em mim como repórter novata, que ele manda para todo canto do país como correspondente para cobrir as histórias mais loucas nos lugares mais distantes, quando este não é um país para mulheres.

"Você consegue", ele diz toda vez. "Você é a melhor correspondente que já contratei. Melhor que qualquer homem."

Estou com raiva dele pelo que ele vê em mim, ou quer ver em mim, e diz que ainda não vejo em mim mesma. Acredito, isso sim, no meu professor da First Standard (primeira série), que me reprovou e entregou aos meus pais um boletim que me declarava "bem abaixo da média". Meu pai implorou por mim com o diretor da escola (embora não fosse tanto por *mim* e mais por ele, afinal, fracassos e sucessos significavam bem mais para o oficial ascendendo no Exército indiano do que para uma criança de seis anos). A contragosto, me passaram de ano. Nem me fale de síndrome do impostor...

Neste momento de vergonha na estação de trem, odeio meu pai, que deveria ter sido mais rígido como os pais das minhas amigas, em vez de me deixar livre — em toda minha fragilidade e feminilidade — para vagar por aí com pessoas que reviram piras crematórias em busca de crânios humanos. E minha mãe? Sim, ela temia por mim, mas sua crença central a meu respeito é que sou a reencarnação de um de seus heróis, o dr. Martin Luther King Jr., que foi assassinado cinco dias antes do meu nascimento neste mundo, em abril de 1968. Minha mãe, uma mulher bem-educada, com heróis do mundo ocidental e crenças religiosas do oriente, acredita que a alma dele vagou dos Estados Unidos até a Índia em busca de um receptáculo digno de levar seu trabalho adiante. Naturalmente aquele bebê dela era esse receptáculo, e, aos 23, a hora da criança havia chegado.

Meus pais deveriam ter mais noção. Eles vêm exatamente dessas partes do país em que agora temo pela minha vida. As vilas do distrito de Purulia, o lugar de que estamos voltando, fazem fronteira com o distrito Dhanbad de Bihar, o local em que meus pais foram criados, onde a única coisa mais comum do que mortes a tiros não investigadas são estupros não investigados. Mas meus pais agora têm uma vida moderna de classe média em Mumbai, como oficial do Exército e executiva de um hotel cinco estrelas. Enquanto eu fazia as malas para a viagem, meu pai me contou que conhecia bem aqueles veneradores de caveiras, os discípulos da Ananda Marga, uma organização socioespiritual que promove meditação, yoga, serviços para a transformação da sociedade e a performance pública da dança Tandava para Shiva, o Destruidor, que envolve danças com caveiras e cobras. Meu pai também me contou que eles são odiados e muitas vezes assassinados pelas pessoas que os odeiam. Ou será que são eles que assassinam os outros? Ele não lembrava. Ele queria que eu tivesse uma aventura, fosse uma mulher forte. Uma aventureira.

São *eles* que estão sendo assassinados, minha reportagem me conta. Eles e as pessoas que os visitam. Passei duas noites em claro, lendo matérias sobre pessoas dormindo na porra do mesmo quarto em que estou, na porra da mesma cama, que foram sequestradas e depois apareceram mortas, os corpos desmembrados ou estuprados, ou ambos. Por quem? Os quadros do Partido Comunista da Índia (Marxista), que estava no poder no estado em 1991. Passei duas noites certa de que ouvia um camarada respirando pesadamente do lado de fora da janela do meu quarto. Experimentei gritar "Eu amo Marx!" para meu sequestrador iminente. Experimentei gritar em bangla, a linguagem regional: "*Ami Marx ke bhalobashi!*"

Não fui sequestrada. Meu corpo não foi desmembrado nem estuprado. Estou inteira. Mas, quando sou expulsa do trem com os outros repórteres, sinto uma raiva desse meu eu. Minha mente está nadando em uma confusão sobre comunismo, capitalismo e se a Ananda Marga realmente queria apresentar um caminho do meio. Conheci freiras que ensinam as crianças da vila e conheci monges que destratam as freiras. Sei que o Ocidente (e até a parte urbana da Índia) considera meu país exótico por coisas como veneração de caveiras, mas também acabei de descobrir que essa prática é baseada numa meditação espiritual. Tenho perguntas e elas surgem tão rápido e tão violentas que temo pela primeira vez que serei atirada pela sua órbita.

Essa não é minha vocação, digo a mim mesma, fazendo um esforço para vestir as roupas sobre a minha pele molhada no chuveiro da plataforma ferroviária. Minha plateia de homens sorri ao ver meu movimento óbvio de colocar a roupa de baixo. Eles claramente não têm trens a pegar.

Não, não é minha vocação. Líderes mundiais como Václav Havel e Lech Wałęsa pediram ao Partido Comunista da Índia (Marxista) para deixar a Ananda Marga em paz, mas essas não são as *minhas* histórias. Não sou nenhum Gandhi sendo expulso do trem. Não tenho almas a canalizar nem almas a salvar. Quero encontrar um homem bom e casar. Quero usar roupas bonitas e tomar banho na suíte particular na qual meu marido espalhou pétalas de rosas. Sempre odiei o menor indício de aventura, que dirá revolução. Tenho um desgosto profundo por viagens. Tenho pavor de estranhos. As únicas notícias que quero cobrir a partir de agora têm a ver com moda, decido, ou talvez algo ainda mais seguro, como o preço das mangas no mercado de verão. Nunca mais quero sair de casa. Se eles concordarem em nos deixar entrar no próximo trem saindo de Allahabad e eu conseguir de alguma forma voltar para Mumbai, *nunca mais vou sair de casa.*

Não que eu não conhecesse o feminismo aos 23 anos. Não que eu, ao ouvir falar do feminismo, não tivesse sentido uma onda de alívio por essa sensação que tive nas duas primeiras décadas da minha vida, essa sensação de que algo estava *terrivelmente errado*, que esse nó que subiu no meu peito, uma raiva e uma tristeza e um desejo louco misturados, crescendo, crescendo tanto que eu mal conseguia respirar, não tenha encontrado seu bálsamo nessa coisa chamada feminismo. Então, todas as vezes que meu pai batia na minha mãe e nos filhos não significavam que ele era "um bom disciplinador", mas sim uma patriarca violento! Então, meu irmão poder ter uma série de namoradas enquanto eu nunca podia ficar sozinha com meus colegas de faculdade era um policiamento da minha sexualidade! Então, eu ter que amarrar um cordão no pulso do meu irmão no festival de Raksha Bandhan era uma comemoração distorcida de sua bravura e um pedido para que ele me protegesse, embora ele fosse a pessoa que mais me atormentava!

Eu tinha vinte anos quando ouvi a palavra "feminismo" pela primeira vez, de uma professora no meu programa de pós-graduação feminino sobre comunicação em Mumbai. A diretora, uma mulher chamada Jeroo Mulla, sorriu pelos meus comentários na aula e me falou que eu era feminista. Eu não estava sozinha no desespero que sentia havia anos, disse ela, e deveria ler um livro escrito por uma mulher chamada Simone de Beauvoir e entrevistar uma advogada indiana feminista chamada Sheela Barse. Mergulhei no feminismo com uma fome que até então não entendera e tentara abafar.

Não que eu não tivesse feito uma jornada feminista antes também. Quando comecei a devorar livros sobre feminismo, eu havia, durante uma visita aos meus tios em Bangalore, implorado ao meu tio para me deixar sozinha em um fim de semana em um chalé no Mysore Race Club. Eu queria estar sozinha para ler meu exemplar de *A mulher eunuco*, de Germaine Greer. Eu queria ficar sozinha para sentir profundamente tudo o que eu sabia que o livro despertaria em mim. Eu queria mergulhar no tipo de solidão que a prática feminista recomendava, anos antes de ler essa recomendação. Eu tinha vinte anos, e o chamado feminista de Greer de 1970 — de nos imaginarmos como mais do que esposas e mães — ecoava perfeitamente na imaginação de uma garota de Mumbai no fim dos anos 1980. Não segui sua sugestão de provar meu sangue menstrual, mas tudo o mais naquele livro me fez sentir menos solitária do que eu me sentira a vida toda, sentada ali sozinha na sombra de uma figueira em Mysore.

Mas, ao mesmo tempo que meu feminismo fora um bálsamo e um retiro, também fora um exercício intelectual até aquele dia em que fiquei nua na estação de trem. Naquele dia, aprendi que às vezes o feminismo te desnuda e te pergunta o quanto você realmente quer ocupar espaço num mundo que é dos homens. O quanto você realmente quer vagar para longe de "casa"?

⋅⋅⋅⋅⋅⋅⋅⋅

Eu vaguei. É possível dizer que eu era só uma pessoa errante, mas não, eu era uma *mulher* errante. É melhor que uma mulher que vaga para longe de casa tenha um bom motivo. Ela segue seu marido, e foi isso que fiz, quando segui o meu pela carreira dele, primeiro para Bangalore e depois para Singapura. Mas vagar para longe de casa, do marido e da proteção e seguir para o nada, *quem faz isso?* Uma poeta do século XVI como Mirabai faz isso (mas ela também deixou sua família aristocrática só para cantar sobre seu amor e devoção a um homem/deus, Krishna). Além disso, uma feminista às vezes faz isso.

O motivo pelo qual o feminismo me fez sentir que estava finalmente respirando é que ele me deu uma faísca, uma sensação de que talvez eu pudesse mover meu corpo pelo mundo nos meus próprios termos. Meu corpo tão policiado, meu corpo que foi publicamente insultado (pessoas nas ruas da Índia gritavam "*langdi*" — menina aleijada — porque eu mancava, uma sequela da poliomielite), e meu corpo que fora invadido em particular e em público (por predadores nas ruas e em casa), agora conhecia a solidariedade que cruzava continentes e décadas. O feminismo disse ao meu corpo que o que aconteceu comigo não era minha culpa. O feminismo sussurrava para mim a possibilidade da resistência. O feminismo apresentava uma série de riscos e fedia a ruína, e eu nem conseguia imaginar o quão boa ou ruim a vida de uma feminista poderia ser. Eu não tinha referências para a bagunça que estava prestes a fazer.

Em *Living a Feminist Life*, Sara Ahmed diz: "O feminismo é um faça-você-mesma: uma forma de automontagem. Não é de se surpreender que o trabalho feminista muitas vezes tem a ver com o momento: às vezes estamos frágeis demais para fazer esse trabalho; não podemos arriscar a destruição porque ainda não estamos prontas para nos reconstruirmos. Estar pronta muitas vezes significa estar preparada para ser desfeita."

Eu nunca estava pronta e nunca estou pronta para ser desfeita. Como o sofá Copenhagen estilo anos 1950 em microfibra menta que comprei na Overstock.com e montei sozinha no meu apartamento depois do meu segundo divórcio, meu feminismo tem pernas, mas elas estão presas errado, tortas, nem apontando para dentro, nem ousadamente para fora (se esse sofá estivesse andando pelas ruas da Índia, ele seria ofendido). As pernas ainda estão tortas, porque primeiro eu estava cansada demais de chorar, então passei a estar ocupada demais para conseguir, e depois passei a estar desligada demais para me importar com a perfeição. Simplesmente não tenho saco de desmontar e aparafusar as coisas do jeito certo. Quando tento fazer as coisas com minhas próprias mãos elas sempre saem meio malfeitas, e mesmo quando tento sentar e relaxar nos meus louros feministas, algo sempre parece meio instável.

Ainda quero um marido amoroso. Não preciso de proteção, mas adoraria ver umas pétalas de rosa.

Ainda odeio viajar sozinha. Amo trens e amo cobradores de trem.

Não há chegada no feminismo, só partidas e mais partidas. Em *Seeing Like a Feminist*, Nivedita Menon me assegura que o feminismo não tem a ver com um momento de triunfo final sobre o patriarcado, e sim com a transformação gradual da sociedade ao ponto em que antigos padrões mudam para sempre.

Se você acha que fui longe demais, talvez você seja uma má feminista. Se eu acho que ainda estou perdida, talvez eu seja uma má feminista. Quando estou perdida, leio autoras como Roxane Gay, que nos conta no seu livro *Má feminista* que não se identifica com nenhum "feminismo essencialista" ou prescritivista, que cria regras para feministas e, portanto, não nos serve. Quando estou pesquisando, converso com outras feministas. Então, perguntei a algumas delas como ser más feministas melhores.

Minha amiga Cleo, de Louisiana, diz que nunca usou o termo "feminista" para si mesma. Fico chocada, porque ela é uma das melhores feministas interseccionais que conheço, ou talvez eu só precise que ela — uma jornalista negra, acadêmica, professora de uma universidade historicamente negra em Nova Orleans — seja a heroína do feminismo interseccional que *eu conheço pessoalmente*. Mas ela foi ensinada a servir os homens, conta. "Os homens negros eram tão maltratados fora de casa que nós, mulheres, tínhamos que reconstruí-los quando eles voltavam. Eu me lembro de trazer os chinelos do meu pai. Minha mãe fazia um jantar delicioso e ele colocava os pés para cima e assistia à TV." Cleo tem por volta de sessenta anos e está perto de se aposentar. Ela e o marido dividem as tarefas da casa e ensinaram aos filhos o mesmo, diz ela. Mas feminista? Ela não tem certeza.

Meu colega Victor Evans, um pesquisador da área da comunicação que é negro e gay, conta que a mãe não diz ser feminista e que ele também fica decepcionado com isso, porque ela criou os filhos com tal força e garra que certamente é feminista.

Também sou um pouco desafiada pelo feminismo de uma mulher que afirma ser, sim, feminista, a mulher que me apresentou ao termo, e à identidade e aos livros, minha professora em Mumbai, Jeroo. Quando fui visitá-la com Gibran, em 2018, Jeroo nos levou para almoçar e, enquanto botávamos a conversa em dia, ela questionou se talvez o movimento #MeToo não estava indo longe demais e destruindo a vida de homens bons. Eu e Gibran trocamos um olhar. Eu queria apresentar meu menino à minha guru do feminismo. No dia seguinte, depois que conversei com ela na aula e me alegrei com a posição radical de seus alunos sobre o movimento #MeToo, Jeroo estava com lágrimas nos olhos e falou que tinha começado a repensar sua posição. Esse constante aprendizado e desaprendizado entre feministas é onde apoio minha cabeça e curo meu coração.

Para Roxane Gay, dançar com a música "Blurred Lines" (que, segundo alguns, glorifica a cultura do estupro) era gostoso, e o rótulo "feminista" era estranho porque tinha sido, historicamente, "usado para melhorar a vida de mulheres brancas heterossexuais em detrimento de todas as outras". Considerando minha própria educação colonizada na Índia, ainda luto para emergir da influência do feminismo branco e me comprometer repetidamente a um feminismo que se concentra em corpos negros e de outras minorias étnicas.

Para Max Delsohn, jovem transgênero branque, escritore e astro ascendente da comédia *stand-up*, sua mãe certamente não era feminista. O feminismo ê salvou quando se identificava como mulher lésbica, e o feminismo ê ajudou ao assumir a identidade trans como nenhuma mãe poderia. "Onde eu estaria sem o feminismo?", pergunta Max.

Uma tensão similar surgiu para o amigo de Gibran, Cal, que tem lutado contra o "feminismo de segunda onda meio TERFista"[2] da mãe. Cal estava namorando uma pessoa trans não binária e a mãe dele insistia em chamar ê parceire de "ela", mesmo depois de Cal ter pedido

---

2 TERF é uma sigla em inglês para Feminismo Radical Excludente de Pessoas Trans. (N. T.)

repetidas vezes que ela respeitasse os pronomes de parceire dele. Cal cresceu com a mãe trabalhando fora e o pai, que era artista, cuidando da casa. Agora ele via os limites do feminismo da mãe e então teve que enfrentar seus próprios limites ao lidar com diferentes relacionamentos românticos e sexuais. "Eu esperava certas coisas da minha primeira namorada que não exigia de mim mesmo", conta ele. "O feminismo foi como estar debaixo d'água e voltar para a superfície para respirar e então mergulhar de novo." Mas, no fim, é satisfatório e torna sua vida mais fácil, diz ele. O feminismo permite que ele explore sua própria masculinidade fora das normas da sociedade.

A poeta Anastacia-Reneé me contou em um jantar que é uma feminista ruim porque julga outras mulheres segundo os padrões tradicionais de beleza, mas talvez seja porque ela se sente julgada, diz ela, por exemplo, quando outras escritoras aparecem em leituras muito bem-vestidas, maquiadas, usando salto e roupas caras. Conversamos sobre como a pressão de estar bonita é grande. Eu conto que, quando sou convidada a falar em um evento, decido o que vou vestir antes de definir sobre o que vou palestrar ou antes de colocar uma palavra sequer na página. Às vezes saio e compro alguma roupa nova porque meu armário lotado ainda me diz que não tenho nada para vestir. Então, quem é a feminista ruim: Anastacia-Reneé, as mulheres que a julgam ou eu?

Será possível passarmos por qualquer reunião de mulheres sem nos compararmos umas às outras?

Quando estou em um grupo de mulheres do Sul asiático em Seattle, a conversa invariavelmente segue para que universidade nossos filhos farão. Oxford, Cambridge, Princeton, Stanford, Harvard, Swarthmore. Eu fico desconfortável. As mulheres começam a falar sobre o suicídio da filha de uma das integrantes da comunidade. Elas começam a culpar a mãe bem de leve. "Ela é bastante rígida", uma comenta. As outras assentem. Sinto vontade de dizer algo sobre como estão sendo maldosas, mas também quero fazer parte do grupo, quero pelo menos me sentir parte de algum tipo de comunidade.

Estar na companhia de outras mulheres pode ser a coisa mais linda, empoderadora e divertida do mundo. Mais cedo ou mais tarde, porém, as rachaduras começam a aparecer e as normas do patriarcado se intrometem, como instruções implícitas no convite para um jantar. Estamos malvestidas para a ocasião. Passamos muito tempo solteiras. Nossos filhos estão se matando.

Quando eu era menina, os professores da minha escola jesuíta católica em Mumbai acreditavam nos benefícios da punição física. Usavam uma régua longa de madeira para bater nas palmas das nossas mãos se havíamos agido mal. Nas costas das mãos, se fosse pior. O instrumento usado para medir foi transformado em um instrumento de tortura. Com o feminismo, estamos fazendo o mesmo.

Vamos simplesmente admitir que ainda não temos a lente, a linguagem ou a socialização para compreender como seria um amor inquestionável pelas mulheres. Levei anos de luta para ao menos aprender a perceber meu próprio sexismo e a misoginia internalizada. Às vezes digo coisas horríveis sobre outras mulheres na frente de Gibran. Muitas vezes digo coisas horríveis sobre meu corpo em vez de só aproveitar o sorvete que estou tomando com meu filho. Sempre sentia vergonha quando meu menino chorava no parquinho na frente de outros meninos.

O feminismo, como a yoga, é uma prática, e o perfeccionismo é uma ilusão. Você foi uma boa feminista na terça-feira, mas no domingo achou que sua amiga feminista foi "longe demais".

Hoje em dia, porém, eu me sinto atraída por um esporte chamado Feminismo Extremo. (Brincadeira. Ainda não chamamos de esporte.) Mas, sim, sou atraída pelo feminismo de mulheres como Mona Eltahawy, uma "feminista mal-educada", como ela mesma diz. Em 2011, essa escritora egípcio-americana estava na Tahrir Square, cobrindo a Revolução Egípcia durante a Primavera Árabe. Ela foi presa pela polícia, depois abusada física e sexualmente pelos policiais. Desde então escolheu ser grosseira, xingar e mandar as pessoas à merda. No Twitter, ela manda instituições, governos e feministas brancas que tentam calá-la "se foderem, queridos".

Também ainda estou chorando a morte de uma modelo feminista paquistanesa chamada Qandeel Baloch, que se transformou em uma estrela das mídias sociais dentro do patriarcado do Paquistão. "Me ame ou me odeie, ambos são ao meu favor. Se você me ama, sempre vou estar no seu coração, e se me odeia, vou estar na sua mente", ela disse aos seus detratores, que não aguentavam vê-la expressando sua sexualidade. Em 2016, foi assassinada pelo irmão.

"Está na hora de trazer a mudança, porque o mundo está mudando", ela disse.

Nossos irmãos estão nos batendo e nos assassinando e, mesmo assim, ainda há dentro de mim a jovem de 23 anos que só quer voltar para casa e fingir que está tudo bem. Mas, quase trinta anos depois daquele momento nua na estação de Allahabad, daquele momento de desejar nunca mais viajar, de querer voltar correndo para os braços fortes mas brutais do patriarcado, tenho a dizer o seguinte: a maior resistência feminista que tive que enfrentar foi comigo mesma. Fica mais fácil, depois fica difícil de repente, e muitas outras vezes, até se tornar quase memória muscular. A luta feminista se torna um prazer.

O bom feminismo é bom, mesmo que esteja apenas na cabeça, de um jeito pouco eloquente e incompleto. O feminismo ruim é como a fuligem incrustada na cutícula de nossos pés, mas quando a vemos, sabemos que um dia vai sair com a água, e vê-la descendo pelo ralo vai ser tão, tão bom. Quando o feminismo se transforma em amor, podemos derramá-lo sobre as pessoas que queremos que tenham uma boa vida. Como o asceta sujo e coberto de cinzas do Kumbh Mela para quem os chuveiros na estação de trem foram construídos, eu também nasci para caminhar. Criar um homem bom e feminista e mandá-lo para o mundo foi minha peregrinação mais verdadeira.

**A FAZER**

- Sugiro que você acompanhe sua jornada feminista: quando ouviu a palavra pela primeira vez? Quando a sentiu aquecer sua alma? Quando falou: "Eu não me considero feminista, sou humanista"? Quando se lançou no feminismo como se sua vida dependesse disso?
- Faça uma lista de seus momentos feministas. Você pensa neles de forma diferente agora? É capaz de abraçar os momentos de "má feminista" e construir algo de bom a partir deles?

## Capítulo três
# O QUE AS DEUSAS FARIAM?

••••••••

**ALGUNS ANOS ATRÁS, MINHA MÃE SEPAROU** algumas fotografias de infância e deu para mim. Uma delas é um retrato em preto e branco do meu irmão caminhando em uma praia de Mumbai com minha mãe. O ano era 1971, ele tinha cerca de quatro anos. Sua mão gordinha está abrigada na mão da minha mãe, e ele sorri o menor dos sorrisos para as ondas a seus pés. Um bebê lindo e encantador.

Hoje, ele ameaça fisicamente nossa mãe. Meu país, meu pai, meu próprio silêncio e o da minha mãe o criaram para fazer isso. Meu pai batia na esposa e era um abusador de crianças. Meu irmão treinava com o melhor e praticava no alvo mais fácil: eu.

Quando engravidei aos 26 anos e descobri que teria um filho, chorei enquanto meu marido comemorava. Eu queria uma filha, que eu poderia criar para ser forte, segura de si e rebelde. Eu queria duas filhas. O que eu ia fazer com um filho? Sentia medo. O que ele ia fazer *comigo*? E se ele crescesse para se tornar como os homens que eu conhecia? E se ele agredisse mulheres? E se *me* agredisse?

Eu me lembro claramente de uma tarde na clínica de ultrassom em Bangalore em que minha obstetra mal olhou para mim ao espalhar o gel frio na minha barriga. O gel ao mesmo tempo acalmava e queimava as novas estrias que havia ali, vermelhas e iradas com minha coceira incessante, mesmo que tivessem me avisado que, quanto mais satisfatórias fossem minhas coçadas, mais tempo as marcas durariam no meu corpo. Meu corpo fora sitiado pela mudança — pele reluzente, cabelo brilhante, sim, mas também intestinos traiçoeiros e tornozelos inchados que só cabiam nas sandálias mais feias —, era como se a gravidez estivesse transformando meu corpo em um filme da Disney em que eu era tanto a Bela quanto a Fera. A gravidez é realmente um conto tão velho quanto o tempo.

A obstetra olhou para a imagem do ultrassom e seu rosto se abriu em um sorriso enorme enquanto se virava para meu então marido e dizia a ele que teríamos um menino. Pedi que ela visse de novo. Meu marido, Rajat, se curvou sobre a imagem com ela e eles trocaram um olhar e riram, dizendo que sim, definitivamente era um menino.

Deixe-me fazer uma pausa aqui para dizer que isso aconteceu há mais ou menos 25 anos, e no meu mundo daquela época, um pênis no ultrassom levava à suposição de que você teria um menino, e a prática geral era fundir o sexo determinado no nascimento com a identidade de gênero. Sabemos agora que não é assim e entendemos que o gênero é mais fluido que isso. Você pode pensar que vai ter um filho, que está criando um menino e que ele vai crescer para se tornar um homem. Mas seu filho pode não se sentir assim. Você pode ter tido, na verdade, uma menina trans. Ou uma criança não binária. E isso é algo a que sua família deve se adaptar e comemorar. Este livro continua com a suposição de que você é mãe de um menino, é parente ou amiga de um menino, ou é de alguma outra maneira uma influência na criação de um menino. O feminismo é para todos os gêneros e você vai se sair muito bem, contanto que mantenha a mente aberta e aceite sua criança.

De volta à sala de ultrassom em 1994, no entanto, o que aconteceu foi o seguinte: eu me debulhei em lágrimas. Quebrei a tradição indiana de celebrar com animação ao ouvir a notícia de que havia sido abençoada com um menino e chorei.

Hormônios, disse a obstetra.

Com certeza, respondeu o marido, que hoje é ex-marido.

Eu já sabia que Rajat queria um menino. "Não gostaria de criar uma menina neste mundo", disse ele quando saímos da clínica. A pele da minha barriga ainda estava pegajosa por causa do gel. Ele girou o polegar em um gesto chulo que indicava o evidente pênis no embrião visto na tela. Meus soluços se voltaram para dentro.

A assistente de laboratório, uma mulher de meia-idade, nos abordou quando saímos para pegar o carro. Ela pediu ao meu marido uma *baksheesh*, uma pequena gorjeta pela bênção do nascimento de um menino. Virei-me, encarei o rosto surpreso dela ao ver meus olhos cheios de lágrimas e sibilei: "Não."

Na manhã seguinte, acordei e abandonei o sonho de dar à luz um milhão de filhas. Adotaríamos uma, falei a mim mesma, sem me atrever a compartilhar a ideia com Rajat. Então coloquei a mão sobre a barriga em que meu filho e seu pênis estavam crescendo e ficando cada vez mais fortes, e jurei que criaria um belo de um filho feminista.

Nos meses seguintes, percebi que todas as histórias mais memoráveis ao meu redor sobre a criação de crianças eram sobre a criação de meninos. Era como se meu país, meu útero e minha imaginação estivessem em uma conspiração umbilical o tempo inteiro. E vi que eu estava assimilando essas histórias, reconhecendo os problemas delas, rejeitando as mensagens misóginas e adaptando-as para os meus propósitos.

Não fui criada em uma família religiosa, mas o hinduísmo está sempre presente no ar da Índia. Não aprendi as histórias por meio das escrituras, embora referências a deidades aparecessem em todo lugar: em nomes de marcas de carros (Maruti) ou quando uma menina nascia e comparavam o evento à chegada de Lakshmi, a deusa da prosperidade, como uma consolação dada a contragosto — ela vai ter alguma utilidade!

Aprendi essas histórias com quadrinhos que pegavam os mitos dos deuses e das deusas hindus, e todos os seus sonhos e fracassos mortais, e os colocava nas mãos de crianças indianas. As tardes da minha infância nos anos 1970 eram dedicadas a esses gibis. Eu ficava deitada sobre meu fresco lençol estampado de algodão, esperando meu irmão acabar de ler cada revistinha e jogá-las na direção das minhas mãos desejosas. As ilustrações vívidas de deuses musculosos com armas de ouro e deusas de cintura fina e busto amplo impressas em papel fino cativaram meu coração. Os balões de fala eram escritos em um inglês indiano caseiro quase devoto, mas perfeitamente acessível.[3]

A mitologia hindu era cheia de histórias de mães que criavam filhos, mas tinha apenas alguns poucos contos de mães criando filhas. Quando segurei o bebê Gibran na curva do meu cotovelo e o guiei ao meu peito inchado de leite, as mães-deusas vieram saltitando e dançando sobre minha imaginação e colocaram a mão condutora sobre meu ombro. Eu mal confiava na minha pobre mãe para me ensinar como criar um filho porque, aos 27 anos, tinha visto como ela e meu pai haviam criado meu irmão. Então, busquei na memória aquelas mães das revistinhas de quatro rúpias. As três histórias mais conhecidas de mães criando filhos me diziam que seus meninos tinham ficado

---

[3] Os quadrinhos da editora Amar Chitra Katha aliviaram qualquer ansiedade que eu tinha sobre compreender cinco mil anos de uma complexa história cultural ao me ensinar minha herança na língua, nos modos e na cor da pele dos homens que nos colonizaram há duzentos anos e que só saíram do meu país mais ou menos na mesma época em que meus pais nasceram. A parte da cor da pele eu só perceberia anos depois, ao ler um artigo na revista *The Atlantic* escrito por Shaan Amin. Ele observou como os gibis, tanto de forma subliminar quanto aberta, valorizavam as mulheres de pele clara que se sacrificam ao se jogar na pira funerária dos maridos. Aqueles de pele escura, as castas mais baixas e os muçulmanos eram, é claro, os vilões. Eca.

Mas, para Shaan Amin, para mim e para nossa geração, estes eram nossos heróis, nossas deidades e nossos modelos, enquanto nossos pais prosseguiam na busca pela mobilidade ascendente indiana/diaspórica moderna, o que impedia qualquer ensinamento religioso profundo à sua prole. Graças a Deus, mas minha nossa. É claro que, quando eu mesma me tornei mãe, também percebi como esses gibis eram aterrorizantes e inapropriados para crianças, com espancamento de bebês na cabeça, julgamento de fogo de mulheres e estupro de rainhas, sem falar das imagens de corpos femininos hipersexualizados. Fico imaginando se meus amigos indianos também conversam com seus terapeutas sobre os traumas sofridos pelos quadrinhos da Amar Chitra Katha.

bem (na maior parte do tempo, para a época deles, para a misoginia que havia naquela época e tudo o mais).

Uma das maiores histórias de amor da mitologia hindu é a de Yashoda e seu filho adotivo, Krishna. A mãe biológica do bebê, Devaki, estava presa, mandada para lá pelo próprio irmão, o rei Kamsa. Krishna nasceu na prisão, foi tirado de lá na surdina e entregue a Yashoda, que deveria criá-lo. Os bebês que sua mãe deu à luz antes dele foram espancados até a morte, arremessados no chão da cadeia (eu desafio minha geração de indianos a apagar da mente a cena dos quadrinhos da cabeça-do--bebê-arremessada-no-chão) porque disseram ao rei Kamsa que ele seria derrotado por um dos bebês nascidos de sua irmã. (Um tio violento para Krishna, um modelo de tio violento para Gibran, mas vamos falar disso mais tarde.)

Yashoda, uma mulher de casta inferior, não fazia ideia dos poderes divinos com que o bebê Krishna havia nascido. Ela recebeu o filho, retirado às escondidas da prisão, com a função de criá-lo e tratou de providenciar uma quantidade absurda de amor. Ela ninou o recém-nascido, cantou músicas de amor sobre esse filho, perdoou seu hábito de roubar manteiga e, conforme ele foi crescendo e se tornando um homem, permitiu suas cantadas ofensivas a todas as jovens do vilarejo (algumas das histórias fazem esses flertes parecerem assédio, então tomei nota de me sair melhor que Yashoda aqui).

Apesar de toda a indulgência e de todos os privilégios, Yashoda criou um aliado feminista. Como sabemos que Krishna era feminista? Quando a rainha Draupadi (do épico hindu *Mahabharata*) estava sofrendo abusos sexuais de seus cunhados após seus cinco maridos a apostarem em um jogo de xadrez e perderem, ela amaldiçoou todos aqueles homens em vida e pediu ajuda a Krishna. Àquela altura, o menino Krishna havia crescido para se tornar um poder divino adulto e era uma espécie de conselheiro meio-sagrado-meio-humano dessa família de apostadores e estupradores. Ele surgiu em uma aparição e envolveu Draupadi em um sári sem fim. Os reis estupradores desenrolavam e desenrolavam os quilômetros de sári até caírem, exaustos, impossibilitados de desnudá-la.

Em outro momento da história do universo (e em outro gibi jogado para mim depois de o meu irmão acabar a leitura), uma princesa chamada Rukmini foi raptada e forçada a se casar com um rei pela vontade de seu irmão e seu pai, que desejavam o avanço do reino. Rukmini, que nunca havia encontrado Krishna, mas que já tinha uma queda por ele há um bom tempo pelas lendas que ouvira, pediu a ajuda dele através de um pássaro falante. Krishna chegou. Ela propôs que se cassassem. Ele aceitou. Então, os dois fugiram.

Que todas nós possamos encontrar homens que, se assim quisermos, nos envolvam em sáris sem fim ou que fujam conosco quando estivermos em uma situação difícil.

É provável que meu filho nunca seja chamado para demonstrar o mesmo nível de solidariedade e de intervenção divina, e o próprio feminismo de Krishna deve ser encarado como o mero tremeluzir de uma tocha na escuridão milenar do patriarcado devasso presente na mitologia hindu, mas é difícil deixar de ver o amor de Yashoda nas ações de Krishna. A própria adoção de Krishna foi um ato de solidariedade feminista.

Com Yashoda, aprendi a amar meu filho incondicionalmente.

Yashoda nos diria para amar essas coisas nos nossos meninos — suas mãos gordinhas segurando as nossas quando eles dão os primeiros passos; a maneira como pulam de um lado para outro em um cômodo cheio de outras crianças em uma festa de aniversário de quatro anos; a forma com que levantam o queixo de cara séria e desaparecem embaixo da capa de um barbeiro nos seus primeiros cortes de cabelo, tão pequeninos; o jeito como seus braços envolvem nosso pescoço e suas pernas, nosso torso, porque eles estão com medo no rio ou na piscina e a mamãe não vai soltá-los, não é?; a maneira como eles caem e choram com todo som e fúria do universo por causa de um joelho ralado; a forma como eles piscam, confusos, quando lhes dizem pela primeira vez que "menino não chora"; o jeito como correm atrás de cachorros ou fogem de gansos; a maneira com que olham para as próprias mãos quando colocam as luvas de críquete ou de beisebol pela primeira vez; a forma com que conquistam espaço no mundo e dizem, como um Krishna incólume e cheio de si: *Eu estou aqui.*

Tudo bem, nem todas essas observações vêm de Yashoda. Algumas são minhas. E nenhuma delas descreve apenas o mundo dos garotos. Eu quero mergulhar no nosso amor por meninos naquele momento em que eles não são muito diferentes de uma menina, um espaço não binário. E também espero e estou rezando por um planeta que permita que nossas meninas ocupem espaço da mesma forma que nossos meninos, porque há espaço suficiente para todos nós, e amar nossos garotos agora significa ensinar a eles a se mexer e dar lugar, *tornar aquele espaço seguro e pleno*, para as nossas garotas.

E eu, filha de Yashoda, poderia escrever um livro inteiro sobre meu amor pelo meu filho e vencê-la no conceito de mãe-mítica, se eu me esforçar, porque, ah, como meu coração transborda de tanto amor. Porém, para criar um filho feminista, tive que aprender algumas lições além de amar meu menino. Na verdade, amar demais seu filho, amá-lo extremamente, muitas vezes é o problema. A intensidade do amor de uma mãe pelo filho costuma acabar permitindo as transgressões dele, deixando-o livre das tarefas domésticas ou confiando mais na palavra dele do que na palavra das filhas. Deus sabe que os filhos dessas mães idólatras surgem entre nós de maneiras perigosas. Se nosso amor os tornou perigosos, então os amamos mesmo?

E assim, aprendi com a deusa Parvati, que era casada com o deus Shiva. O amor e o romance entre Parvati e seu marido são lendários, tecnicamente um mito, mas você não quer acreditar que isso aconteceu de verdade? Shiva era o esposo inocente, confiável e de todo devotado que pediu que a esposa guiasse sua vida e suas decisões. Muitas jovens mulheres hindus fazem jejum às segundas-feiras, o dia atribuído ao culto a Shiva, e rezam para encontrar um marido como o deus, um verdadeiro companheiro que satisfazia Parvati tanto do ponto de vista emocional quanto sexual. Não sou a favor do jejum, mas entendo completamente esse desejo despudorado.

As escrituras sagradas dizem, no entanto, que Parvati costumava se sentir sozinha quando seu marido viajava para passar dias meditando. Em uma dessas viagens sem fim de Shiva, Parvati pegou a pasta de cúrcuma que esfregava na pele, a misturou com a argila do rio e o sândalo dos seus rituais de reza e criou um filho. Ela o amou, cantou para ele, intruiu-o, mas, acima de tudo, criou o filho para ser leal a ela.

Certo dia, quando Parvati queria descansar e tomar um banho longo, ela pediu ao filho que ficasse de guarda na porta. Quando um homem apareceu, provavelmente cheirando à maconha (não estou brincando, é só procurar), o menino não o reconheceu como Shiva, o pai que nunca tinha encontrado. O garoto se recusou a permitir que Shiva entrasse. "Minha mãe está tomando banho", disse ele. "Ela merece um momento de privacidade. Você terá que esperar pela permissão dela."

Shiva, ansioso para entrar em casa e aproveitar a companhia da esposa, decapitou o menino, como qualquer um faria nessa situação. É claro que Parvati chorou de raiva e luto. No melhor estilo de homens fazendo um trabalho atrapalhado entre os ecos dos gritos de suas esposas, Shiva substituiu a cabeça do menino pela cabeça de um elefante. No meio desse trauma macabro envolvendo o assassinato de uma criança e crueldade com animais, Shiva nos deu o deus com cabeça de elefante Ganesha, o Destruidor de Obstáculos. Ganesha era o deus para o qual eu rezava quando me mudei com meu filho para os Estados Unidos após o fim do meu primeiro casamento.

Com Parvati, aprendi a criar meu filho para que fosse obediente à mãe, ficasse do meu lado, acreditasse em mim, acreditasse nas mulheres, permitisse que elas ocupassem espaço e entendesse coisas como a vontade de uma mulher. Coisas como *consentimento*.

O que a deusa Parvati gostaria que soubéssemos hoje? Que podemos criar nossos próprios filhos, que podemos criá-los sozinhas, que eles podem ser nossos aliados, podem nos amar profundamente e honrar nosso mundo.

E então aprendi com Sita. Ela se casou com o deus Rama e seguiu obedientemente o marido quando ele, um rei, foi banido do seu reino e mandando para o exílio por 14 anos. Ao retornarem, mandaram Rama se livrar de Sita porque ela não era pura (havia sido raptada e mantida presa por outro rei, Ravana, algo que provavelmente não lhe teria acontecido se ela não tivesse feito o sacrifício de seguir o marido para dentro da floresta em primeiro lugar).

Grávida do marido, Sita se abrigou em um *ashram* de um sábio chamado Valmiki. Ela deu à luz dois gêmeos — Lav e Kush. Por 12 anos, Sita e seus filhos viveram com Valmiki. Sita contou a ele a história de vida de Rama, e o sábio escreveu o épico *Ramayana*. Valmiki ensinou os meninos a atirar com arco e flecha e a ler. Sita ensinou seus meninos a tocar alaúde e tambor. Valmiki os ensinou a cantar o *Ramayana*.

Muitos anos depois, o rei Rama ouviu os dois meninos cantando o *Ramayana* na floresta em um de seus festivais. Ele compreendeu, então, que aqueles meninos eram seus filhos. Reza a lenda que seu coração se entristeceu e que ele sentiu falta de sua amada Sita na mesma hora.

*Na mesma hora?* Estamos falando de 12 anos aqui. Estamos falando de filhos adolescentes, alimentados, criados e educados aqui. Meninos vacinados e imunizados, que foram levados a todas as consultas do dentista. Não é de se admirar, portanto, que quando contei o *Ramayana* para Gibran (de uma maneira totalmente objetiva e imparcial, um relato jornalístico livre e justo) enquanto o criava em Seattle, ele tenha suspirado e dito: "Então, Sita era uma mãe solo."

As mulheres que moram em vilarejos na região de Oude, no estado extremamente patriarcal de Uttar Pradesh, entoam uma severa crítica a Rama e sua invasão à morada idílica de Sita na floresta para a qual ele a tinha banido. As canções populares dizem que os meninos se identificaram para o pai como netos de Dashratha e filhos de Sita e falaram que não sabiam quem era o pai deles. Sita havia criado os filhos de forma matrilinear. (Na minha interpretação, Valmiki colocar o rei Rama na imaginação dos meninos apesar de tudo é um exemplo épico de caras contando a história de caras para outros caras.)

As mulheres de Oude também entoam canções populares sobre Rama indo pedir perdão a Sita. Ela estava sentada sob uma árvore, penteando o cabelo. Hoje a imagino como uma mulher em um retiro, se dedicando a um autocuidado bastante necessário, que agora precisava se contentar com a desculpa abissalmente atrasada de um homem (e isso só porque Sita havia gerado filhos para ele, prontos para o trono e tudo o mais).

É claro que ela o perdoou. Mas, depois disso, outro indivíduo (um homem) levantou a questão da castidade de Sita. Obviamente, Rama ordenou que ela passasse por um julgamento de fogo. Sita caminhou sobre as chamas, provou a própria castidade e então, em vez de ir se aconchegar com Rama, rejeitou o universo por desrespeitar mulheres e pediu que sua mãe, a terra, a engolisse de uma vez.

Por ter exilado sua esposa, fazendo-a viver na floresta, e por ter ordenado o julgamento de fogo, o deus Rama é aclamado em algumas interpretações hindus como o ideal da masculinidade. Sita viveu até os 56 anos. Rama viveu até os 11.053 anos. Ah, e o *Ramayana* — a história da vida de Rama e Sita? Valmiki ficou com todo o crédito da autoria. Mas estou me desviando do assunto.

Com Sita, a mãe solo e exilada de Aiódia, aprendi a dar uma boa educação para meu filho. Não quero dizer uma educação de elite, que eu não teria sido capaz de bancar mesmo, por ser uma mãe solo e imigrante. Tive algum nível de privilégio, no entanto, pois consegui me mudar para os Estados Unidos e começar uma vida como mãe solo com um diploma de pós-graduação, em vez de ter que tocar alaúde na floresta e deixar que um homem ficasse com o crédito por minhas memórias. Busquei para meu filho escolas que estavam comprometidas a tratar meninos e meninas da mesma maneira. Queria que Gibran visse mulheres como provedoras do seu intelecto e do seu desenvolvimento emocional. A escola onde ele estudou os últimos anos do ensino fundamental e o ensino médio tinha um bom número de professoras e de pessoas LGBTQIA+. Na faculdade onde ele decidiu estudar, a reitora e a vice-reitora (os dois maiores cargos administrativos da universidade) são mulheres negras. A representatividade importa. Quase todas as matérias do seu curso de física eram ensinadas por professoras.

É claro que Gibran poderia ter tido uma educação excelente na Índia. Ele poderia ter tido uma educação *feminista* na Índia. Ele poderia ter sido poupado das notórias formas de misoginia "separados mas iguais" dos Estados Unidos. O fato de que ele poderia ter sido mais privilegiado na Índia como um homem de classe média do que nos Estados Unidos foi exatamente o que me possibilitou moldar e remoldar sua educação feminista. Diferente de Sita, eu *escolhi* me exilar de alguns luxos e tropeçar em outros desafios.

Sita também não criou seus filhos para buscarem a glória. Poucas histórias — sejam sobre o ideal da masculinidade ou outra coisa — falam sobre Lav e Kush. Sita criou seus filhos para serem homens comuns, não propensos a sentir raiva ou ira, ou desejar reinos ou o status de deuses.

Outra coisa estava acontecendo comigo enquanto eu criava meu menino, algo que só percebi depois. Embora eu pensasse muito na maternidade de Yashoda, Parvati e Sita, nunca me atrevi a imaginar o tipo de maternidade oferecido pela deusa Kali. Como estudiosos do hinduísmo apontam, Kali não abre mão de si mesma para criar os filhos. Seus devotos são vistos como seus "filhos", e suas rezas-canções são entoadas em louvor de como ela negocia sua autonomia e independência e mantém seus filhos conscientes de seu poder. Ela os mantém gratos por sua atenção.

Como depois ficou claro, eu teria muito de Kali na minha maternidade. Eu buscava a autorrealização, não o autossacrifício. Não escondia do meu menino os desafios que enfrentava ao equilibrar minha carreira, minha maternidade solo, minha vida amorosa/divorciada e o trabalho constante de ser uma mulher "sem amarras" que tinha que ser bem-sucedida para se manter respeitável. Eu era muito diferente das outras mães indianas imigrantes que conhecia. Com certeza não era uma daquelas que alimentava meu filho com pratos indianos frescos e saborosos, mantendo com organização o ciclo de fermentar, moer, amassar, cozinhar, marinar, temperar, fritar, cortar e servir a merda da minha vida inteira.

Hoje, as histórias dessas deusas foram tomadas pela direita nacionalista hindu da Índia como modelos de feminilidade superior e cidadania feminina — mulheres devem se dedicar às suas tarefas dentro das famílias tradicionais e, por fim, criar meninos que têm mais escolhas do que suas mães jamais tiveram. Ainda assim, nos anos em que criei meu filho, observei as melhores partes dessas histórias e vi que poderia me sair bem, porque eu tinha um exército de deusas que apareciam nas páginas dos meus quadrinhos e me mostravam como criar um garoto. Um garoto que eu amava, um garoto que fosse leal a mim, um garoto devotado ao aprendizado em vez da dominância e da glória e um garoto que apreciava meu esforço para criá-lo.

Alguns meses depois daquela consulta chorosa na clínica de ultrassom, os olhos escuros e bem abertos de um menino indesejado me encararam quando ele saiu do meu ventre e foi colocado junto ao meu peito. Aqueles olhos diziam: "Oi, mamãe. Sou eu. Estou *aqui*. Sou seu." Senti algo se rachar profundamente dentro de mim, uma ferida na minha alma que não tinha a intenção de se fechar.

Vinte e sete dias depois que ele nasceu, um sacerdote hindu que fazia a cerimônia de nomeação do meu filho disse que, de acordo com os cálculos astrológicos, deveríamos escolher um nome para o bebê que começasse com a letra K. Apenas para fins cerimoniais, para colocar no pergaminho sagrado, falou ele.

"Claro", respondi. "Krishna."

**A FAZER**

- Mesmo nas situações e culturas mais patriarcais, haverá algo nela em que se inspirar. Inspire-se onde puder. Rejeite algumas coisas e acrescente outras, conforme for melhor para você.

- Pense em uma história influente sobre maternidade (ou paternidade, ou paternidade parcial, ou cuidado com crianças em geral) da sua própria infância. O que você pode ter aprendido (seja bom ou ruim) desse conto? Que lições quer tirar disso? O que quer jogar fora?

# Capítulo quatro
# A MAMÃE GANSA JÁ OUVIU FALAR DE FEMINISMO?

**ERA UMA VEZ UMA MENINA CHAMADA** Victoria que odiava usar sapatos. Ela morava com os pais em um vilarejo perto de uma colina. Os pés de Victoria estavam sempre sujos, arranhados e um pouco machucados de correr pelo vilarejo sem sapatos. Seu pai se preocupava com ela e com sua insistência em ficar descalça. Todo dia de manhã, ele sentava com os sapatos de Victoria, mas a menina fugia do pai e saía correndo para a escola, depois pelas ruas de paralelepípedo, pelas lojinhas e campos altos do lugar. Ela era proibida de subir a colina perto do vilarejo. Victoria decidiu que não se importava de esperar até o dia em que a colina lhe chamasse. Naquele dia, ela iria.

"Naquele dia ela não ia ouvir os pais?"

"Sim, Gibran. Naquele dia, ela desobedeceria os pais e iria."

"Victoria é uma menina má?"

"Não, meu *jaan*. Ela é só uma menina normal."

Victoria não era uma menina meiga. Algumas pessoas no vilarejo diziam que ela ria demais. Outras não aguentavam olhar para os arranhões nos seus pés. Mas havia aquelas que diziam gostar do rosto da criança, porque sua boca parecia estar sempre cheia de frutas.

"Ela estava sempre com a boca cheia de frutas?"

"Só às vezes."

"As frutas eram morangos?"

"Você quer que sejam morangos?"

"Sim!"

A boca de Victoria parecia que estava sempre cheia de morangos. E era verdade que ela ria muito. Ela gostava mais de rir do que de falar.

Um dia, correu pelo vilarejo a notícia de que uma tempestade terrível estava se aproximando. O lugar ainda se recuperava de uma tempestade que tinha derrubado árvores em cima de casas e afogado todas as plantações, alguns meses antes. A mãe de Victoria plantava trigo, e todos os pés foram destruídos nesse temporal. As pessoas corriam desesperadas, se preparando para a nova tempestade. O gado foi levado aos estábulos, os cães foram trancados nas casinhas, sacos de areia foram colocados onde sacos de areia deveriam ser colocados. Rezas foram rezadas.

Victoria recebeu a ordem de calçar os sapatos se fosse sair. Depois recebeu a ordem de não sair. Então, a menina ficou sentada ao lado da janela e encarou o horizonte. Ela foi a primeira a ver o temporal se aproximando. Victoria era só uma menininha, não era uma menina meiga, era só uma menininha normal, mas até ela conseguia ver que aquela tempestade destruiria tudo de bom no vilarejo. Antes que percebesse, Victoria estava correndo pela porta...

"Sem os sapatos?"

... sem os sapatos, sem um plano, sem uma reza. Ela correu sem parar até chegar ao topo da colina.

"A colina!"

Ao topo da colina proibida. A tempestade se aproximou, chegando primeiro à colina, como Victoria tinha observado da janela. Ah, se você tivesse visto aquela criança, ali de pé, sem ar, no topo da colina, o coração disparado pela desobediência, o rosto corado contra o cinza assustador do céu carregado, os pés arranhados e vermelhos pela lama no cume. Quando a tempestade chegou, Victoria olhou direto para ela, e você sabe o que ela fez?

"Ela riu!"

Victoria riu. Ela riu e riu e riu da tempestade. E a tempestade, que nunca tinha visto uma criança tão curiosa e estava proibida de destruir coisas curiosas, ficou confusa. A tempestade ficou assustada. A tempestade nunca tinha ouvido ninguém rir dela antes. A tempestade ficou triste e ofendida, mas também muito aliviada por não precisar mais ser uma tempestade. Então, ela se transformou em uma chuva fina e caiu delicadamente sobre o vilarejo de Victoria, e seguiu seu caminho, para ser tempestade outro dia ou talvez nunca mais.

Victoria desceu devagar a colina e ninguém a viu ou percebeu aonde ela havia ido, porque todo mundo estava ocupado dançando nas ruas sob a chuva fina.

"Você conta essa história para mim amanhã de novo, mamãe?"

"Vou contar essa história toda vez que você quiser, Gibran."

•••••••

"A menina que riu da tempestade" foi a única história infantil que inventei, uma história entre mim e meu menino, nunca escrita, só falada, criada quando a mamãe e o filho descansavam a cabeça sobre o mesmo travesseiro..

Quando a contei pela primeira vez, Gibran tinha quatro anos e morávamos em Singapura. Embora eu estivesse desempregada e meu casamento estivesse caindo aos pedaços, nós tínhamos o que muitos dos meus amigos considerariam uma bela vida. Meu marido era diretor criativo de uma agência de publicidade multinacional. Eu tinha pedido demissão do meu emprego como chefe da redação metropolitana no *The Times of India* e seguido a carreira de Rajat, no início alegremente. Então, me vi trabalhando como freelancer, mas estava frustrada. Em Singapura, os meios de comunicação são controlados pelo governo, não há exatamente a tradição de imprensa livre e democrática que me acostumei durante minha carreira no jornalismo. Ninguém queria me contratar quando viam meu portfólio cheio de matérias investigativas questionando as autoridades.

Rajat trabalhava até tarde. Eu dizia a mim mesma que isso lhe rendia o dinheiro para me dar joias da Tiffany's. Rajat viajava. Eu dizia a mim mesma que isso me dava a chance de ficar só com Gibran, por mais tempo. Rajat ia a festas a que, segundo ele, esposas não eram convidadas. Eu dizia a mim mesma que isso me dava a oportunidade de conversar com outras mães e ir com elas e as crianças ao shopping assistir às apresentações de um dinossauro verde e roxo chamado Barney.

Mas outra coisa invadia minha cabeça durante essas longas tardes, junto com a história de Victoria. Um desequilíbrio químico. Uma tristeza. Uma depressão. Um desejo de me jogar da varanda do apartamento no décimo andar onde eu vivia a vida de uma invejada esposa expatriada. Eu me imaginava caída no chão lá embaixo, com minhas joias da Tiffany's, as caixinhas azuis flutuando na superfície da piscina.

"Você conta essa história para mim amanhã de novo, mamãe?"

●●●●●●●●

As histórias nos mantêm vivos. As histórias nos mostram como viver. As histórias reverberam pela nossa imaginação e pela reimaginação.

O mundo daria ao meu menino histórias de meninos, e mais meninos, e mais meninos. Eu criei para ele a história de uma menina. Uma menina com arranhões nos pés, não tão distantes da poliomielite na perna da mãe dele. Eu imaginei para ele uma criança desobediente e rebelde — uma menina com poder sobre suas decisões —, bem diferente da mãe que ficava deitada com ele naquelas tardes escondidas em Singapura, abraçando-o com toda a força, de costas para a varanda. Imaginei para ele uma menina risonha.

Comecei a ler para ele cedo. Quando Gibran era bebê, os mercados da Índia haviam acabado de se abrir para a liberalização da economia, e o consumismo estava prestes a ser declarado o príncipe da terra. Em Bangalore, uma jovem mãe abriu a Loja do Bebê e importava produtos infantis dos Estados Unidos. Lá tinha umas coisas chamadas "livros de banho". Achei aquilo a coisa mais incrível, um livrinho de plástico com imagens de elefantes, tartarugas e patos para mostrar ao bebê durante seu banho quentinho e cheio de espuma.

A primeira palavra de Gibran foi "livro". Bom, "livo", mas ele estava apontando para um livro. Ele tinha oito meses. Sim, mesmo depois de todos esses anos, eu me gabo dessa conquista verbal precoce. (Ele começou a andar tarde, aos 14 meses.)

Preciso admitir que posso ter estragado algumas cantigas para o Gibran com interrupções tipo: Por que a *rainha* não estava no cofre, contando seu dinheiro (em vez de estar no quarto, comendo pão e mel)? Perceba que a empregada pendurando as roupas era a única exposta ao ar livre e por isso o melro roubou o nariz *dela*.[4] Péssimas condições de trabalho!

Por sorte, não sou a única. O escritor e neurocientista dr. Dean Burnett escreve sobre como ele lia em voz alta para o filho e consertava as historinhas na hora:

"Mary, Mary, sempre do contra,

"Como cresce o seu jardim?

"Com um sistema cuidadosamente planejado de fertilização, manutenção do solo e várias outras técnicas comprovadas de agricultura usadas por jardineiros profissionais."[5]

(Então, não com mocinhas bonitas enfileiradas assim.)

Abraçar seu filho e ler para ele talvez seja a principal atividade que faz valer a pena todo o caos do restante do dia de um pai ou de uma mãe. Estudos como um de 2018 intitulado "Reading Aloud, Play, and Social-Emotional Development", do periódico *Pediatrics*, mostram que ler para seu filho antes dos três anos ajuda a desenvolver seu cérebro, a acalmar seu comportamento e a estreitar os laços entre pais e filhos. Também é assim que bons seres humanos são criados. A literatura aumenta

---

[4] Em referência à cantiga "Sing a song of Sixpence". (N.E.)
[5] Em referência à cantiga "Mary, Mary, quite contrary". (N.E.)

a empatia, e a empatia aumenta a solidariedade, especialmente enquanto o menino imagina nosso mundão e um dia vai ajudar a reimaginá-lo.

Perguntei ao meu filho recentemente se ele se lembrava de alguma das cantigas que eu tinha ensinado para ele na infância.

"Quem é que se lembra de cantiga?", perguntou ele.

Canções de ninar, então?

Eu estava *pedindo* aquele revirar de olhos.

•••••••••

Ele provavelmente tem razão. Ninguém se lembra de cantigas de infância, mas talvez lembremos da maternidade. Não é uma das alegrias da maternidade se perguntar que tipo de terrível doença mental fez a esposa do fazendeiro cortar os rabos dos três ratos cegos com uma machadinha, e agora os ratos sedentos por vingança a perseguem por toda a eternidade? O peixe que você pegou vivo... que dedo ele mordeu? Eu adulta quase senti um mordiscar no dedinho da direita. E poderia esquecer com facilidade meu último endereço, mas jamais vou esquecer que o homem dos muffins mora na Drury Lane.[6]

Será que devemos ficar magoados porque nossos bebês não se lembram do absurdo que foi quando o prato fugiu com a colher? Não. Acredito que eles se lembrem do amor. Que o corpo deles se lembre do abraço. Que suas vozes se lembrem do canto. Que suas mentes se lembrem do ritmo de algo, da reverência da palavra, da profundidade, do espaço e da textura dos livros. Da arte. Da estranheza desses mundos (em que tudo bem um velho bater palmas no seu dedão[7] ou porquinhos irem ao mercado[8] ou bebês caírem do berço[9] e tudo o mais) se misturando com o já estranho mundo ao redor deles.

---

[6] Em referência à cantiga "The Muffin Man". (N.E.)

[7] Em referência à cantiga "This Old Men". (N.E.)

[8] Em referência à cantiga "This Little Piggy Went to Market". (N.E.)

[9] Em referência à cantiga "Rock-a-bye". (N.E.)

Nesses primeiros anos, eu li tanto histórias ocidentais quanto indianas para Gibran, em geral frustrada com os papéis de gênero profundamente marcados nos contos mais famosos e narrados.

Saí procurando histórias feministas que se centravam em meninas e mulheres triunfando no mundo — por exemplo, a história da princesa guerreira indiana Rani Lakshmibai, que liderou seus soldados à batalha. Também li para ele *The Runaway Bunny*; essa história sobre um coelhinho que vivia fugindo de casa, mas que sempre era encontrado pela mãe, me trazia grande conforto e me ajudou a semear em Gibran a ideia de que eu sempre estaria por perto, não importava o que acontecesse.

Ao contrário do que se pensa, os primeiros contos de fada foram escritos por mulheres e apresentados e recitados em salões literários, e mais tarde publicados em coleções. Esses contos eram críticas feministas do patriarcado, com heroínas que determinavam o rumo de suas próprias vidas, diz Melissa Ashley, autora de um romance baseado na vida da mulher que escreveu o primeiro conto de fada em meados do século XVII — a baronesa Marie-Catherine d'Aulnoy. A baronesa escreveu uma história sobre uma rainha chamada Félicité, que mandava no seu reino e enchia seu amante, o príncipe Adolphe, de presentes e afeição. Ele a abandonou para buscar fama e glória.

Ah, Félicité, nós duas teríamos sido amigas em Singapura.

Os contos da baronesa criticavam casamentos arranjados. Na sua época, as meninas eram casadas aos 15 anos. (Minha mãe foi casada aos 15 anos. A França do século XVII e a Índia do século XX teriam sido amigas.)

Onde estão essas histórias agora? Os Irmãos Grimm — cujos contos de fada todos nós conhecemos como "os" contos de fada — surgiram e publicaram suas coleções, considerando as histórias das mulheres do século XVII pouco autênticas, segundo Ashley. Assim chegaram as princesas que esperavam os príncipes encontrá-las apesar de sapatinhos de cristal e carruagens mágicas, apesar de madrastas más e rainhas perversas, apesar de feitiços que as colocavam para dormir por cem anos ou as forçavam a beijar um milhão de sapos.

Quando eu era menina, essas histórias dominavam tanto minha imaginação que eu queria que minha pele marrom fosse branca, mais branca, a mais branca de todas, acreditando que a brancura cor de neve de sua pele era o que dava à Branca de Neve um coração tão bom. Brancura era um sinal de bondade, de ser querida, de ser desejada e de merecer ser resgatada. A humildade de Cinderela ao limpar a casa da madrasta, seu sofrimento nas mãos das meias-irmãs feias, sua *vitimização* era o que a tornava digna de uma fada-madrinha. Seu silêncio a tornava enigmática. Sua beleza e o mistério de seu surgimento e desaparecimento no baile a faziam digna da atenção de um príncipe. O tamanho diminuto dos seus pés era o que diferenciava seu sapatinho de cristal. (A poliomielite fez meu pé direito ficar menor que o esquerdo; será que um príncipe gostaria de me ver mancar, aquela reviravolta vergonhosa na história? Não.) E a Rapunzel certamente não chamaria tanta atenção se tivesse o corte de cabelo joãozinho que meus pais me forçaram a usar durante toda a minha juventude. Eu entreguei minha imaginação de mim mesma a essas histórias que prescreviam aparência, postura, comportamento, escolhas, atuação e valores.

Quando chegou a hora de contar essas histórias para o pequeno Gibran, achei que eu estaria pronta para lhes dar finais alternativos, mas me peguei me identificando agora com a bruxa má, com a mulher tão solitária que falava com o espelho, com a madrasta, algo que sentia que estava destinada a ser um dia e que me apavorava porque: e se eu me tornasse aquela *maldade*?

Abandonei os contos de fada dos Irmãos Grimm e procurei os contos de Karadi. São livros indianos, baseados em histórias populares, e começaram a ser produzidos em 1996, um ano depois do nascimento de Gibran. Os livros vinham com fitas cassete, e as histórias eram narradas por artistas famosos da Índia. Histórias como *Olhos no rabo no pavão*, *Bhasmasura e Bakasura* e *O chacal azul*. Histórias sobre as diferenças entre as culturas e a difusão de valores. Histórias sobre animais engraçados e seres humanos imperfeitos.

Os antigos contos de fada continuarão existindo, sim, mas ao trazer uma nova lente feminista sobre eles, podemos nos divertir muito. Podemos fazer isso sozinhos, como pais e comunidades criando nossos meninos, rindo dos clichês, ou podemos encontrar alternativas, como fiz com os contos de Karadi da minha cultura, ou podemos usar com alegria as narrativas recontadas por feministas que recuperaram a tradição de divas literárias da França do século XVII. Quando as versões modernas e bem-humoradas de autoras como Gail Carson Levine surgiram, Gibran já estava grande demais para a fantasia dos contos de fada, mas talvez ainda não seja tarde demais para seu menino. Vá comprar *Cinderella Liberator*.[10] A filósofa feminista Rebecca Solnit elabora uma história centrada nas interações entre Cinderela e sua fada-madrinha e recria o conto de fadas como uma narrativa de transformação e amizade entre mulheres. Solnit o reescreveu para sua sobrinha-neta. Ela queria manter a magia dos contos de fada, mas tornar a história mais relevante e condizente com as possibilidades atuais de todos nós. A melhor parte da história recontada, para mim, é que ela também liberta o príncipe.

Eu me aventurei pelo gênero dos contos de fada recentemente e descobri o que talvez seja meu livro favorito de todos os tempos. Que livro?, você deve estar se perguntando. Bom, ele se chama *Princess Sonora and the Long Sleep*, um reconto feminista de *A Bela Adormecida*. É sobre uma princesa cuja maldição é ser dez vezes mais inteligente que todo mundo. Alguém imagina por que eu amo este livro?

Raphaël Liogier é o autor de um livro chamado *Heart of Maleness: An Exploration*, no qual ele expõe com honestidade o *male gaze* — o olhar masculino — sobre o corpo de uma mulher. Em uma entrevista durante a turnê de lançamento do livro em Seattle, ele me contou sobre as origens da história da Bela Adormecida.

O original foi escrito por um italiano chamado Giambattista Basile, que publicou um livro chamado *O conto dos contos* em 1634. No origi-

---

[10] Ainda não há edição brasileira deste título. (N.E.)

nal, a princesa não é acordada e carregada para longe por seu amor — ela é estuprada enquanto dorme. "Um rei caçador descobre uma mulher dormindo em uma casa na floresta", conta Liogier. "Ele a 'toma'. Ela dorme durante o estupro. Ela engravida. Ela dorme durante a gravidez. Ela tem gêmeos. Ela dorme durante o parto. Quando os bebês estão mamando, acidentalmente sugam a farpa que a fizera dormir. Ela acorda e fica feliz ao ver os bebês e não questiona nada do que aconteceu antes. A moral da história, descobrimos, é que coisas boas podem acontecer com as pessoas mesmo enquanto estão dormindo." Liogier usa a história para enfatizar o argumento do seu livro, de que desconstruir séculos de histórias em que as mulheres são feitas como receptáculos perfeitos das fantasias masculinas não será fácil.

No reconto de Gail Carson Levine de *A Bela Adormecida*, a princesa Sonora, na verdade, tem voz sobre a roca e a picada no dedo e adormece porque quer. E quem ela escolhe como parceiro? Não o príncipe poderoso que inicialmente era seu pretendente, mas um pastor, porque ele tem um milhão de perguntas e Sonora tem um milhão de respostas. Cof, cof.

●●●●●●●●

Perguntei para pais de crianças pequenas o que estão lendo para seus filhos hoje em dia. Meus amigos Niketa e o Abhilash moram na Austrália e estão empenhados na busca pelas histórias certas para seus dois menininhos que pretendem criar como feministas. É claro que sim. Eles se conheceram enquanto trabalhavam para uma ONG na Índia dedicada a fornecer microfinanças para mulheres empobrecidas. O trabalho de Niketa agora a faz viajar por todo o mundo entrevistando mulheres em vilarejos rurais e favelas urbanas, trabalhando com a sabedoria delas para criar programas que possam beneficiá-las.

"A gente se esforça para encontrar livros em que as meninas são as protagonistas", diz Niketa. Um favorito atual é o *RAD Girl Revolution* (um livro para "meninas pequenas com sonhos grandes", com imagens de acrobatas, diretoras de empresa, fazendeiras, paleontologistas e presidentes). "Mas também nos esforçamos para encontrar livros em que os meninos têm a chance de participar de atividades tradicionalmente consideradas 'femininas', como brincar de boneca, e exibir características 'femininas', como, bem, ter sentimentos."

É mais difícil quando se chega aos contos clássicos, porém. Um dos favoritos do filho mais velho sempre foi *Dez macacos pulando na cama*. "Já tentei muito, mas não consegui encontrar uma versão em vídeo com uma médica ou com um papai macaco", diz Niketa. "Talvez em resposta a isso, eu me esforço para lembrar constantemente que a avó deles é médica."

Danielle Holland é uma *podcaster* feminista de Seattle com um filho de oito anos. Ela é uma mulher cis, branca e heterossexual, criando um menino branco, por isso sente uma urgência em "decolonizar a estante". Decolonizar histórias é uma prática que muitos estão abraçando, que envolve rejeitar e resistir ativamente ao domínio colonialista da narrativa, da contação de histórias e da literatura que permeia a imaginação branca, ocidental e principalmente norte-americana por séculos. Só sete por cento dos livros infantis publicados nos Estados Unidos são escritos por autores negros, indígenas ou latines. Histórias de autores brancos sobre pessoas de minorias étnicas se dobram para o olhar branco e a imaginação branca. Que tesouros de imaginação, geografia e representação estamos negando a todas as nossas crianças?

Holland quer mais para o filho. "Desde que li o primeiro livro para ele, tenho examinado as histórias que lhe conto, as histórias que divido com ele. Trago para casa histórias de meninas palestinas, de meninos negros de Nova York, de princesas que desconstroem seus mundos e seus títulos, de crianças indígenas, de menines latines lidando com sua identidade, com todas as lentes através das quais quero que ele possa ver, para sentir empatia e compreender." Fazer a curadoria do seu filho é uma maneira de criar um filho feminista e antirracista, diz Holland. Mas uma censura completa dos materiais de leitura não é nem possível nem desejável. "Quando lemos livros que entram em um território em que não acredito, nós o examinamos juntos. Eu o encorajo a questionar. Lemos um livro popular da série *Goosebumps* e eu perguntei: 'Por que ela está sendo descrita assim? O que você acha que significa?' Ele pensa. Ele responde."

Esse tipo de pensamento crítico então se estende a outras mídias, diz Holland. Enquanto assistiam a um filme da Disney recentemente, o filho dela parou o filme, interrompeu a história e falou: "Isso é machista. Isso é errado."

Então Holland pode testemunhar o filho reimaginando o mundo, o que é a melhor parte. "Meu filho gosta de montar suas criações com Lego e leva o mesmo tempo que passou montando, às vezes o dobro ou o triplo, me explicando o que criou. Ontem ele criou um novo mundo de Lego. Nesse mundo que ele construiu, havia diferentes pontos de acesso. É assim que você entra neste mundo e como o vê se é menina; assim se for menino; assim se for não binário." É assim que criamos valores de empatia e antimachismo nas crianças, diz Holland. E parece estar funcionando. "Então vou continuar fazendo o que faço."

O que Holland está praticando com o filho é um exame consciente do gênero em vez da neutralidade de gênero nas conversas sobre cultura e condicionamento. No livro *Raising White Kids*, Jennifer Harvey nos incentiva a sermos pais com consciência de raça, que ela descreve como sendo "uma forma ampla e proativa de pensar sobre como falamos sobre o assunto raça com nossos filhos". Em vez de não notar a raça das pessoas ao redor, que é a prática de "não ver cor" que faz as pessoas brancas acreditarem que não são racistas, Harvey sugere que a gente perceba e nomeie as raças de modo a poder ser antirracista. Em vez de calar seu filho de três anos quando ele comenta que a pele de alguém no mercado é marrom, confirme a observação dele. Da mesma forma, conversas com nossos meninos sobre gênero podem aceitar e confirmar as diferenças, permitindo gradualmente novas formas de discutir o que essas diferenças significam quando se trata da experiência de vida de meninos, meninas, pessoas não binárias ou trans. Livros e histórias, eu acredito, são o melhor lugar para isso. O filho de Holland está discutindo a experiência de meninos, meninas e pessoas não binárias, que ele observa serem diferentes. Isso dá a ela o espaço para entrar na conversa sobre um mundo reimaginado de alegrias igualitárias.

Eu e Holland tiramos os meninos do centro das histórias que levamos aos nossos filhos. O mundo já vai colocá-los no centro o suficiente. Holland tem consciência de que o mundo vai se centrar no seu menino branco ainda mais do que aconteceu com meu menino de ascendência indiana. Permanecer consciente dessas intersecções faz uma diferença enorme, e é por isso que o professor de escrita criativa Juan Carlos Reyes dá prioridade à cor tanto quanto ao gênero nos livros que ele e a esposa Kandis Reyes escolhem para a filha e o filho. Juan é latino e Kandis é nativo-americana. Eles começaram com livros para a filha, a mais velha entre os dois, com histórias que a empoderariam como menina e como filha de pais de origens étnicas diferentes e sobrenome espanhol que têm amigos de diferentes raças e etnicidades. "Dito isso, ela teve muitos livros de bebê com protagonistas homens", conta Juan. "Mas sua biblioteca certamente era mais feminina, e percebi o quão atenta ela se tornara quando começou a torcer o nariz para certos tipos de histórias — especialmente histórias de heróis — que só tinham protagonistas homens."

No fim das contas, o irmão mais novo herdou sua biblioteca cheia de protagonistas meninas, diz Juan. Mais uma vez, fazer a curadoria de livros é só uma estratégia, ele aponta. "Acho que quando ele tinha uns três anos, comecei a conscientemente trocar expressões e palavras em alguns dos seus livros antigos e alguns dos livros que recebemos de presente e até que nós compramos. Comecei a identificar para ele como funcionaria a compaixão para esses protagonistas masculinos."

Para que seu filho também tivesse orgulho do gênero com que ele se identificava, Juan começou a escolher alguns quadrinhos para crianças pequenas focados em super-heróis para o filho. (É claro que encontrou uma variedade muito maior desses do que quadrinhos focados em mulheres.) Então seu filho começou a escolher ele mesmo livros que faziam comédia da violência. Juan começou, gentilmente, a conversar com o filho sobre o histórico dos personagens, as consequências de suas ações em pessoas fora das páginas, como as decisões do personagem vinham de sentimentos ruins sobre si mesmo, como eles se sentiam magoados ou envergonhados. "Ele começou a receber bem as explicações sobre tudo o mais que estava acontecendo nas histórias", diz Juan.

Mais uma vez, o que Juan está dividindo é uma estratégia de troca que eu também tive que desenvolver com Gibran ao longo dos anos. Desenvolvi um instinto, um olhar atento às histórias e *storytelling*. Temos que contar a história, alterá-la, encaminhar nossos filhos em direção à curiosidade, rir dos clichês, questionar estereótipos, insistir no caminho certo quando nossos filhos resistirem ou se sentirem deixados para trás. Juan chama isso de "uma rotina de contextualização".

Juan também quer dividir com seus filhos histórias de formação e família. "Nossos parentes dos dois lados são uma combinação de pessoas incríveis, homens e mulheres. Não tem nada mais empoderador, que cria mais confiança nas crianças, do que contar todas as coisas que seus parentes já fizeram."

O que tudo isso significa é que nós mesmos temos que nos comprometer com a alegria renovada da leitura e também da leitura nas entrelinhas. Não é o suficiente sermos curadores e bibliotecários. Precisamos todos nós nos tornarmos escritores e editores. Passamos nossa história oral da melhor forma que podemos.

●●●●●●●

A melhor coisa que fiz por Gibran durante toda minha vida como mãe dele foi *lhe dar o amor por histórias*. Ele passou da leitura sobre estrelinhas brilhantes e Naipaul a Nietzsche em, tipo, três dias. Ou foi o que me pareceu. O momento do abraço e da historinha passou rápido demais, querido leitor. Eu me lembro de comprar um livro para ele em

Singapura — *Grover Learns to Read* — em que o personagem da Vila Sésamo não quer contar à mãe que aprendeu a ler, porque não quer que ela pare de lhe contar histórias.

Gibran não foi como o Grover. Não houve essa hesitação da parte dele. Foram meus braços que ficaram vazios, o campo aberto do meu cotovelo ao ombro frio, minhas palavras interrompidas no meio da frase. Então, um dia, ele começou a recomendar livros para mim. Tudo bem: eu só fingi ler *Capitão Cueca* e nunca consegui entrar no mundo de fantasia de *Deltora Quest*, mas ele me reapresentou ao trabalho do indiano ganhador do Nobel Rabindranath Tagore, um homem que se concentrou em mulheres feministas em suas histórias.

Mais uma vez, não foi exatamente a viagem mais tranquila. Ao criar um mundo de menino e livro, encontrar a literatura correta para seu filho não será o único desafio que você terá que enfrentar. Os Estados Unidos, particularmente, parecem quase se orgulhar de sua cultura anti-intelectual, em especial para os meninos. Não que a Índia não tenha suas especificidades em relação a homens e masculinidades, mas "o nerd", visto como um menino com uma masculinidade "menor" é uma categoria tão profundamente insultada e perseguida em algumas partes da cultura norte-americana que, como mãe, me preocupei por anos, e ainda faz a professora em mim trincar os dentes.

Encontrei essa categorização no meu primeiro ano nos Estados Unidos, quando eu cursava a pós-graduação em Baton Rouge, Louisiana, e Gibran estava na segunda série. Estávamos em um jogo de futebol dele. Gibran corria feliz da vida pelo campo enquanto os pais incentivavam seus filhos (de forma um pouco exagerada, eu achei). Eu estava determinada a aproveitar aquela tarde tipicamente norte-americana, talvez até me enturmar caso Gibran resolvesse chutar a bola.

No fim das contas, ele não estava interessado. Errou a bola e corria pelo campo sem muita animação, tentando puxar assunto com os outros meninos, ou simplesmente encarando o horizonte. Ele não estava triste. Na verdade, parecia bem feliz só por estar ali no meio dos gritos e da correria dos outros meninos, embora ele mesmo não estivesse participando muito. Um dos pais, com seu sotaque arrastado sulista, falou para mim com uma voz amigável: "Bom, parece que Gibran não vai ser atleta. Mas ainda vai conseguir muitas namoradas, porque vai ser um poeta."

Eu me lembro de rir, daquele jeito leve da mulher agradável, a mãe imigrante que está satisfeita só por ter algum outro pai conversando com ela, fazendo piadas e chamando-a para a superfície do companheirismo norte-americano. Mais tarde, porém, fiquei bem incomodada. Por que estávamos rotulando meninos da segunda série? Por que a falta de habilidade atlética do meu filho estava sendo avaliada e comentada? Será que haveria um concurso em que Gibran conseguiria ganhar sendo poeta, com outros meninos demonstrando publicamente suas habilidades poéticas?

Eu me perguntei se também não estava chateada por Gibran não ser atlético, e me dei conta, com o coração partido, de que sim! "Os Atletas" (mais tarde, descobri que o termo para isso era "Os Esportistas") seriam mais um grupo, mais uma comunidade em que eu e meu filho seríamos estranhos, sem poder participar.

Demorou mais alguns dias para que eu me desse conta de outro ponto que me incomodava sobre o comentário daquele pai. *Conseguir namoradas*, ele dissera. Aquele homem, na arquibancada de um jogo de futebol, cheia de meninos e meninas de sete anos, estava adicionando mais uma camada de misoginia ao seu comentário já problemático. Embora ele estivesse falando de uma fantasia sobre a vida do meu menino em um futuro distante, também estava fantasiando sobre as meninas como troféus para os meninos, suas conquistas, seus marcadores de masculinidade. Não importa sua masculinidade menor, meu filho *conseguiria namoradas*, o homem estava me assegurando. Chutar a bola não era o único objetivo daquela tarde na mente dele. A capacidade esportiva batizaria a masculinidade dos meninos; as meninas seriam o cálice de que eles beberiam, os espólios de sua virilidade. O poeta esperaria.

Na quarta série, Gibran começou a esconder dos amigos seu hábito de ler. Eu tinha notado que ele escondia os livros quando eles iam dormir lá em casa. Gibran se esforçava para se enturmar entrando para os times de basquete e futebol, o que ele não gostava muito. Suas notas caíram e os professores disseram que era porque ele estava entediado na escola. Eu o levei a uma terapeuta e ela disse que, quando ele chegasse à pré-adolescência, seria bom que eu mandasse Gibran a uma escola que incentivasse seu hábito de leitura e o encorajasse a desenvolver "seu raciocínio filosófico fora do comum". Ela recomendou fortemente uma escola particular. Resisti àquela sugestão, depois resisti a tomar a decisão (que decisão me tornaria uma mãe ruim? Será que isso tinha a ver comigo? Que decisão seria melhor para Gibran? Onde eu conseguiria o dinheiro?).

A Northwest School foi a única escola particular que ofereceu bolsa estudantil para Gibran (meu visto de trabalho me impedia de conseguir ajuda financeira em outras instituições). Uma escola particular independente que tinha a reputação de ser para crianças "diferentes", o que, aprendi depois, era uma palavra para crianças que liam, que amavam as artes e que não necessariamente queriam se encaixar em outras categorias. Elas não tinham tanto interesse em *competir*.

Por causa dessa escola, eu me vi menos solitária nutrindo o amor por histórias e livros do meu menino. Passei a confiar na curadoria e no currículo deles. Quando foi para a faculdade, Gibran me contou que seus dois professores favoritos eram os de humanidades do sétimo e do oitavo anos, Tamara Bunnell e Jeff Blair. "Fale com Jeff", comentou Gibran. "Ele é um homem feminista."

Tomando café e um sorvete de amora, Jeff me contou por que os livros e as histórias que damos aos nossos filhos, em especial durante a pré-adolescência, importam tanto. "Nessa idade, eles ainda estão abertos à influência e às mudanças. Nosso trabalho como professores é trazer ideias e mostrar coisas novas." Jeff dá aula faz 31 anos e, nos últimos tempos, vem se convencendo cada vez mais de que as escolas precisam se posicionar e agir contra a discriminação e a favor da justiça, e apresentar esses valores como básicos e universais, não politizados.

Para tanto, diz Jeff, precisamos apresentar às crianças histórias com personagens complexos de múltiplas identidades. A escola faz o que pode — conscientemente escolhe um currículo internacional: *Hibisco roxo*, de Chimamanda Adichie, *Eu sou Malala*, de Malala Yousafzai, *No tempo das borboletas*, de Julia Alvarez… "Então, de formas muito triviais, temos meninos lendo histórias sobre, por exemplo, alguém tendo a menstruação pela primeira vez. As meninas desmistificam isso para os meninos com quem estudam. Na nossa sociedade patriarcal e falocêntrica, a ideia é que os meninos recebam o maior número de contranarrativas possível." A única coisa com que eles ainda têm dificuldade é que a maioria da literatura apresenta os personagens com gêneros binários, diz ele.

Jeff também tem total consciência de que boas intenções ainda podem causar problemas. Ele se lembra de uma aula que diz ter ficado "tatuada no cérebro", na qual falou do livro *Dias na Birmânia*, de George Orwell. "Uma estudante de família srilanquesa comentou que os personagens de Orwell eram, na melhor das hipóteses, bidimensionais." Os outros alunos não compreenderam a crítica dela. A aluna, conta Jeff, saiu correndo da sala aos prantos. Desde aquele dia, ele permaneceu vigilante aos seus próprios preconceitos. Os alunos também estão se expressando mais, segundo ele. Os jovens estão vindo para a escola com um nível sem precedentes de compreensão social, tirando informações de movimentos como Black Lives Matter, #MeToo, LGBTQIA+ e os voltados para as urgências climáticas. Os livros para esta geração ainda estão sendo escritos, mas estão cada vez mais próximos.

Agora percebo que a única história infantil que inventei para Gibran estava carregada de meus próprios preconceitos e condicionamentos profundos e invisíveis. Por que eu tinha chamado a menina de "Victoria", eu me pergunto depois de tantos anos. Ela deve ter vindo da minha inabilidade de me afastar da colonização britânica da minha imaginação. Se Gibran pedisse para ouvir a história hoje ("Você conta essa história para mim amanhã de novo, mamãe?"), ele ouviria a história de uma menina desobediente e rebelde chamada Vimala.

## A FAZER

- Edite as prateleiras: Enquanto for apropriado para o desenvolvimento do seu filho, encontre livros que darão ao seu menino uma ampla representação de personagens com protagonistas que (a) não se pareçam com ele em gênero, raça, habilidade etc., e tenham capacidade de fazer suas próprias escolhas, e que (b) se pareçam com ele e tomem boas decisões. Dê uma olhada nos recursos no fim deste livro para recomendações.

- Edite os livros: Leia para seu filho as histórias que você amava quando era criança, mas edite e contextualize enquanto lê. Divirta-se virando as coisas de ponta-cabeça e troque personagens masculinos, femininos e não binários.

- Comece uma conversa: Faça perguntas como (a) Quem precisa de ajuda ou resgate e quem está ajudando ou resgatando? (b) Quem está ao ar livre e quem está dentro de casa? (c) Quem é punido por buscar aventuras e quem pode buscar aventuras desde o primeiro momento? (d) Quem está se esforçando para provar seu valor e quem já tem seu valor reconhecido desde o começo? (e) Para questionar a narrativa de por que os meninos sempre precisam proteger e resgatar: quem tem que lutar e resgatar? Realmente tem que ser assim?

- A dra. Judy Y. Chu, uma pesquisadora do desenvolvimento psicossocial de meninos da Stanford University, nos encoraja a questionar os meninos sobre o que eles gostam em uma história e o que não gostam. Pergunte a eles como poderiam contar a história de um jeito diferente. Ouça quando as crianças criarem novos significados. Responda com gentileza.

- Nutra a contadora de histórias (feminista) dentro de você.

## Capítulo cinco
# SE É PRECISO UMA ALDEIA, CADÊ MINHA ALDEIA FEMINISTA?

••••••••

**"A MAMÃE VAI MORRER?"**

Gibran tinha seis anos e eu estava sangrando, caída no acostamento da Highland Road, em Baton Rouge, Louisiana. Eu e ele tínhamos sido retirados dos destroços do nosso carro depois de uma batida no caminho para um encontro com um amiguinho dele. O outro motorista fugiu. Era o dia 6 de outubro de 2001, só três semanas depois do 11 de setembro de 2001. (Gibran me contou que, por anos, quando as pessoas falavam da tragédia do "11 de setembro", ele achava que estavam falando do nosso acidente.)

Os cientistas dizem que seres humanos são capazes de algo chamado "força histérica", que surge em emergências extremas como seu filho estar preso debaixo de um carro. Filho. Carro. E aquelas quatro palavras: *A mamãe vai morrer?* Foi esse o coquetel exato de que eu precisava para encontrar a força histérica necessária para não desmaiar.

As pessoas ao meu redor diziam que minha perna parecia quebrada. Estavam apontando não para a direita, atingida pela poliomielite, mas para a esquerda, minha perna forte.

Fiquei deitada e deixei meus ossos se quebrarem como quisessem. Mesmo assim, mantive os olhos abertos. Ah, que maravilha seria fechar os olhos e simplesmente flutuar pelo rio do meu próprio sangue. Sob o sol de outubro da Louisiana, o rosto do meu menino surgiu — sentado no colo de uma estranha, uma bela mulher loira de rosto gentil entre a multidão reunida ao nosso redor. Ele estava usando seu novo casaco cinza da Old Navy. A camiseta verde aparecia um pouquinho por baixo da gola. O cabelo ainda estava úmido do banho que eu o ajudara a tomar naquela manhã.

Só por alguns segundos, fui tomada por uma paz que nunca tinha sentido antes nem nunca sentiria depois, porque não importava que ossos estivessem quebrados, eram *meus*. Tudo que importava naquele momento de visão e conhecimento era que a mamãe tinha se lembrado de afivelar o cinto do menino, e, do primeiro folículo de cabelo em sua cabeça até a última unha do dedinho, o menino estava inteiro, o menino estava inteiro, o menino estava inteiro.

Mas ele *poderia* ser destruído.

Ele estava fazendo uma pergunta, provavelmente a pergunta mais importante nos seus seis anos de vida, e, se você já conviveu com uma criança dessa idade, sabe *bem* quantas perguntas elas fazem. Estávamos sozinhos aqui, eu e Gibran. Rajat estava em Singapura.

Rajat tinha sugerido que eu fizesse um doutorado, nos Estados Unidos, e eu chegara à Louisiana State University. Ele disse que pediria demissão do emprego na agência de publicidade e viria comigo de Singapura, e nós imigraríamos para os Estados Unidos e viveríamos juntos, como uma família, para talvez um dia, se quiséssemos, voltarmos à Índia.

Matriculei Gibran na primeira série da Trinity Episcopal Day School, com a ajuda de uma bolsa arranjada para nós pelo reitor da faculdade de comunicação social da Universidade do Estado da Louisiana. Mas, quando Rajat chegou, percebi que não tinha trazido toda a sua bagagem. Ele falou que as coisas chegariam aos poucos. Tudo pareceu bem de início, mas depois de algumas semanas, Rajat me contou que não planejava se mudar para os Estados Unidos, no fim das contas. Ele disse que voltaria para Singapura e nos visitaria de vez em quando. Fiquei confusa. Perguntei se ele queria que eu voltasse com ele, e Rajat respondeu que preferia trabalhar sem distrações. E foi embora.

No dia do acidente, enquanto os Tigers da universidade da Louisiana se preparavam para enfrentar os Gators da Flórida, minha cabeça estava cheia de perguntas: será que eu deveria ficar e terminar meu doutorado, ou será que deveria voltar para meu marido em Singapura, para me concentrar em ser uma boa esposa e mãe?

*A mamãe vai morrer?* Eu tinha que dar uma resposta ao meu filho. Meu cérebro tinha que acordar, porra.

De alguma forma, aquela força histérica encontrou uma sinapse no meu cérebro, e eu fiz uma pergunta para o pequeno Gibran:

"Olhe só para mim... A mamãe ainda está bonita?"

Eu sei que vi o canto da boca de Gibran se erguer em um sorriso. Enquanto sua mãe tivesse vaidade, ela ainda não estaria morrendo.

No caminho para o pronto-socorro, eu e ele ficamos deitados em macas gêmeas na ambulância. Os enfermeiros tinham prendido meu corpo com faixas para que minha coluna e meu pescoço permanecessem retos. Girei os olhos para a esquerda o máximo que pude nas cavidades oculares para poder olhar meu menino enquanto ele me observava. Dava para ver que ele achava que aquele carro, com todos aqueles equipamentos, era maneiro e assustador ao mesmo tempo. "Me ouça bem, Gibran", falei. "Eu não estou morrendo."

Ele não podia assentir. Estava preso também, caso houvesse algum ferimento que ninguém conseguira identificar ainda.

"Eu nunca vou morrer", falei. "Vou sempre estar aqui e vou sempre cuidar de você. Está me ouvindo? Eu nunca vou morrer."

◆◆◆◆◆◆◆

Nos meses e anos depois daquele dia, eu teria tempo para pensar sobre a natureza histérica da minha promessa. Desde então percebi que, quando você promete a uma criança que não vai morrer, o que está realmente dizendo é que promete viver, viver forte e com determinação, com os olhos abertos mesmo quando seu corpo está tentando te derrubar. Viver histericamente.

As semanas após o acidente foram uma confusão de cirurgia de trauma, uma longa estada em um centro de reabilitação para que eu aprendesse a me mover de novo e, o mais difícil de tudo: deixar as pessoas se aproximarem e ajudarem. Eu tinha 33 anos. Durante todos aqueles anos, sendo criada na Índia e depois morando em Singapura, fui mergulhada em uma importante norma cultural: apresentar uma fachada ao mundo exterior que dizia "eu estou bem. Sou uma vencedora. Minha família é incrível e bem-sucedida e melhor que a sua. Eles estão sempre comigo e nós temos tudo". A modernização e a liberalização da Índia só adicionou uma camada mais perigosa a isso — éramos *yuppies*, tínhamos deixado "o vilarejo" para trás para formar núcleos menores, viajávamos pelo mundo e estávamos vivendo o sonho da vida glamorosa dos expatriados.

Deixar estranhos catarem meus pedaços de uma batida de carro na Highland Road, deixar novos amigos levarem Gibran para a casa deles, deixar conhecidos trazerem comida e ficarem comigo no hospital até que meu marido chegasse de Singapura pareceu uma facada de vergonha, mesmo em meio à nuvem de sedação na cama do hospital.

Eu não tinha uma aldeia em Baton Rouge, na Louisiana; eu mal tinha uma família. Eu tinha um casamento destruído em Singapura. Eu tinha uma imagem a manter na Índia.

A junta do tornozelo da minha perna boa foi destruída na batida e perdida para sempre. Cirurgiões reconstruíram o que puderam com placas e parafusos (três anos depois eu conseguiria um implante de uma prótese de tornozelo). Rajat chegou para me dizer que estava nos melhores anos da sua carreira em Singapura e não podia ficar para me ajudar. "Talvez você possa ligar para sua mãe? Sua irmã?"

Ele foi embora. Minha mãe tirou férias do trabalho na empresa de manutenção doméstica e veio da Índia. Minha mãe limpou minhas cicatrizes, me alimentou e me lembrou a cada dose de remédio que eu precisava salvar meu casamento. Quando ela foi embora, minha irmã Suhaani veio. Ele era sete anos mais nova que eu. Quando eu tinha dez anos e ela, três, na nossa infância em Mumbai, fui encarregada de cuidar dela, e o que eu mais gostava de fazer era levá-la para a escola, brincar com ela e lhe dizer que poderia ter tudo que quisesse de tudo que eu tivesse para sempre. Agora, enquanto ficava deitada me recuperando do acidente, o que ela mais gostava de fazer era vestir Gibran para a escola e brincar com ele quando ele voltava. Suhaani cozinhava para mim e escondia as lágrimas esperando as ligações do seu recente noivo. Ele era um médico meio britânico, meio indiano, e lhe dera o mais incrível anel de brilhantes, mas sempre esquecia de ligar na hora combinada de sua casa em Londres. Quando perguntei para minha irmã mais nova se ela seguiria decidida para o que poderia ser um casamento sem amor, minha mãe me ligou para dizer que eu não deveria espalhar minha tristeza pela família. (E que eu precisava salvar meu casamento.)

Confinada a uma cadeira de rodas por alguns meses, logo ganhei peso. Eu odiava fazer fisioterapia quando era criança e me recuperava da poliomielite. Agora tinha que passar horas na fisioterapia. Alunos de cinesiologia da Universidade da Louisiana me ajudaram a encontrar a força nas pernas que eu mal sentia sob mim. Um deles, estudando para se tornar um terapeuta ocupacional, me perguntou sobre minha rede de apoio. Eu disse que minha mãe e minha irmã tinham passado algum tempo comigo, mas já haviam voltado para Índia, e que eu estava me virando muito bem sozinha. "Tenho o telefone das pessoas se precisar ligar para alguém", falei. "Mas estou fazendo omeletes para Gibran da cadeira de rodas na cozinha do meu apartamento e isso me faz sentir muito bem comigo mesma. Sou resiliente."

Ele ligou para o supervisor e os dois me deram uma bronca. "Você vai ter que aprender a pedir ajuda. Você vai ter que aprender a aceitar ajuda. Você vai ter que deixar o mundo se aproximar", disseram.

O mundo veio do nada. A comunidade indiana de Baton Rouge me visitava sempre e cantava para mim minhas canções de amor favoritas dos filmes de Bollywood. A comunidade do campus da universidade trazia livros da biblioteca para mim. Os professores me ajudaram com meus trabalhos, oferecendo extensões de prazos que eu me recusava a aceitar. A comunidade de pais da escola de Gibran o levou para vários passeios gloriosos. Uma jovem coreana no meu prédio, candidata ao doutorado como eu, levava Gibran para a escola junto com a filha dela e o chamava para comer deliciosos ramyeon[11] e kimbap com daikon[12] em conserva. Um jovem estudante indiano de ciência da computação vinha passear comigo pela vizinhança, me empurrando na cadeira de rodas. Quando amigas me diziam que ele podia ser um admirador, eu me recusava a acreditar, tão desacreditada estava de minha atração como mulher.

Em casa, Gibran aos seis anos corria ao meu redor enquanto eu lutava para largar o andador e dar passos sozinha. "É fácil, mamãe", dizia ele. "Andar é tão fácil. É só colocar um pé na frente do outro." Ele se abaixava até o chão e segurava meus pés nas suas mãozinhas gordas e os puxava pouco a pouco. E em frente eles iam, centímetro por centímetro.

De noite, quando ele me ouvia choramingar por causa dos esforços do dia, se deitava ao meu lado, me dava tapinhas no ombro e dizia: "É só dor, mamãe. É só dor."

•••••••••

Foi preciso uma batida de carro terrível para que eu aprendesse a deixar o mundo se aproximar. A construir uma aldeia. Depois que a aldeia surgiu, aquelas pessoas nunca mais foram embora. A aldeia era um conceito. Ela se construiu ao meu redor em um momento de crise no condomínio Chateaux Dijon em Baton Rouge. Depois disso, a aldeia se tornou, para mim, uma forma de viver. Se Virginia Woolf já proclamou às mulheres que procurassem um quarto todo seu, agora eu convido todas nós a construir uma aldeia.

---

[11] Lámen. (N.E.)
[12] Rabanete branco. (N.E.)

Para nós que vivemos longe de nossas famílias, separadas pela geografia ou por qualquer outra razão, temos o fardo e a oportunidade de reimaginar o que é uma família. De construir uma aldeia em que elegemos novos anciãos, novos conselheiros, novos tios e tias, novos primos e companheiros.

Pensei em voltar para a aldeia de minha origem. Embora muitos dos meus amigos tenham sido criados e instruídos para emigrar para os Estados Unidos, eu nunca tinha sonhado em deixar a Índia. Mesmo agora, sei que nunca teria trocado a Índia pelos Estados Unidos. Troquei *Singapura* pelos Estados Unidos. E só fui a Singapura para seguir a carreira do meu marido. Então, em que lugar do mundo eu deveria ficar?

Depois que fiquei boa e conseguia me mover com menos dor, imaginei como seria a vida para mim e para Gibran na Índia — eu poderia abandonar meu doutorado e voltar a trabalhar para o *The Times of India*, esperar o possível retorno do meu marido de Singapura (porque Rajat continuava não querendo nossa presença lá, oferecendo-se para mandar dinheiro para nós). Imaginei criar Gibran dentro do eixo da desaprovação da minha nação sobre minhas escolhas — e aprovação do meu estado de espera. Eu não poderia fazer isso.

Eu não poderia levar meu menino de volta a meu país e a minha família e ao mesmo tempo transformá-lo no Gibran feminista da minha imaginação. Nos anos seguintes, essa minha sensação — se é que em algum momento duvidei dela — foi comprovada infinitas vezes. Para começar, nunca fui bem recebida na casa da minha mãe. Quando a visitava com meu marido, era tratada como uma rainha. Quando eu ia para lá na condição de filha à beira do divórcio, as visitas começavam com celebrações porque eu trouxera comigo o neto dourado e amado, mas logo se tornavam azedas. Meu irmão era chamado. Ele discutia comigo e me batia. Se eu tivesse sorte, seria só ameaçada fisicamente. Minhas malas eram jogadas para fora. E em meio a tudo isso, de algum jeito, eu sentia que minha mãe ainda me amava, mas eu não sabia como transformar isso em amor-próprio.

As pessoas nas ruas do meu país já tinham me contado com suas provocações o que pensavam de meninas e mulheres aleijadas. Mesmo enquanto meu intelecto se expandia, meu corpo se fortalecia, minhas emoções se tranquilizavam durante a reconstrução da minha vida, nos meus próprios termos nos Estados Unidos, meu país natal mostrava um desconforto, um desdém por uma mulher que quebrava as regras, não importava que eu *quisesse* segui-las e que o que estava acontecendo comigo não fosse culpa minha. Não é que a Índia não tivesse suas grandes feministas. Na verdade, algumas das melhores feministas que conheço vêm de lá. Mas no dia a dia, com notícias muito mais horrendas do que as minhas se revelando na Índia, as mulheres em grande parte precisam se adequar a uma certa matriz predeterminada de decoro em troca de proteção. Certamente tem mulheres que não entram nessa. Agora, cada vez mais mulheres e membros da comunidade LGBTQIA+ marcham pelas ruas da Índia, exigindo e conquistando mudanças nas leis sobre estupro e casamento entre pessoas do mesmo gênero.

Minha irmã escolheu continuar na Índia depois de seu casamento com o médico britânico ter acabado em divórcio após só nove meses de duração. Ela escolheu manter meu irmão a distância e lidar com um relacionamento tumultuoso com nossos pais. Às vezes ainda me pergunto se eu poderia ter feito o mesmo, mas, se isso talvez funcionasse para mim sozinha, não parece correto para a mãe do Gibran. Sem o apoio da minha família, com a ameaça da violência do meu irmão e com as lembranças da minha infância como uma menina com deficiência no meu país, eu não me sentia inteira lá. Para criar Gibran como feminista, eu precisava ser uma feminista inteira.

Aquela ocupação, aquela casa, aquele mundo: eles não foram construídos para nosso bem-estar na forma como nós, eu e meu filho, recém-existíamos. Sinto isso agora, nos meus ossos quebrados.

●●●●●●●

Certo, então. Nos Estados Unidos, nosso bem-estar viria da minha determinação. Nossa prosperidade cresceria de nossas mentes, que eu sabia que eram fortes e justas. Eu protegeria meu filho de lugares em que uma mulher teria mais prosperidade se seguisse as regras. Criaria um homem que não conhecia essas regras e que não prosperaria seguindo-as sozinho. Tiraria dele todo o privilégio masculino de casta superior brâmane e de classe média. Tiraria de mim mesma toda a sensação de falta. Nós nos concentraríamos e trabalharíamos por tudo que fosse nosso, e manteríamos a cabeça erguida e o sorriso largo.

Com a ética de trabalho marcada a ferro e fogo em mim pela cidade de Mumbai, completei meu doutorado em três curtos anos, me mudei de Baton Rouge para Seattle para ocupar uma vaga de professora adjunta, e reuni meu corpo em sua beleza máxima, de forma que as mechas no meu cabelo desviassem a atenção do mancar estranho do meu pé direito e das marcas do acidente no esquerdo. Me empenhei para que o vermelho-melancia dos meus lábios, junto com a eloquência da minha fala, atraíssem o olhar para longe das cicatrizes e da sugestão de músculos definhados, aço inflexível ou parafusos soltos dentro dos meus ossos. Juntei dinheiro e comprei roupas estilosas e lindas botas atrás das quais tentei esconder terríveis verdades. Tentei me transformar um pouco em Frida Kahlo, que, como eu, também tinha sofrido de poliomielite e passado por um acidente trágico. Ignorei o fato de que ela também tinha um talento transbordante, algo que ainda não havia se manifestado no meu próprio trabalho.

Mas eu e Gibran éramos bons na escola — nós burlamos o sistema de educação fabuloso dos Estados Unidos, nos mantendo distantes de todo tipo de falha e fracasso, desviando tanto do terrorismo quanto da guerra ao terror, e dando piscadelas para o número nacional de divórcios de 50%, gratos por Gibran não ser o único filho do divórcio no seu grupo de amigos.

Quando cheguei a Seattle, em julho de 2003, a única pessoa que eu conhecia na cidade era o chefe de departamento da universidade que me contratara. Eu o salvei como contato de emergência (embora estivesse envergonhada demais para informá-lo disso). Bom, então a gente teria que tratar de não arranjar mais emergências, não é mesmo? Sentei e criei uma lista de afazeres: fazer amigos. Deixar as pessoas se aproximarem. Encontrar nossa aldeia.

Nessa reimaginação e reconstrução da minha aldeia, tive que dar prioridade a uma aldeia feminista. Era o único tipo em que minha vida e minhas escolhas agora caberiam. A pesquisa de Phyllis A. Katz e as experiências de vida de tantas pessoas ao meu redor estavam fazendo com que isso fosse cada vez mais verdadeiro para mim — crianças feministas costumam ser criadas de formas que expandem e modificam as noções de família. Não estou pedindo a rejeição da instituição do casamento e da família tradicional, mas a pesquisa mostra que os meninos, em especial, precisam ver mudanças e expansões nos papéis de gênero tradicionais que muitas vezes são replicados na estrutura familiar convencional.

Uma nova amiga se aproximou: Rachel, que morava no andar de cima. Mãe solo vinda de uma grande família católica, ela teve o filho porque o aborto era proibido no catolicismo. Vivia uma vida fortemente feminista, trabalhando como editora técnica da Microsoft, mas negaria até hoje ser feminista, tal era a repulsão peculiar que as mulheres norte-americanas pareciam sentir pelo termo "feminista". Rachel me ensinou a viver em Seattle — ir a cafeterias, fazer compras no Trader Joe's e, definitivamente, aproveitar a oferta de "crianças não pagam" no Banjara Cuisine of India, embora a senhora punjabi de lá nos olhasse de cara feia, talvez por rirmos alto demais e nunca aparecermos com maridos a tiracolo. Rachel também acolheu Gibran e eu como membros de sua grande família — pais e irmãs e primos e tias e tios com quem passar Natais, Páscoas, dias de Ação de Graças e alguns fins de semana de chuva.

Uma nova amiga se aproximou: Mara, uma professora de cinquenta e poucos anos do meu departamento, com um namorado uns 15 anos mais novo. No mundo acadêmico das torres de marfim em que hierarquias e patriarcados são profundamente marcados, Mara usou seu cargo efetivo para chamar a atenção de colegas que esperavam que as mulheres fizessem todo o trabalho de comitês, enfrentou administradores que não contratavam mulheres para cargos mais altos, inspirou alunos a votar nas eleições presidenciais e depois fez uma festa da panqueca para eles. Ela me mostrou como é levar uma vida feminista nos Estados Unidos com o foda-se ligado. Ela adorava Gibran, fazia perguntas a ele e lhe dizia que ele era uma das crianças mais inteligentes que já conhecera. Ela sempre lhe dizia por que ele precisava respeitar sua mãe.

Uma nova amiga se aproximou: Shahana, uma mulher solteira que deixou um casamento violento e uma carreira estressante de arquiteta e mergulhou na música e na filosofia. Ela ensinou a Gibran cantos hindustânicos e lhe ensinou a amar as partes de si mesmo que refletiam uma masculinidade indiana gentil com a voz erguendo-se em canto.

Uma nova amiga se aproximou: Jen, uma jovem solteira, professora de enfermagem, que não aturava grosserias de Gibran. Era ela que chamava sua atenção quando ele soltava algum comentário machista aqui e ali. Era ela que chamava minha atenção ao me ver regredir ao papel de "mãe indiana mártir" quando eu tentava, mesmo estando doente, fazer uma refeição completa para um Gibran já adolescente, em vez de pedir que ele cozinhasse para mim. "Levanta, Gibran, vá ao mercado para a sua mãe."

Minha irmã Suhaani se aproximou novamente. Depois do divórcio, ela passou a morar em Mumbai, mas sempre nos sentimos próximos a ela. Suhaani cuidou de Gibran desde o dia em que ele nasceu e permaneceu sendo um pilar de força para mim quando saí de casa, primeiro para me casar e depois para me divorciar. Ela me defendeu durante todos os meus altos e baixos, mesmo em meio aos seus próprios altos e baixos e mesmo durante nossas brigas angustiantes, porque fomos criadas de forma disfuncional e muitas vezes não conseguíamos fazer as pazes por meses. Quando Gibran era pequeno e estava com medo de tomar uma vacina, Suhaani convenceu a enfermeira a tirar o sangue dela para que ele visse que não era tão ruim assim. Tenho uma fotografia que amo deles dois com os braços erguidos em solidariedade depois da picada das agulhas. Ela apoiou e recebeu Gibran em sua casa, em Mumbai, durante uma fase da juventude em que ele precisava passar um tempo fora da faculdade. Ela também foi a pessoa que mandava. Ela fez tudo isso porque amava a mim e a Gibran e apoiava minhas escolhas feministas incondicionalmente. Ela passou a maior parte da vida como solteira/divorciada e falava com franqueza com Gibran sobre sua vida feminista. Ela é a Yashoda para meu menino Krishna. Até hoje as pessoas dizem que Gibran se parece mais com ela do que comigo. Se você é uma tia criando um menino feminista, seja como Suhaani.

Uma nova amiga se aproximou: Ruth, imigrante anglo-jamaica-canadense, viajante experiente, mãe solo e professora do departamento de serviços sociais na minha universidade. Ela se recusou a se casar com o pai da filha e agora vive saindo para satisfazer seu apetite sexual. Um dia, quando ela e outras amigas estavam nos visitando, Gibran, aos dez anos na época, saiu correndo do quarto e disse: "Chega desse papo de estudos feministas. Precisamos de estudos masculinistas! Os homens também precisam ser ouvidos!"

Enquanto eu e minhas amigas gargalhávamos, Ruth explicou a ele: "O mundo é feito quase inteiramente da opinião, da história e das determinações dos homens. É por isso que existem os estudos feministas. É como um sussurro contra tanto barulho. Você está crescendo em uma casa muito diferente, porque sua mãe te cercou de mulheres que dizem o que pensam em alto e bom som. Você nos ouve rindo aqui o tempo todo. Você tem sorte."

Embora a bronca amorosa de Ruth tenha aquecido meu coração, a situação também me deixou um pouco nervosa. Será que eu estava indo longe demais? Será que Gibran resistiria aos meus esforços? E então, lá no fundo, surgiu a seguinte questão: será que a evidente ausência de homens na minha aldeia afetaria meu menino?

Em 2005, quando Gibran tinha dez anos, eu e o pai dele finalmente nos divorciamos. Rajat ainda morava em Singapura e continua morando até hoje. Uma coisa que senti instintivamente acabou sendo verdade: embora estivesse distante, Rajat foi forçado a ter uma relação paterna mais estreita com Gibran do que quando estávamos casados. Talvez esse seja um dos fenômenos mais inefáveis e imensuráveis do divórcio e da criação de filhos. Na estrutura familiar tradicional, a mãe muitas vezes se torna a cola, ou melhor, o *elástico* que permite aos outros membros da família se distanciarem enquanto permanecem se sentindo parte do todo. No nosso caso, as viagens frequentes de Rajat para longe de nós, para Bangalore e Singapura, muitas vezes me deixavam sozinha com Gibran, mesmo quando a família dele visitava. Eu estar com aquela família permitia que Rajat fosse um pai menos presente. Quando não havia mais a opção de eu estar junto daquela família, ele teve que se virar e aceitar sua paternidade e a presença que ela exigia. Ele fez isso da melhor forma que podia. Alugou uma quitinete em Seattle onde passava dez dias a cada dois meses com Gibran, trabalhando em regime de home office para a empresa em Singapura. Não era uma presença paterna muito constante, eu sei.

Comecei a desejar demais que eu e Gibran tivéssemos o tipo de família que eu via em seus jogos de futebol. No Halloween, eu ignorava as fantasias e via A Família. No Dia de Ação de Graças, que nunca tinha significado nada para mim, eu não via os convites que recebia para encontros com amigos e desejava estar sentada à mesa com uma família que fosse minha. Em noites normais, eu observava discretamente as janelas de famílias reunidas à mesa de jantar, as lareiras estalando com suas luzes tremeluzentes, com brincadeiras, alegria e pãezinhos frescos, e sentia uma solidão tão intensa por mim e por Gibran, que me fazia temer evaporar de repente e deixar meu menino sozinho.

・・・・・・・・

Em 2005, sites de relacionamentos como o Match.com eram mais inocentes. Na época, ainda não éramos cínicos, passando perfis para o lado e saindo para transar como se fosse rotina. O processo de cortejo virtual era lento. Eu e Alec trocamos e-mails. Ele me mandou uma foto de sua filha de quatro anos, Beth, fazendo pizza com ele. Eu mandei para ele meu currículo.

Alec não foi o primeiro homem que conheci no Match.com, e sim o segundo, então não venha me dizer que fui precipitada na nossa relação. O primeiro homem era um engenheiro que me disse que eu não deveria pedir duas sobremesas no nosso encontro, talvez imaginando erroneamente que ia pagar a conta sozinho. Mesmo assim, isso me fez abandonar a ideia de um relacionamento com ele de imediato.

Eu e Alec combinamos de nos encontrar no Caffé Ladro, em Queen Anne Hill, em um dia de maio. Nós nos esbarramos na porta. Eu tinha falado com minhas amigas que duvidava que me apaixonaria por um homem branco, mas não contava com os olhos azuis de Alec, seu sorriso caloroso, seu rosto honesto e franco. Apesar das instruções das minhas amigas dizendo que encontros precisavam ser encerrados depois de mais ou menos duas horas, nosso primeiro encontro durou nove horas — café, jantar, bebidas em um bar ali perto, depois uma caminhada pelo bairro até 2h30 da madrugada (Gibran estava dormindo na casa de amigos).

Eu me apaixonei perdidamente por esse homem, embora ele tenha me contado que votou em George W. Bush (sim, mesmo na segunda eleição). Ele se apaixonou perdidamente por mim. Os amigos diziam brincando que Alec e eu poderíamos ser como Mary Matalin, consultora política do Partido Republicano, casada com James Carville, estrategista político do Partido Democrata. Tudo era leve naquela época, sob o sol daquele amor tão bom e delicioso. Quando namorávamos, nós brigávamos sobre política e fazíamos as pazes comendo suas panquecas impecáveis. Colocamos as crianças no carro e fomos até os campos de tulipas em La Conner, a algumas horas a norte de Seattle, no meu aniversário, onde Alec me surpreendeu com um bolo e as crianças caíram na risada ao me verem cortá-lo com o dedo porque Alec tinha se lembrado das velas, mas esquecido a faca. Alec ouvia Gibran falar por horas sobre qualquer coisa, e meu menino observava aquele homem fazer pizzas em forno a lenha e deliciosos risotos de açafrão, sopa de cebola e idlis sul-indianos macios, spanakopita e salada turca de feijões garbanzo. Beth amava ver filmes de Bollywood comigo.

Alec, apesar do ponto de vista conservador na política, era feminista em alguns pontos (o que me fez ignorar muitas outras coisas). Ele falava com um respeito inabalável sobre suas chefes. Comprou uma camiseta para a pequena Beth que dizia: "Lugar de mulher é na Casa Branca." Ele pagava retiros de escrita para mim e comemorava todos os meus sucessos, me elogiando para as crianças, para seus amigos e para sua família. Uma vez, em um evento de leitura meu, enquanto eu respondia a uma pergunta da plateia, vi seu rosto na terceira fileira. Ele parecia tão profundamente orgulhoso e apaixonado que perdi o fôlego. Rajat tinha me amado, mas este homem aqui *me amava perdidamente*. Rajat costumava me chamar de seu "diamante bruto". Mas eu nunca fui polida, fui? Este homem aqui me perguntava sobre minha vida como jornalista na Índia, sobre o que eu mais tinha amado na minha pesquisa de doutorado, sobre os livros que eu gostaria de escrever. E ele não conseguia tirar os olhos de mim, muito menos as mãos.

Não podia deixar de compará-lo com os homens de esquerda que conheci — colegas ou namorados e maridos de amigas —, que diziam todas as coisas certas e, mesmo assim, faziam pouco para ajudar em casa ou com os filhos, me "provocavam" para me diminuir um pouquinho, deixavam as mãos vagarem por um tempo durante os cumprimentos calorosos em forma de abraço, discutiam sobre política comigo, muito embora eu seja uma acadêmica da área de comunicação política, e tinham egos mais frágeis do que uma casca de ovo fresco. Para o bem ou para o mal, decidi arriscar, e Alec e eu começamos a criar um ecossistema de criação de filhos, namoro e sexo no caos de nossas vidas.

Esses foram os melhores anos da minha vida. Em alguns anos, eu tinha conseguido criar uma aldeia feminista junto com minha vida profissional. Tinha um grupo de amizades incríveis e um homem incrível que me amava. Fui efetivada na universidade. Gibran estudava na Northwest School, com sua bolsa estudantil e suas professoras e professores LGBTQIA+ em posições de liderança — o tipo de valores feministas que são tão importantes para mim.

Quando cercamos nossos filhos de pessoas e valores que consideramos importantes, eles procuram mais coisas assim. Foi o que aconteceu com Gibran. Ele começou a ler sobre feminismo e debateu comigo sobre a primeira, a segunda e a terceira ondas.

Ele se apaixonou por Virginia Woolf. Ele se apaixonou por Rabindranath Tagore, cujo trabalho do início do século XX é cheio de personagens feministas, como Charulata, uma dona de casa solitária deixada pelo marido (Charulata se apaixona pelo cunhado, que valoriza sua inteligência; Charulata publica o próprio livro sozinha). Gibran se inspirava cada vez mais no intelectual Noam Chomsky. Ele devorava os programas do documentarista de viagens Anthony Bourdain, um homem profundamente charmoso e ao mesmo tempo tão gentil. No ensino médio, passava horas depois da escola na agora extinta livraria Spine and Crown Books. Lá, conheceu Kristofor Minta, o dono da livraria, um homem branco heterossexual, casado e com filhos, um poeta gentil, que Gibran diz até hoje ser uma das grandes influências na sua juventude. Kris e meu filho saíram de Seattle no mesmo ano, Gibran para estudar em Swarthmore e Kris para fazer o mestrado na Syracuse, onde agora trabalho no departamento de serviços a pessoas com deficiência. Nunca conheci Kris, deixando que ele e sua livraria fossem um espaço e um tempo que sempre pertenceria exclusivamente a Gibran, mas permaneço grata a ele por ser uma parte invisível (para mim) da minha aldeia.

Mas nada disso foi um passeio tranquilo pelo parque. Gibran teve suas dificuldades com seu lugar nessa aldeia. Feriados como Natal e Ação de Graças não significavam tanto para mim quanto significavam para ele, que afinal estava crescendo nos Estados Unidos, quando seus amigos desapareciam com suas famílias enquanto tudo que ele tinha era eu. A gente também não se encaixava muito bem na comunidade indiana — poucos na diáspora do Noroeste do Pacífico foram tocados pelo divórcio, e a maioria vivia o Sonho Americano nos subúrbios norte-americanos a uma boa distância de carro de Queen Anne Hill.

Os Estados Unidos também têm um problema com os cuidados infantis. Como uma mãe solo que trabalhava fora, especificamente, eu não podia pagar por babás profissionais. Os habitantes da minha aldeia feminista eram, para mim, melhores que qualquer fada-madrinha. Suas caronas e refeições para Gibran foram o que nos ajudou a sobreviver naqueles primeiros anos tão difíceis, e eu fiz o mesmo por eles. Mas, embora veja tudo com uma nostalgia gostosa agora, muitas vezes só me sentia exausta.

Amigos na Índia diziam: "Não sei como ou por que você está fazendo isso. Volte! Temos serviçais aqui!" Mas o que eu me lembrava era de um sistema explorador de empregados mal pagos e muitas vezes maltratados, quase sempre mulheres. Embora eu acreditasse ter sido uma "exploradora menor" quando morava na Índia, não conseguia imaginar criar um verdadeiro feminista dentro da teia daquele sistema classista, casteísta e cruelmente machista. Aquele país instituiu pagamentos melhores para trabalhadores domésticos, mas as estruturas de classe permaneciam. Eu ainda imagino formas pelas quais conseguiria ter ajudado mais Brenda Santos, a quem credito não só o cuidado com Gibran, mas também por me manter viva durante os piores meses da minha vida. Em nossa alienação conjunta em Singapura, eu e Brenda conversávamos sobre nossos lugares favoritos para comer bolo de ameixa em Mumbai, nossa cidade natal, e colocávamos Gibran para assistir a filmes de Bollywood conosco. Quando eu e Gibran nos mudamos para os Estados Unidos, Brenda voltou para a Índia e começou a trabalhar em um salão de beleza. Depois de um tempo, ela se mudou para Londres e nós perdemos contato. Eu e Gibran ainda conversamos sobre Brenda com frequência.

O próprio sistema de cuidados infantis nos Estados Unidos é construído em grande parte em cima de mulheres imigrantes ilegais mal pagas.

As feministas aqui falam sobre o desconforto que sentem ao se beneficiar desse sistema, mas têm poucas outras formas de lidar com o fardo dos cuidados infantis, que quase sempre recai sobre as mães. A questão dos cuidados infantis nos Estados Unidos é uma questão feminista.

Outro ponto sobre nossa aldeia, era que Gibran era o único menino não branco no seu grupo de amigos, e, enquanto crescia, a cidade liberal e branca de Seattle ainda não falava sobre raça. Ainda temos muito a caminhar, diz Ruchika Tulshyan, mãe de um menino de quatro anos e autora de *The Diversity Advantage: Fixing Gender Inequality in the Workplace*. "Em Seattle, onde você está lidando com um modelo de maternidade branco, liberal e bem-intencionado, mas que, muitas vezes, traz impactos negativos, é muito difícil para uma mãe não branca e feminista como eu. Eu queria ter nomeado isso de forma clara — estou procurando uma aldeia feminista, pessoas que valorizam a igualdade de gênero interseccional, que querem criar crianças antirracistas e não misóginas, especialmente meninos." Ruchika está aos poucos encontrando o tipo de tribo de que está falando, mas conta que foi preciso muito esforço. Pode ser especialmente difícil em uma cidade como Seattle, que acredita de verdade e celebra seu status de lugar liberal e progressista, e então se choca com histórias como a que foi denunciada em junho de 2017 pela estação da NPR local, sobre uma troca de e-mails em que os pais de crianças do ensino fundamental deixavam claro para a escola seu racismo quando professores e alunos usaram camisetas do Black Lives Matter. Com a repercussão do caso, pais brancos dos bairros mais ricos da cidade escreveram para os diretores da escola para dizer que não concordavam com aquela iniciativa. Um dia do Black Lives Matter era militante demais, político demais, confuso demais para as crianças que ainda eram pequenas, disseram. Muitos usaram palavras ainda mais duras.

Azure Savage é autor e ativista e, enquanto ainda estudava na Garfield High School, publicou *You Failed Us: Students of Color Talk Seattle Schools*, um livro de memórias e história oral das experiências dele e de outros quarenta alunos de minorias étnicas com racismo no distrito de escolas públicas de Seattle. O livro confronta o sistema educacional da cidade e mostra como programas de estudo avançado prejudicam estudantes de minorias étnicas.

Essa foi a Seattle em que Gibran cresceu, e essa é a Seattle em que o filho de Ruchika está crescendo. Nós duas nos esforçamos muito para criar nossa aldeia feminista interseccional, mas nossos corações se machucaram um pouco no processo.

•••••••

Enquanto eu escrevia, liguei para Gibran para matar as saudades, e ele me lembrou de algumas dificuldades na sua trajetória.

Aquela bronca de Ruth? Fez ele pensar. E, ele me conta, fez com que procurasse aquela mesma qualidade nas suas amigas. "Ruth era superinteligente, superconfiante e até agressiva. Eu sou agressivo quando falo de assuntos pelos quais sou apaixonado e busco a mesma característica nos meus amigos. Queria que minhas amigas na escola fossem assim também, e fiquei chocado quando não encontrei isso. As meninas na escola agiam como se não fossem inteligentes. Quando eu perguntava por que pareciam estar se fingindo de burras, elas diziam que eu estava agindo de um jeito estranho. Comecei a fazer pouco delas. Não percebi na época como estava sendo antifeminista."

Por sorte, uma de suas amigas na escola sentou e conversou com ele. Sienna é uma de suas melhores amigas até hoje. "Ela me contou sobre a ideia de 'perfeição sem esforço' que é esperada das meninas. Ela me contou como era esperado que as meninas performassem sua feminilidade. Que tinham que passar uma hora ajeitando o cabelo e a maquiagem e parecer natural ao mesmo tempo. Como tinham que ser 'boazinhas' e não 'agressivas demais' com seu conhecimento e suas opiniões. Foi bem assustador ver como era difícil ser menina entre meus amigos. E minha atitude estava contribuindo para um padrão absurdo de as fazer estarem sempre erradas, não importa como se comportassem."

Eu agradeço às Ruths e Siennas da minha aldeia por terem confiança em si mesmas e permitirem que meu menino as alcançasse. Quando enchemos a vida de nossos filhos com certos valores, ideias e pessoas, a criança aprende a encontrar mais informações sozinha. A aldeia se expande além do que nós mesmas criamos.

É assim que a mãe feminista permanece histericamente viva. É assim que o filho feminista tem uma vida melhor.

### A FAZER

- Se você faz parte de uma família tradicional, abrace seus privilégios e desafie as convenções. Fale com os pais de outros meninos e construa uma comunidade de pais dedicados à causa. Encontre pessoas diferentes de você. Pais criando filhos LGBTQIA+ (e pais LGBTQIA+) têm experiências e estratégias que encontram caminhos além das ameaças da masculinidade tóxica e da feminilidade opressiva que nosso mundo heteronormativo faz contra nossos filhos. Se você faz parte de uma família branca, aprenda com pais criando meninos de minorias étnicas, porque trazemos sensibilidades interseccionais aos nossos filhos que já enfrentam alguma desvantagem em um mundo de privilégio masculino branco. Não dê a esses pais o fardo de dividirem o conhecimento deles, mas agradeça de coração sempre que eles o fizerem.

- Se você é um pai ou mãe solo ou faz parte de um casal homoafetivo ou de qualquer outra estrutura familiar "não convencional", encontre outros no mesmo barco. Dê a eles a mesma atenção e carinho que você daria a sua própria família. Encontre sua família escolhida e cuide dela. Encontre outros como você e se identifiquem uns com os outros.

- Vote e defenda políticas e sistemas que apoiem famílias fora da estrutura convencional.
- Defenda sistemas de cuidados infantis que não explorem algumas mulheres para que outras possam ir trabalhar.
- Matricule nossos meninos em escolas que têm mulheres na liderança. Avalie faculdades pela proporção de mulheres e pessoas de minorias étnicas em posições de liderança. Nossas comunidades e países vão mudar se muitos de nós seguirmos na mesma direção.
- Encontre educadores e administradores nas escolas. Coloque o "Projeto do Menino Feminista" em todas as pautas. Procure livros, troque estratégias, convide palestrantes e especialistas para conversas e demonstrações. Vá em frente e estabeleça um compromisso com os pais de meninas de que você está criando bons meninos.
- Às vezes, como no meu caso, é preciso se afastar de uma aldeia para construir outra. Às vezes, como minha irmã ou Mara, precisamos ficar e questionar nossas famílias, nossos vizinhos, nossas instituições.
- Certifique-se de que seu menino em idade escolar tem meninas e crianças LGBTQIA+ fortes e feministas no seu grupo de amizades.

## Capítulo seis
# COMO VOU PROTEGÊ-LO DOS HOMENS À NOSSA VOLTA?

**CONFORME EU CRIAVA MINHA ALDEIA FEMINISTA** em minha nova casa, meu coração frequentemente perambulava até aqueles que deixei para trás, para os homens, em particular, que mantive afastados do meu filho.

Meu pai é, acima de tudo, um oficial do exército indiano. Ele é um major da reserva. Na verdade, esse é o traço mais forte de sua identidade, tanto que, quando ele arranjou um emprego após a aposentadoria como gerente de operações na maior agência publicitária da Índia, todo mundo o chamava de "Major", como se o título fosse seu primeiro nome ou como se ele estivesse liderando aqueles marqueteiros e redatores para a batalha.

A assinatura dele tem a palavra major. Seu e-mail também. Se ele pudesse escolher, sua esposa e seus filhos o chamariam de Major também.

E, embora Trump nunca tenha servido no exército e meu pai tenha tido a sorte de nunca ter sofrido de osteófito, os dois me lembram muito um do outro. A única diferença é que Gibran e eu amamos um desses homens.

Meu pai é terrivelmente parecido com um norte-americano branco de classe alta. Por séculos, seus ancestrais foram criados para esperar que o mundo se rearranjaria de acordo com as próprias expectativas, e meu pai vive como um reflexo de seus ancestrais, danem-se as evidências. Em seu hábitat natural, o espécime de homem que meu pai é estaria cercado por seus semelhantes, outros brâmanes maitilis, considerados os mais superiores entre a mais alta casta dos antigos brâmanes védicos. A princípio, esse povo se estabeleceu no estado de Biar e nas regiões no entorno, às margens do grande rio Ganges. (Buda também vem de Biar, mas ele já tinha se afastado do lugar antes de poder ensinar qualquer coisa ao povo de lá. Meu argumento é que ele *precisou* sair de lá, que ele não poderia ter permanecido e se tornado o Buda que eu e você conhecemos.)

Há uma frase popular que descreve os brâmanes maitilis: *aj gung ta sang* (ao longo do rio Ganges). Os brâmanes maitilis são uma comunidade intensamente coesa, tão coesa, na verdade, que eu ainda recebo solicitações no LinkedIn de estranhos do outro lado do mundo com o mesmo sobrenome que o meu. Eu as deleto imediatamente. Por um tempo, a única ligação brâmane que eu conseguia suportar era uma luxuosa bolsa de couro da marca Brahmin que minha mãe comprou durante uma escala em um aeroporto e me deu de presente. Depois de um amigo fazer um post dizendo que o nome da marca era apropriação cultural, deixei a bolsa mofando no fundo do meu armário. Meu cachorro chegou a fazer xixi nela uma vez.

Os brâmanes maitilis têm sido estudados por antropólogos por décadas. Uma antropóloga da Universidade da Califórnia (Chico), a dra. Carolyn Brown Heinz, notou a obsessão em manter os registros genealógicos dentro dessa comunidade. Os homens brâmanes maitilis, através da linhagem paterna, ganham uma espécie de imortalidade, observou ela.

Um bebê masculino nascido em uma família brâmane maitili terá "um pedigree de ancestrais conhecidos por nome e a garantia de uma permanência de identidade no seu ponto único de uma longa corrente geracional". Há sábios que entoam os nomes da sua árvore genealógica começando por um "homem provedor da semente" 24 gerações atrás. Os nomes desses homens são considerados tão preciosos que são escritos e reescritos em pergaminho a cada meio século, para preveni-los do apodrecimento e das pestes. Os livros, e os especialistas que os mantêm, asseguram a imortalidade desses homens brâmanes, diz a dra. Heinz.

Na minha geração e na minha família, esse imortal seria meu irmão.

E onde ficam minha irmã e eu? Nossos nomes, de acordo com o protocolo de genealogia dos brâmanes maitilis, nunca serão escritos, não na linhagem do meu pai e nem na linhagem do meu marido (quer dizer, se eu tivesse me casado com um brâmane maitili, o que não fiz). O nome da minha mãe não aparece em livro algum, embora ela também seja da casta brâmane. A dra. Heinz nos diz que não há uma ancestral feminina em qualquer um dos livros. Somos, segundo ela, "garotas anônimas entre esses homens nomeados e de origem confirmada". A linhagem paterna dos homens na minha família segue infinitamente no futuro com seus filhos, documentados e assegurados. A dra. Heinz nos pede para indagarmos sobre como os brâmanes maitilis usaram a genealogia e outros instrumentos para manter uma patrilinearidade tão absoluta.

Minha irmã e eu somos especialistas nos instrumentos que mantêm tal patrilinearidade. No caso da ancestralidade do meu pai e do seu legado, já encaramos os efeitos complexos e graves do patriarcado brâmane, auxiliados pelo privilégio de classe dos zamindares (a elite dos proprietários de terras) e a violência dos militares.

Meu avô paterno, a quem só encontrei uma vez quando bebê, era proprietário de terras e também um zamindar, que cobrava impostos dos outros proprietários de terra. Ele também escolheu outra profissão: professor. As pessoas o conheciam como Pandita Hiralal Jha — ele recebeu a palavra "pandita" por ser um erudito em sânscrito e um poeta aclamado.

E ainda assim, essas gerações de proprietários de terra não poderiam dar valor maior à propriedade. Para assegurar o domínio categórico sobre a propriedade, você precisava ter o domínio sobre as posses familiares.

Para ter comando sobre as posses, você precisava manter o domínio sobre suas esposas e filhos — os futuros herdeiros da sua propriedade. As mulheres deveriam permanecer puras, castas e obedientes.

●●●●●●●●●

Meu pai rompeu a tradição quando se alistou no exército indiano. Ele diz que foi atraído pelo belo uniforme verde-oliva. Ele deixou a fazenda da família de mais de cem acres para trás, abandonando o pai e a mãe — ela era a terceira e a única das esposas do seu pai a sobreviver a doenças. Minha avó tinha 11 anos quando se casou com meu avô, na época com trinta anos. Deu ao meu avô oito filhos e três filhas. Você não vai encontrar o nome dessa mulher na árvore genealógica que ainda está sendo escrita em Biar, então vou documentá-lo aqui: Bhawani Jha.

Conheci cada um dos irmãos do meu pai, meus sete tios, em um momento ou outro, mas nunca conheci uma tia. As mulheres se mudavam e se dedicavam às casas dos seus maridos, perdendo aos poucos os laços com as casas das suas mães.

Meu pai rompeu ainda mais com a tradição quando mandou sua noiva de 15 anos, minha mãe, para o ensino médio e depois para a faculdade. Embora o casamento deles fosse arranjado, meu pai queria viver o restante de sua vida como um homem moderno e progressista. Nenhuma das mulheres de sua família jamais tinha trabalhado fora de suas próprias casas. Suas três irmãs foram donas de casa e, entre seus sete irmãos, havia um proprietário de terra, um cientista político, um diretor de escola, um promotor público de justiça, um político, um vice-secretário de finanças e o mais jovem se tornou veterinário especializado em cavalos de corrida, mas nenhuma das esposas deles jamais trabalhou fora. Minha mãe trabalhou. Meu pai a incentivou a arrumar um emprego, primeiro como professora e depois em um importante cargo na indústria de hotéis cinco estrelas.

Ele também matriculou as filhas na escola e conversava sem parar com elas sobre possíveis carreiras que podiam seguir. "Não estou criando vocês para casarem. Estou criando vocês para terem carreiras. Se acabarem se casando, tratem isso como um detalhe."

Meu pai fica extremamente feliz quando consigo conquistar e concluir trabalhos no mundo. Alguns anos atrás, quando eu estava em cima de um palco durante o lançamento do meu primeiro livro em Mumbai, cruzei o olhar com o dele. No seu rosto estava estampada a suavidade de um homem cujos sonhos mais loucos viraram realidade.

Durante o meu divórcio, minha mãe não estava falando comigo, então liguei para meu pai. Ele disse: "Para o inferno com esse casamento. Isso é para gente pequena. Você é grande demais para se casar."

No artigo do *New York Times* intitulado "Why Men Want to Marry Melanias and Raise Ivankas" [Por que homens querem se casar com Melanias e criar Ivankas], a escritora feminista Jill Filipovic fala de como os homens querem que suas talentosas esposas mantenham uma doçura e um tradicionalismo enquanto o verdadeiro empoderamento é reservado às filhas. Os pais enfim começam a perceber, com o nascimento de uma filha, como o mundo não é preparado para vê-las simplesmente como humanas. Meu pai me ensinou a andar de bicicleta, a nadar e a cozinhar tanto o pão ázimo mais macio quanto as refeições rápidas de dias de semana para que eu pudesse focar no meu trabalho. Ele me ensinou a nunca ter vergonha das sequelas da poliomielite, a nunca pedir por qualquer tipo de privilégio por ser uma pessoa com deficiência e a nunca ter medo de entrar em um lugar andando como se ele fosse meu.

Durante o mesmo período, enquanto criava filhas feministas, meu pai batia rotineiramente na minha mãe. "Ela não deveria ter respondido a mim. Não deveria ter me provocado", dizia ele na explicação que dava aos filhos depois.

A masculinidade tóxica tem origem na violência institucionalizada. Em um artigo publicado em 1996, Tracy Karner expôs as descobertas quem fez a partir de entrevistas profundas com veteranos do Vietnã. Aquela foi uma geração de homens que foi jogada na guerra como uma encenação da masculinidade, passada adiante pelos pais que lutaram na

Segunda Guerra Mundial (a guerra boa). O serviço militar era apresentado como um rito de passagem.

Eu me lembro do verão quando eu tinha dez anos; meu irmão, 11; e nossa irmãzinha, três. Na época, nossa família morava em Mumbai, mas passamos o verão no posto do meu pai em Joshimath, uma cidadezinha militar nos Himalaias. Meu pai mandou fazer um uniforme militar em miniatura para meu irmão.

"Sem medalhas e honrarias ainda", disse ele. "Essas, você tem que merecer."

Meu irmão passou o verão inteiro usando aquele uniforme. Passou o tempo todo na companhia de jovens oficiais — tenentes e segundos-tenentes. Ele me ignorou durante toda a estação.

Meu irmão era a coisa mais legal do meu mundo. As outras crianças o adoravam e o respeitavam porque ele tinha a mistura certa de charme e travessura. Ele tinha permissão para correr solto e eu não, mas ele me levava para suas aventuras: me guiava ao topo de arranha-céus, pegava minhas histórias em quadrinhos favoritas nas suas viagens à biblioteca e me mostrava onde os caranguejos se escondiam debaixo das pedras quando a maré do mar Arábico subia. Algo mudou quando ele voltou para Mumbai após as férias de verão naquele acampamento militar. Meu pai permaneceu em seu posto distante e meu irmão agora era o disciplinador. Ele começou a me bater de um jeito que eu não podia revidar.

Militares de todo o mundo mantêm os valores masculinos da disciplina durante tempos de paz, da proteção durante tempos de ameaça e do ataque durante tempos de guerra. Quase todos veem a paz como a ausência da guerra. A guerra é definida na masculinidade e a masculinidade é aperfeiçoada na guerra. As mulheres, conforme tem sido documentado em todo o planeta e durante todas as eras, são vítimas colaterais da guerra.

Na família, a guerra é imaginada como dissidência, desobediência. A violência, então, é vista como algo natural, indispensável ao disciplinador, o protetor. Com frequência, isso pede um castigo, um ataque. A violência (ou a ameaça dela) se torna indispensável para a paternidade, para a irmandade, para a masculinidade.

Sob a influência das tradições patriarcais e brâmanes da sua ancestralidade e das ferramentas disciplinares brutais de seu trabalho, a infância e o início da vida adulta de meu pai o tornaram tanto presa quanto predador. Meu irmão se tornou seu herdeiro natural.

Depois de vinte anos de serviço, tudo que meu pai queria era sair do exército e passar mais tempo com a esposa e os filhos. Quando conseguiu fazer isso, ao ser colocado, prematuramente, na reserva como major, seu casamento já estava moribundo. Então ele o espancou até a morte. O exército indiano nunca tinha ouvido falar de alguma coisa como o estresse pós-traumático. Isso teria ajudado? O patriarcado no país teria ignorado o assunto com uma risada. É claro que, quando pergunto ao meu pai hoje em dia se a violência dele tem origem nas ordens que recebeu para atirar em homens em duas guerras como soldado da divisão de artilharia do exército indiano, ele diz: "Por que culpar o exército pelos meus erros? O exército é uma ótima instituição. Lá, eles fazem homens de verdade."

*Meus erros.* Meu pai tem quase oitenta anos. Nos últimos 25 anos mais ou menos, ele pediu desculpas diversas vezes para mim por sua violência. Meu irmão não fala com meu pai faz quase vinte anos. Nenhuma de nós, as mulheres da família, conseguimos mostrar com sucesso para esses dois homens que a coisa que meu irmão herdou do meu pai é justamente o que os mantém afastados.

A dra. Judy Y. Chu, pesquisadora de Stanford que trabalha no desenvolvimento psicossocial de meninos e autora de *When Boys Become Boys: Development, Relationships, and Masculinity*, me informa que, como presidente da Global Men's Health Advisory Committee, já encontrou diversos homens como meu pai e meu irmão por todo o mundo. "Homens violentos costumam falar sobre como acabaram solitários ou isolados", diz ela. Eles são iniciados no patriarcado tóxico, que promove uma versão da masculinidade que é rígida, que não tem o desejo de formar conexões profundas e que, na sua pior forma, adota a violência como solução para a dissonância. "Os psicólogos que trabalham com esses homens tentam fazê-los expressar seus sentimentos em vez de responder com violência. Não podemos apenas dizer 'Pare de fazer isso', então psicólogos e médicos lhes dizem gentilmente: 'Aqui está outra coisa que poderia fazer.' Eles lhes dizem: 'Seus filhos vão se sentir melhores na sua presença. Você vai se sentir melhor consigo mesmo.'"

Ela diz que esses homens muitas vezes perguntam: "Eu sou o único que estou sofrendo disso?" Segundo a dra. Chu, eles sentem vergonha. É como se nossa sociedade armasse para cima deles e então os fizessem sentir como se estivessem sozinhos e como os únicos responsáveis por isso. (No entanto, esse tipo de trabalho é melhor quando feito por psicólogos e médicos, não por membros da família do homem violento, avisa ela.)

Já que levar homens a um psicólogo pode ser um enorme obstáculo, pesquisadores têm mais sorte ao entrar em contato com homens que frequentam grupos de apoio, como aqueles para os pais de primeira viagem. "Quando os homens sentem afeto pelos seus bebês, nós, pesquisadores, dizemos a eles: 'Outros homens se sentem assim também. É natural.'" A dra. Chu e sua mentora, a dra. Carol Gilligan, estavam conduzindo um estudo com meninos de quatro anos quando observaram pais que iam deixar os filhos no local da pesquisa. "Vimos demonstrações de afeto impressionantes com os pais que se demoravam antes da despedida." Quando as pesquisadoras falaram com eles, os pais expressavam tristeza, pois logo os filhos perderiam a "verdadeira alegria", a habilidade de serem vulneráveis e "livres". A dra. Chu e seus colegas incentivam os pais a colocar os filhos para dormir, a conversar com eles enquanto lhes dão banho ou andam de carro com eles. Pergunte aos seus meninos: "O que você achou disso?" e ouça sem julgamentos. Não simplifique demais as coisas para eles — as crianças têm capacidade de nuance e sabedoria notáveis. Valide os instintos deles antes de oferecer seu ponto de vista. "Ninguém ama seu filho ou zela por ele mais do que você", a dra. Chu diz para jovens pais de meninos.

Isso costuma ser mais fácil na teoria do que na prática. Em geral, os pais e a sociedade tendem a passar adiante uma iniciação para a infância de um menino que, aos poucos, dissolve a capacidade de presença emocional em relacionamentos e a substitui pelo tipo de distanciamento que, por fim, é expressado como uma demonstração da masculinidade, como jovens homens desprezando o amor para provar sua masculinidade na batalha.

Em muitas culturas, furtamos aos meninos o alcance de emoções e conexões humanas, diz a dra. Chu. E como os meninos costumam ser treinados para a "masculinidade"? Distanciando-se da feminilidade. Ela afirma que aprendeu que uma das regras de status entre garotos é ser mau com as meninas. Então, eles aprendem a não serem filhinhos da mamãe. "Ensinamos os meninos a abandonar mulheres, e a primeira que eles abandonam é a mãe." A ironia, segundo a dra. Chu, é que a coisa que eles mais desejam é *fazer parte* de algo, se conectar, ao mostrar que não querem se conectar. "Estoicos" e "insensíveis" não são coisas que os garotos são, mas coisas em que os garotos são *transformados*, diz ela.

De acordo com a dra. Chu, uma conexão consigo mesmo e com outros é fundamental para o desenvolvimento durante a infância. Em um estudo longitudinal que começou em Minnesota e incluiu noventa mil crianças, pesquisadores descobriram que a melhor proteção contra comportamentos nocivos durante a adolescência era se um garoto tivesse ao menos um relacionamento próximo e profundo. Sem esses relacionamentos, os garotos ficavam mais propensos ao isolamento, ao uso de drogas e ao suicídio.

"O objetivo de nosso estudo é devolver aos meninos a capacidade de *construir relações sociais*", diz ela. A dra. Chu e seus colegas querem que os garotos mantenham seus sensos de integridade, de autenticidade e de honestidade. Ela quer que paremos de violar a natureza dos meninos. Ela é assombrada pelas palavras de um garoto de 13 anos que disse: "Seria muito legal se eu pudesse ser bem-sucedido e feliz." As duas coisas não estão desconectadas, observa a dra. Chu. Na verdade, manter-se presente nos relacionamentos e mostrar uma abertura gentil também produz líderes e vidas profissionais melhores.

●●●●●●●●

Em uma viagem que eu e Gibran fizemos em 2013, na qual eu queria que meu filho se reconectasse com minha família antes de ir para a faculdade, meu pai contou a Gibran uma de suas memórias mais queridas. "Eu dirigiria o meu Fiat com a sua avó e os nossos três filhos por Mumbai no final dos anos 1970 e início dos anos 1980. Nós todos cantávamos. Você se lembra da música, Sonora?"

Eu lembrava, mas respondi que não.

Então, meu pai cantou: "*Manu-bhai, motor chaley pom-pom-pom.*"

Irmão Manu, o motor faz pom-pom-pom.

Eu me lembrava vividamente desses momentos. Meu pai apertava a buzina do carro na hora em que o coro entoava o pom-pom-pom, assustando os motoristas e os pedestres em volta. Nós cinco caíamos na risada.

E, embora as memórias favoritas do meu pai sejam dos seus filhos rindo, nossa memória mais permanente envolve ele batendo a cabeça da minha mãe na parede do quarto. Outra lembrança: nosso pai pedindo que eu e meu irmão fôssemos buscar seu taco de hóquei para que pudesse bater na gente.

"Quem, o Nana-ji? Não mesmo!", disse Gibran no voo de volta para casa, quando falei da violência do meu pai conosco. "Ele é tão doce! *Como pode ter mudado tanto?*"

Meu pai fez uma mudança de 180 graus. Sua segunda esposa, Sapna, minha bela e amorosa madrasta, diz que ele nunca encostou um dedo nela. Quando perguntei ao meu pai como ele tinha conseguido fazer aquilo, mudar da água para o vinho, ele respondeu: "Sapna é uma advogada especializada em divórcios. Ela teria me jogado na cadeia!"

Fui tomada por uma raiva triste quando ouvi isso. Ele sempre tivera, então, a habilidade de manter a violência sob controle. Minha mãe apenas não tinha o mesmo tipo de controle institucional sobre ele que minha madrasta tinha. Minha mãe acabou chutando esse homem violento para escanteio e se divorciou dele, mas se o sistema político, judiciário e cultural tivessem estado do lado dela, meu pai não teria se safado de seus anos de tormento. *Ela* o teria jogado na cadeia.

Mesmo assim, acho cada vez mais fácil passar tempo com meu pai. Ou talvez ache cada vez mais fácil passar tempo com o avô de Gibran. Ele até me ajudou com a cuidar do neto em dois períodos difíceis na minha vida — quando Gibran tinha dois anos e eu era uma jornalista ocupada em Bangalore e quando Gibran tinha cinco e eu estava com uma depressão quase suicida em Singapura. Homens como meu pai têm a capacidade de se endireitar, de agir com gentileza e de responder com respeito aos generais e brigadeiros nas suas vidas. Às vezes, quero lhe negar a delicadeza do amor que Gibran dá a ele. Mas, mais do que isso, quero quebrar o ciclo de afastamento e violência emocional entre os homens da minha família. Então, muitas vezes aperto o botão de chamada a três para Gibran quando seu avô me liga.

••••••••

Com dez anos, após o verão em que meu irmão foi recrutado para uma grotesca fileira da masculinidade que usava verde-oliva, eu não sabia que as células do meu corpo já estavam encharcadas de um trauma intergeracional, mas que também tinham espaço para absorver novas e modernas maneiras de derrota. Tudo que eu sabia é que desejava que meu corpo ficasse a salvo algum dia. Eu sabia que precisaria crescer e me casar, mas jurei que me casaria com um homem não violento e jurei que nunca teria um filho.

Aos 23 anos, escrevi um anúncio matrimonial em nome dos meus pais buscando um noivo para mim. Dentre os formulários e as fotos que acompanhavam as respostas ao anúncio, cheguei a um homem com os olhos mais gentis e os ombros mais fortes que já tinha visto. Rajat era de

Querala, um lugar com uma das poucas sociedades matriarcais conhecidas. Ele não era brâmane. Era copidesque e não tinha intenções de se alistar. Ele me contou sobre os anúncios feministas de serviços públicos que estava escrevendo, sobre como as mulheres não tinham a oportunidade de sentir o prazer de caminhar pela rua com o vento no rosto à meia-noite. Me apaixonei na hora. Três meses depois, dancei no meu casamento glorioso, pedi demissão do meu trabalho de jornalista com aquele editor que realmente acreditava em mim, deixei minha família estilhaçada em Mumbai e me mudei para Bangalore, onde Rajat arranjara um novo emprego. Aos 27, quando dei à luz um menino, jurei que nenhum filho meu estaria ao alcance de um homem que levanta a mão para uma mulher, muito menos para um homem que aponta a arma para o inimigo.

É claro que afastar seu menino de influências masculinas tóxicas é apenas uma maneira triste, anormal e solitária (e talvez ineficaz) de protegê-lo. Antes de falar sobre o que posso ter roubado de Gibran ou ganhado para mim mesma, vou contar para você como algumas outras pessoas protegeram seus filhos.

A dra. Flaviane Ferreira é uma psicanalista que trabalha com jovens crianças em Mercer Island, um subúrbio nobre de Seattle. Nasceu e cresceu em São Paulo, no Brasil. Ela mesma é mãe de dois meninos que hoje estão no ensino médio, e o tema da minha entrevista com ela é a vida dos garotos nos Estados Unidos, mas acabamos falando sobre o machismo dos homens dos nossos próprios países e como nossa cultura é tão semelhante, apesar de estarem a continentes de distância.

A dra. Ferreira conta uma memória vívida de seu marido, sobre sua infância em São Paulo. "Ele estava brincando na rua, se meteu em uma briga com outro menino e acabou levando um soco no estômago. Ele voltou para casa chorando, e o pai dele ficou furioso e disse: 'Volta lá e quebra o braço dele.' Meu marido ficou devastado. Achou que não era compreendido. Ele estava machucado e tinha levado um soco de um valentão, e o pai dele, em vez de confortá-lo, pediu para que o filho voltasse lá e fosse ele mesmo um valentão."

A dra. Ferreira se lembra dos pais dizendo a mesma coisa para seu irmão. "Meu marido e eu nos asseguramos de que esse tipo de conversa não faria parte do diálogo da nossa família quando começamos a criar nossos meninos." O marido dela conversou sobre a dor da infância na frente dos filhos. Depois, em uma viagem para o Brasil, ele falou com o pai, que pediu desculpas, dizendo que não havia se esquecido e que se arrependia. "Ouvir meu marido falar sobre esse assunto e o avô dos meninos sentir esse remorso (...) deixava implícito para nossos filhos não serem nem valentões, nem vingativos. Sejam vulneráveis, se machuquem, encontrem um adulto, esperem ser confortados e apoiados. Nada disso faz de vocês menos homens."

Ao falar na frente dos filhos sobre como as provocações do pai o magoavam, o marido da dra. Ferreira estava dizendo aos filhos como eles não precisavam seguir aquele padrão de masculinidade. Eles podiam escapar daquilo. *Ele estava quebrando o ciclo.*

Isso é algo raro, de acordo com o dr. Jackson Katz, educador, cineasta e autor cuja pesquisa abrange gênero, raça e violência. Escrevendo sobre a cumplicidade dos policiais que não fizeram nada enquanto seu colega matava George Floyd em Minneapolis ao enforcá-lo com o joelho, o dr. Katz aponta que homens em grupos coesos como times, unidades militares e instituições de cumprimento da lei seguem "um código de garotos, um código de homens, um código de caras": um conjunto de regras não escritas que governam o comportamento individual em grupos completamente formados por homens ou de maioria masculina. Essas regras permeiam grupos envolvidos em competições agressivas, em esportes e na política, e se tornam ainda mais pronunciadas em organizações militares e em instituições como a polícia, de acordo com o dr. Katz.

●●●●●●●●

Os pesquisadores estão nos dizendo que os homens ao nosso redor terão que aguentar a própria dor. Estamos aqui para testemunhar e para pegá-los.

Um dos homens que está fazendo isso é Neal Thompson, autor do livro *Kickflip Boys*, que retrata suas memórias sobre a paternidade. Neal me conta que seu próprio pai era "uma figura distante" durante sua infância em Nova Jersey.

"Provavelmente comecei (...) não me *distanciando* do meu pai, mas me diferenciando dele (...) durante o ensino médio. É difícil falar isso e foi difícil admitir na época, mas comecei a ver os limites e as falhas dele como se fossem coisas gritantes para mim." O pai de Neal tinha começado a comprar armas, motocicletas, carros esporte. "'Brinquedos de menino', minha mãe dizia. Quando meu irmão e eu éramos pequenos, achávamos tudo aquilo bem legal, mas depois começamos a detestar aquelas coisas. Ele gastava mais dinheiro naqueles objetos do que no nosso sustento. Percebi que ele era uma pessoa egoísta. Não era emotivo nem comunicativo, muito menos demonstrava afeto fisicamente. Era incapaz de dizer 'Eu te amo' para os filhos ou para a esposa. Eu nunca quis ser dessa maneira."

A maior influência de Neal na criação dos filhos foi sua mãe, uma enfermeira, que o incentivava a cuidar da irmã com síndrome de Down. "Eu cobria minha irmã de carinho e demonstrava meu afeto através de gestos." Quando Neal se casou e teve filhos, ele e a esposa discutiram que tipo de meninos queriam criar. Eles aprenderiam a partir do comportamento do pai deles, disse Neal. "Desde o início, ser afetuoso com meus filhos foi fácil para mim, provavelmente porque tive permissão de demonstrar afeto à minha irmã. Hoje, meus filhos têm 21 e 23 anos. Todo dia, quando meu filho volta do trabalho, dou um grande abraço nele e digo que o amo, e ele diz o mesmo." Neal descreve a si mesmo como "manteiga derretida". Em seu livro, ele escreve sobre a própria falibilidade como homem e como pai. Ele escreve sobre o perdão entre homens e meninos. Escreve sobre o skateboarding como um esporte e uma comunidade que se tornou um refúgio para garotos adolescentes que não se encaixam em outros lugares.

Talvez, então, não seja necessário "proteger" nossos meninos dos homens que nos cercam, mas, em vez disso, oferecer uma vigilância amorosa. Talvez eu pudesse ter me mantido próxima da minha família, me mantido próxima do meu pai e do meu irmão, e ter ficado de olho, como um falcão, em sinais de Gibran imitando o comportamento do avô e do tio. Talvez eu pudesse ter permanecido casada com o pai de Gibran, que em teoria parecia ser o marido perfeito quando visto através das lentes cor-de-rosa determinadas a encontrar alguém "não violento", mas que acabou se mostrando emocionalmente indisponível para mim. Desde então, ele forneceu uma relação de paternidade de longa distância para Gibran, com visitas a cada dois meses, e os dois desenvolveram um laço afetivo ao longo dos anos, mesmo que nosso casamento tenha acabado.

Mas tanta coisa pode acabar escapando pelas rachaduras. Meu pai não bate mais em mulheres, mas faz os piores comentários — sobre mulheres gordas, mulheres de esquerda, mulheres famosas, mulheres donas de casa, minha mãe, minha irmã. Ele diz que são só piadas. Como Trump admitindo que pegava as xoxotas das mulheres era só uma conversa entre caras.

O avô de Gibran pode ser doce, mas essa linha que existe entre meu filho achar suas piadas engraçadas ou não, essa linha é tênue. Eu já interrompi seus comentários e muitas vezes calo a boca dele na presença de Gibran. Às vezes, funciona; outras vezes, Gibran tentou defender o avô. Não quero que meu filho pense que esse tipo de humor é "inofensivo". Não quero ser colocada no papel que a erudita feminista Sara Ahmed chamou de "a feminista estraga-prazeres". Eu peço para que meu pai e meu filho se esforcem mais, que sejam melhores ao serem engraçados.

Continuando com a série de problemas com os homens que amamos, quando Gilbran voltava das visitas ao pai, sua confiança parecia ter sido golpeada por uma grosseria ou pelo desinteresse do Rajat, algo que eu conhecia bem. Gibran deixava escapar que o pai dele o tinha chamado de burro. Então, eu entrava em ação. Eu chamava atenção para a grande lista de leituras do meu filho, sua gentileza, seu humor. Depois, Gibran começou a usar esse humor para lidar com o pai. Se é preciso lutar, que ao menos seja com humor.

Assim, quando se trata dos homens que devem estar presentes nas vidas dos nossos meninos, muitas vezes teremos que direcionar e negociar. Teremos que conversar com esses homens sobre limites e aparecer com reforços e reparos para nossos meninos. Dependendo do seu gênero, a dinâmica desse jogo poderá ser cansativa. Muitas mulheres percebem que esse trabalho é um esforço emocional invisível. Cada família terá que medir quanto tem a ganhar ou perder, seja muito ou pouco.

●●●●●●●

Então, onde encontramos os modelos de comportamento para nossos filhos fora de nossa família?

Fui procurar nos Escoteiros dos Estados Unidos.

Sim, talvez essa fosse uma resposta subconsciente da minha criação militar. É claro que era. Eu vi Gibran no seu uniforme de escoteiro, observei-o colecionando medalhas e distintivos, e me lembrei de outro menino da minha infância.

Na época, porém, eu tinha acabado de me mudar para Seattle, com um diploma de doutorado recém-impresso e uma criança de oito anos a reboque. Outra mãe solo dos amigos de Gibran da escola me falou que o escotismo seria uma ótima maneira de fazer com que meu filho tivesse companhia masculina e uma infância norte-americana. Um bom número de pais que imigraram recentemente vai até os Escoteiros. Eu me pergunto se a própria organização se reconhece como uma instituição poderosa de treinamento norte-americano.

Como sabemos, os Escoteiros faliram após processos gigantescos de abuso sexual. Com seus anos de existência, a organização também é culpada de homofobia. Ela insistia que as meninas deveriam ficar de fora e, quando enfim elas foram admitidas, tiveram que formar as próprias tropas separadas. Os escoteiros ainda pedem um juramento religioso, ao contrário das bandeirantes. E mesmo assim, escrevo aqui uma carta de amor aos Escoteiros dos Estados Unidos, Tropa 72, Queen Anne, Seattle: apesar de meus receios, encontrei alguns homens maravilhosos por lá — Doug, Jeff, Chris. Eles eram pais gentis e profundamente envolvidos, que colocaram meu menino sob sua proteção. Eles o levaram para fazer rafting no rio Deschutes e me mandaram fotos dele pulando nas águas caudalosas. Eles me ajudaram a comprar e colocar na mochila os "dez itens essenciais" para as viagens de acampamento dos meninos. Ensinaram meu filho a fazer foguetes de água. Eu não sei para o que era toda aquela coisa dos foguetes de água, mas talvez essa tenha sido a semente para Gibran ter cursado (e recentemente concluído) a faculdade de física.

Certa vez, quando tive que ficar de cama, me recuperando da terceira cirurgia no tornozelo, meu irmão veio para ficar conosco e me ajudar com Gibran enquanto eu trabalhava em um roteiro cinematográfico. Fiquei bastante comovida e imaginei uma espécie de reconciliação. Ele se ofereceu para levar Gibran à corrida de carrinhos Pinewood Derby dos Escoteiros. Gibran não parecia muito animado para fazer o carrinho de madeira, o que é meio que uma exigência. Ele tinha (e ainda tem) dificuldade com habilidades motoras. Então, peguei o pedacinho de madeira e as ferramentas e fiz o carrinho mais rápido de todos. Gibran e meu irmão voltaram para casa em júbilo — o carrinho dele tinha ficado na segunda posição no estado ou coisa assim.

Nós tínhamos trapaceado, mas fiquei feliz por mim mesma. Eu era uma boa escoteira!

E então, meu irmão levou Gibran para uma trilha com os escoteiros. Ele voltou irritado. Disse que meu filho tinha sido "uma mariquinha", que tinha reclamado dos tênis de fazer trilha, que não era atlético e audacioso como os outros meninos. Gibran ouviu tudo aquilo. Ele parecia pequeno, ruborizado, derrotado. Dei um abraço forte no meu filho e disse que o tio só queria o melhor para ele.

Logo, meus amigos começaram a apontar, com cuidado e cheios de gentileza, as formas com que meu irmão estava sendo verbalmente abusivo comigo. Ele me chamou de burra na frente deles. Meus amigos, que sabiam que eu era uma professora brilhante e uma mulher inteligente que não levava desaforo para casa, ficaram surpresos ao me ver deixando o assunto de lado com uma risada. Meu irmão também tinha pavio curto comigo e então ficava irritado de uma forma que as células do meu corpo conseguiam reconhecer.

"Ele passou por um divórcio difícil", expliquei aos meus amigos preocupados.

"Assim como você", sussurraram eles.

Eu vi Gibran se afastar do tio. Após uma explosão particularmente violenta de meu irmão, pedi a ele que saísse da minha casa. Ele disse que eu era tão egoísta que estava prejudicando a vida de Gibran ao afastar uma forte influência masculina. Eu disse que aceitaria aquela acusação, mas que preferia correr o risco. Pelo bem de Gibran, impus limites que não sabia (e ainda não saberia por um tempo) como impor para meu próprio bem.

Tinha tentado me reconciliar com meu irmão, imaginando que ele se comportaria de forma diferente no papel de tio de Gibran, mas por fim eu estava melhor com os "tios" que meu menino encontrou em uma organização tão problemática quanto os Escoteiros.

Há homens maravilhosos à nossa volta. Talvez você seja um deles. Parte do trabalho é perguntar e rever a missão das instituições a que os homens servem ou transformar a cultura de dentro para fora. Acredito que Doug, Jeff e Chris estavam fazendo exatamente isso nos Escoteiros dos Estados Unidos.

Ao cultivar minhas próprias amizades e convidar o tipo de homem que quero que seja um modelo de masculinidade para meu filho — ao construir minha aldeia —, eu estava fornecendo uma maneira de Gibran construir o próprio vilarejo. Ele fala com seus amigos sobre *tudo*. Já ouvi esses garotos conversarem sobre terem o coração partido, sobre suas consultas com terapeutas, sobre a saudade que sentem das mães.

Eles conversam sobre o tipo de feministas que querem ser.

Um desses amigos de Gibran é Sean, que meu filho conheceu na faculdade. Sean diz que a maior influência na sua vida foi a avó. Ele atribui o crédito de seu feminismo a ela. Ele diz: "A família dela saiu do

Irã para os Estados Unidos em 1975, quando minha mãe tinha 11 anos. Embora fosse a primeira aluna da sua turma, a mãe dela a forçou a se mudar para Teerã para trabalhar como secretária em uma empresa petrolífera. Ela tinha que mandar dinheiro para a família em Tabriz, o que possibilitou que seus dois irmãos mais novos fossem para a faculdade, além de sustentar a mãe. O irmão caçula se tornou engenheiro, e o do meio, médico. Minha bisavó sentiu um orgulho incrível dos dois filhos até a morte, mas nunca demonstrou o mesmo amor pela minha avó, que, desde os 18 anos, era obrigada a ser cuidadora."

Sean fala da vida da avó em detalhes. Ele menciona datas e lugares. Menciona emoções. Ele quer que a gente sinta o que ele sentiu. "Ver a desconsideração da minha bisavó pelo sustento inexorável que sua filha dava a toda a família, enquanto distribuía elogios aos filhos, foi uma das primeiras e mais importantes vezes que percebi a existência das estruturas patriarcais", diz Sean.

Esse ciclo de opressão acabou na geração da avó dele. Todas as mulheres na família de Sean são cientistas ou engenheiras. Mas é aí que os homens entram. Nem todos eles estão de acordo com a agenda feminista, fala Sean. "O que acontece é que eles se veem impotentes para perpetuar qualquer misoginia diante das mulheres empoderadas e firmes em volta deles." Essa dinâmica familiar entre gerações fez Sean notar o tipo de homem que quer evitar. "Tendo a ficar longe de caras que acho masculinos demais, ou obcecados por si mesmos, ou que sejam nocivos às mulheres. E se eu descobrir que um amigo tem comportamento nocivo em relação a mulheres, tento falar com ele, discutir essas ideias e ficar de olho para ter certeza de que ele não vai machucar ninguém." Sean está se formando em estudos da paz e de conflitos.

◆◆◆◆◆◆◆

Estou em um momento da minha vida em que vejo um filho em cada homem. Não, não sou *tão* velha assim. O que quero dizer é que vejo um menino implorando para ser criado da maneira correta. Um menino dócil, de olhos arregalados e rosto gentil. Ouvi um ditado há muito tempo que dizia que amamos nossos filhos e criamos nossas filhas. E se fizéssemos as duas coisas com ambos os gêneros? O tempo em que vamos tirar o gênero dessa equação está chegando, quando enfim veremos isso como algo construído socialmente, determinado no nascimento e então seguido de forma estrita e dolorosa na criação. Estamos criando nossas meninas para se imaginarem como presidentes, sim, mas como seria se criássemos nossos meninos para chorarem em público quando se machucassem, diante de uma tragédia ou de uma tocante obra de arte? Com o que isso se pareceria se não com amor?

Se eu pudesse voltar no tempo, teria feito algumas coisas diferentes com Gibran, pegado algumas ferramentas das pessoas não binárias de quem éramos amigos e dos pais que as criaram. Quando vejo o menino em cada homem, meu coração derrete. Vejo o dano causado por outros homens e por todos que concordaram com seus comportamentos sem o custo de ter a gentileza de dizer que eles estavam errados. *Eu* fiz isso por um longo tempo.

Esse tipo de dano ainda aparece na minha casa vez ou outra, justamente quando acho que posso relaxar e maratonar *The Mindy Project*. Recentemente, estava escrevendo um artigo e disse a Gibran que falaria sobre um momento em que, aos 21 anos, ele estava triste e tinha lágrimas nos olhos. Meu filho falou: "Não diga que eu *chorei*. Vai parecer que sou uma mulherzinha."

Rapaz. Disse a Gibran que iria usar aquelas palavras e dar o crédito a ele.

Ele chiou. Ele riu. Ele reclamou. Ele gritou. Ele deu um chilique. Ele grasnou. Ele bateu o pé. Ele discutiu. Ele protestou. Ele se queixou.

Com quantas outras formas envolvendo o gênero posso descrever sua reação?

A questão é que ele percebeu como suas palavras pareceriam impressas: sexistas, homofóbicas, misóginas. E ele *não queria nada com aquilo*, ao menos não em público. Ele sabia que tinha vacilado, e nem sua mãe, nem a sociedade que ele apreciava veria aquilo com bons olhos.

"Não é assim que homens de verdade falam, meu amor."

"Sim", respondeu ele. "Sim, eu sei. Obrigado por não me citar. Obrigado por não me envergonhar."

Se estou citando Gibran agora é porque o contexto mudou. O que estou colocando aqui é a retratação, a compreensão, a recuperação apressada de suas palavras. O que acabei de descrever para você é tanto uma fuga quanto um salto quântico. Em seu livro *The Skin We're In*, a dra. Janie Victoria Ward, que estuda o desenvolvimento moral e psicológico de crianças negras, oferece um programa completo de quatro etapas para os casos que precisam de reformulação. Sua abordagem — Nomeie, Leia, Oponha-se, Substitua — encoraja a resistência a influências sociais prejudiciais ao longo dos anos de formação da adolescência.

Porém, para cada "momento de aprendizado" com Gibran, vejo perdas por todo o mundo. Veja a masculinidade tóxica de cada vez mais líderes pelo planeta inteiro. Estamos sendo varridos por uma onda de arrogância masculina nas lideranças globais, de Trump, nos Estados Unidos, a Modi, na índia, Putin, na Rússia, Xi, na China e Bolsonaro, no Brasil. Como disse a dra. Ferreira: "Se você observar o mundo agora, nossos homens estão fazendo exatamente o que o pai do meu marido disse para ele fazer com o menino que o machucou — eles estão sendo tiranos, valentões, retaliando em vez de usarem os lóbulos frontais para refletir e conversar."

Meu filho não será como esses homens. Sei que você também dorme mais tranquilamente ao saber que tem ferramentas suficientes, que vigia o suficiente e que seu filho não é tolo o bastante para olhar para Trump e dizer: "Quero ser igualzinho a ele quando crescer."

No entanto, a verdadeira preocupação não deve ser que nossos filhos queiram ser iguaizinhos a esses homens. A preocupação é que eles estão vendo esses homens terem sucesso e alcançarem os cargos mais altos da nação. Na minha nação, e na sua, e por toda a porra do mundo. Esses homens não são os modelos de comportamento do meu filho, mas ele sabe que são seus líderes. Ele não vai crescer para ser *como* eles, mas vai ter que obedecer às ordens deles.

Eles tomam decisões sobre a cidadania do meu filho. Sobre o quanto ele pode falar, quais aviões pode pegar e para que lugares. Se ele pode voltar para a mãe dele. Se vai ser forçado a "voltar para casa" para um país no qual não cresceu ou, pior ainda, ficar e lutar por uma guerra que está acontecendo porque, nessa grande era de competição global para ver quem tem o pau maior, um dos paus era grande demais. (Ou pequeno demais. Não conheço as regras desse tipo de competição.)

A ideia do meu filho fazendo o melhor que pode e ainda assim recebendo ordens desses homens despedaça meu coração. Me faz querer atear fogo no mundo. Quando me acalmo, me faz apenas querer mudar o mundo.

### A FAZER

- Fale com os meninos sobre quem são seus melhores amigos. O que eles gostam e não gostam neles? Como eles se sentem quando estão na companhia deles? Em quem eles confiam, com quem se sentem confortáveis quando estão por perto e podem conversar? Quem sabe como eles são de verdade? Quem consegue tirar o melhor e o pior deles? Incentive seu filho a criar amizades íntimas.

- Ensine os meninos a refletirem criticamente sobre os homens ao redor. O objetivo não é protegê-los da tempestade, mas ensiná-los a suportá-la. Incentive a criação dos próprios pontos de vista.

- Esforce-se para acabar com as mensagens problemáticas recebidas por seu filho. Ponha em prática as etapas sugeridas pela dra. Janie Victoria Ward.

- Dê aos meninos e aos homens a permissão de se importarem.

- Se você é homem, reflita sobre as próprias experiências, seu desenvolvimento, sua socialização. Se é pai, como é estar com seu filho? O que você perdeu durante o início da sua infância e da vida adulta? Você quer que seu filho perca isso?
- Cerque-se de homens em quem você confia para fazer o "trabalho de limpeza".
- Foque em homens que estão dispostos a mudar.
- Tente um *call-in*[13] em vez de um *call-out*. *Call-in* é uma prática que envolve compaixão ao reconhecer que as pessoas cometem erros e busca recuperá-las para fazerem o seu melhor e serem a melhor versão de si mesmas.
- Isso é difícil, mas imponha limites e vá além de respeitar os mais velhos ao proteger seus filhos. Se há homens na vida do seu menino que ignoram seus *call-ins* (ou *call-outs*), é hora de impor alguns limites.
- Esforce-se para acabar com o militarismo, a política e as estruturas sociais masculinas tóxicas.

---

[13] *Call-in* é quando se conversa em modo privado (ou pessoalmente) com uma pessoa sobre um comportamento potencialmente problemático. A expressão se opõe ao termo *call-out*, que é quando esse retorno é dado publicamente. (N.E.)

Capítulo sete
# COMO VOU PROTEGÊ-LO DA MÍDIA?

•••••••••

**ENQUANTO EU CONSTRUÍA MINHA ALDEIA E** trazia para perto pessoas que seriam bons modelos para Gibran, havia outra força cultural imensa girando ao nosso redor e dominando a psique do meu filho, não importava minha opinião. A mídia. Sabe, aquela coisa que estudei como professora universitária e pesquisadora, mas ainda não consigo lidar de forma tão direta como mãe.

Mesmo assim, de algumas maneiras, a mídia estava me ajudando. Gibran me contou recentemente um episódio de uma de suas séries favoritas, *Community*. "Teve uma cena que foi um momento crucial para que eu compreendesse as pressões que as mulheres sofrem", disse ele. (E eu aqui pensando que *eu* era sua principal fonte de educação feminista.)

"Nesse episódio, Annie está tentando convencer Joel a entrar no Glee Club. Então ela coloca uma fantasia sexy de Mamãe Noel e canta uma musiquinha sedutora e infantil para ele: 'Teach Me How to Understand Christmas'. Ela termina a música simplesmente falando um blá-blá-blá infantil, tipo 'boopee-doopee-doop-boop-*sexo!*' A série estava tentando mostrar como infantilizamos as mulheres. Foi aí que eu realmente entendi como era a vida das meninas da minha escola. Você já viu esse episódio, mãe?"

Eu não tinha visto. Embora assistir a filmes e seriados tenha sido uma das principais atividades que fizemos juntos por anos, *Community* foi uma série que deixei para ele ver sozinho enquanto eu era mãe solo, trabalhava como professora universitária, pesquisava sobre feminismo, escrevia livros e namorava. Para ser totalmente honesta, recrutei a mídia para ser uma segunda mãe de Gibran. Eu o largava em frente à televisão enquanto lutava contra episódios de depressão em Singapura. Em Baton Rouge, *Yu-Gi-Oh!* e o Gameboy entretinham meu filho na época em que eu fazia o doutorado. Enquanto ele assistia a *Dragon Ball Z*, eu lia e escrevia artigos sobre o impacto da mídia nas crianças; e não, a ironia não me passou despercebida.

Estou aqui para lhe dizer que não há como proteger nossos meninos da mídia. Sei disso como mãe e sei disso como professora e pesquisadora feminista de mídia. Quando comecei a dar uma matéria chamada Mídia, Sociedade e o Indivíduo na Universidade de Seattle em 2003, iniciei com uma atividade que pedia para os alunos anotarem seu consumo de mídia por quatro dias. Eles voltariam chocados por descobrirem que chegavam a até quatro horas por dia! Hoje, a conta chega a 16 horas por dia, o que significa que só se desligam da mídia enquanto dormem. Alguns falaram que, quando acordam no meio da noite, automaticamente pegam o celular e rolam o feed (um conceito que não existia em 2003). Desde então, parei de pedir esse trabalho porque parece anacrônico. Não somos só tocados pela mídia; estamos submersos nela, somos os peixes que não conseguem descrever a água.

Nossos filhos estão na frente de telas e suas mentes estão dentro de telas durante a maioria de suas horas de vigília. Não vivemos mais em uma época em que é possível controlar isso de verdade. A única coisa que conseguimos controlar em algum grau é a conversa. Descobri que a mídia, na verdade, pode ser uma aliada incrível e útil, como um tio ou uma tia eletrônica maneira. Convide-a para entrar, inclua-a na conversa da família e deixe que ela cuide dos seus filhos. Deixe que seus filhos confiem nela e aprendam com ela, depois voltem para você para dizer o que gostaram ou discutir o que viram juntos.

A razão pela qual Gibran conseguiu ler as entrelinhas (ou ver entre os frames?) daquela cena em *Community*, a razão pela qual ele conseguiu entender o humor e a sutil mensagem feminista implícita na cena, a razão pela qual ela permaneceu em sua mente anos depois, a razão pela qual ela foi importante para ele e a razão pela qual ele a citou é uma coisa chamada conhecimento de mídia. Eu e Gibran convidamos a mídia para nossa casa como uma parente, mas também falamos dela pelas suas costas.

•••••••

Vamos começar com uma noção geral da mídia em que nossos meninos podem mergulhar ou se deparar no dia a dia. Estamos falando de propaganda em outdoors, jornais e revistas impressos (quem dera), televisão, propaganda em todos esses veículos, e a indústria de relações públicas. Estamos falando de Facebook, Instagram, Twitter e TikTok, Snapchat e WhatsApp. Estamos falando de videogames de vários sistemas e plataformas e seus vários níveis de privacidade. Estamos falando de YouTube e Twitch (a principal plataforma de *livestreaming* para gamers). Estamos falando de pornografia. Estamos falando de sites como 4Chan e 8Kun. Estamos falando de aplicativos de encontros como Tinder. Estamos falando de música.

Especialmente em países ocidentais, a mídia é uma força cultural intensa não só por nos dizer quem somos mas também por moldar quem podemos ser. Eu não tinha como saber que o desenvolvimento intelectual e emocional de Gibran e meu treinamento feminista não se prejudicariam com o acesso quase irrestrito a todo tipo de mídia que dei a meu filho. Eu meio que só sentia isso.

Gibran via desde desenhos divertidos como *As meninas superpoderosas* enquanto eu trabalhava até *Gilmore Girls* comigo (a gente sentava em frente à TV com nossas tigelas de arroz e daal para jantar e cantava a música da abertura juntos); jogava videogame com os amigos e também passava horas on-line sozinho, primeiro no computador, depois no celular. Cada meio, cada portal, cada plataforma o levou mais para longe dos meus olhos.

Prepare-se para algumas estatísticas preocupantes. Um censo de 2019 de utilização de mídia por pré-adolescentes ou adolescentes, conduzido pela Common Sense Media, uma ONG independente, descobriu que, nos Estados Unidos, crianças entre oito e 12 anos passam, em média, pouco menos de cinco horas por dia diante de telas para entretenimento, enquanto adolescentes passam uma média de sete horas e meia — sem contar o tempo diante das telas dedicado a atividades escolares.

Pense bem nisso.

Além disso, a mídia que tanto preocupava os pais da Geração X e de millennials — a televisão — não é mais a principal. Aos 11 anos, a maioria das crianças (53%) tem seu próprio smartphone, e aos 12, esse número se eleva para mais de dois terços delas (69%), e é aí que eles estão consumindo mídia.

Aqui está algo que nos diz por que precisamos prestar mais atenção no consumo de mídia de nossos meninos. O censo descobriu que meninos e meninas têm gostos muito diferentes quando se trata de mídia (não mencionou quais gostos crianças não binárias têm. Vamos torcer para que esses estudos comecem a incluir todos os gêneros em suas variáveis). Os meninos gostam mais do que as meninas de todos os tipos de jogos: para celular, de computador e, principalmente, videogames de console. Os videogames são a atividade midiática favorita dos meninos; já entre as meninas é uma das menos favoritas, segundo o censo. Quarenta e um por cento dos meninos jogam videogame "todos os dias", em comparação com 9% das meninas.

A atividade favorita das meninas, de longe, é ouvir música. No geral, elas gostam mais de música, leitura e televisão do que os meninos; e meninos em geral gostam mais de videogames e vídeos on-line. Segundo a pesquisa revela, a grande diferença entre os gêneros persiste quando avaliamos o usufruto e a utilização das mídias sociais por meninos e meninas. Entre os adolescentes, onde o uso da mídia social é mais comum, metade de todas as meninas diz que gosta "muito" de usar mídias sociais, em comparação com cerca de um terço (32%) dos meninos. Setenta por cento das adolescentes dizem que usam as redes sociais "todos os dias", enquanto 56% dos meninos dizem fazer o mesmo.

A pesquisa nos convida a pensar sobre conteúdo e contexto. Duas questões a levar em conta: o que se perde quando o tempo de mídia compartilhada desaparece? E como ver vídeos na internet sozinho em vez de assistir a programas de TV com a família, como se costumava fazer, afeta o possível impacto das mensagens midiáticas na criança? As crianças estão acessando uma ampla gama de conteúdos, de alta e baixa qualidade, de vídeos de celebridades aos de faça-você-mesmo, passando por conteúdos violentos ou sexuais, e tudo entre uma coisa e outra, a pesquisa diz. Mais do que nunca, vamos ter que prestar atenção ao conteúdo, embora ele nos escape cada vez mais. Essas vidas eletrônicas dos nossos filhos, e as nossas também, podem existir juntas (especialmente nos primeiros anos, quando você ainda decide o que seu filho vai consumir) ou separadamente, em que uma pessoa na casa pode estar tendo uma experiência audiovisual, cerebral ou emocional no mesmo momento e no mesmo espaço que outro familiar. Com diferentes aplicativos e abas de navegador abertas, reagrupar e recalibrar com nossos filhos se tornam habilidades de criação paralelas sem precedentes em gerações anteriores.

O que fazemos a respeito dessa nossa visita que também fica com nossos filhos quando eles estão no ônibus ou na casa de um amigo ou no quarto deles enquanto estamos dormindo? Se parece bizarro, é porque é. E se parece uma oportunidade, é porque é.

É isso que a *podcaster* feminista Danielle Holland está descobrindo com seu filho de oito anos. "Semana passada ele fez uma conta no TikTok", conta ela. "Eu nem sabia que ele podia fazer isso sem mim!" Seu filho começou a chorar muito, uma noite, logo antes de dormir, então ela foi ver o que tinha acontecido. "Ele tinha visto um vídeo no

TikTok de um pitbull triste e machucado. Ele estava tremendo, triste e tão perdido, chorando tanto por causa daquele cachorro." Mas Holland sabia que tinha mais alguma coisa ali. Seu menino sempre amou cachorros e outros animais, mas ela sentia uma tristeza mais profunda. "Ficamos abraçados por um tempão. Respiramos juntos. Quando ele conseguiu falar, meio que fomos conversando uma coisa de cada vez. Tinha a ver com bem mais do que só aquele cachorro. Envolvia tudo o mais que estava acontecendo — os protestos (em prol de justiça racial, após o assassinato de George Floyd em Minneapolis em maio de 2020); a violência policial de que ele me ouve falar; um milhão de coisas por trás daquele vídeo triste." Holland percebeu que seu filho estava processando tudo aquilo através de um vídeo triste. Assistindo àquele cachorro, ele encontrou uma catarse. O que Holland precisava era entender o contexto em que aquele conteúdo havia chegado ao seu filho. "Aquilo me fez ir mais devagar com ele e falar que me importo com todo mundo, inclusive com os cachorros, mesmo quando meu foco estava, como deveria, no movimento Black Lives Matter. Foi difícil para ele entender, mas a gente continuou tendo essas conversas. Eu não tenho outra estratégia além de trocas e conversas constantes. Não vejo outra maneira."

Holland observa mais uma razão pela qual "proteger" seu filho das mídias sociais pode não ser tão importante quanto estar presente para ele. Com tudo que está acontecendo no mundo em relação à injustiça racial, diz ela, ela não pode ser a mãe branca que vai manter seu filho "inocente" enquanto crianças negras são forçadas a lidar com as realidades duras dos vídeos que documentam as piores partes da vida.

•••••••

Eu me lembro de uma reunião de pais e mestres na escola durante a pré-adolescência de Gibran em que pais ansiosos discutiam mídias sociais e como acompanhar o que os filhos estavam fazendo. "Você entra no 'histórico de navegação' e faz uma pesquisa", explicou um pai. Outro falou: "Você simplesmente entra no quarto deles escondido e mexe no computador enquanto eles estiverem na escola. Às vezes eles esquecem de deslogar do Facebook. Aí você pode ver todos os amigos dele e quem está falando o quê."

"Ou...", falei. "Você pode conversar com eles sobre como não se machucarem e não machucarem outras pessoas. E você pode falar que nunca vai espionar o que eles estão fazendo porque confia neles, sabe que eles têm valores e que vão procurá-lo caso algo pareça estranho ou errado."

Todo mundo ficou me olhando. Me perguntei se eu era ignorante e perigosamente inadequada na minha forma de criar meu filho. Ou se isso era mais uma coisa que eu talvez tivesse perdido por causa do fraco domínio que minha cultura indiana tinha sobre mim e o domínio instável que eu tinha sobre a cultura norte-americana.

Não, diz a dra. Kishonna Gray, a maior estudiosa do país em videogames e cultura. A dra. Gray acredita que fiz a coisa certa. Ela faz a mesma coisa com seus dois meninos. A dra. Gray é uma estudiosa de mídia digital interdisciplinar e interseccional, cujas áreas de pesquisa incluem identidade, performance e ambientes on-line, produção cultural, videogames e ciberfeminismo negro. Além disso, é uma gamer ávida e está criando seus filhos para serem feministas por meio dos jogos. Conversamos sobre *Grand Theft Auto*. Conto a ela sobre a época em que Gibran era adolescente e me avisou que *Grand Theft Auto* seria difícil para mim porque "dá para matar prostitutas pela adrenalina". Eu mandei que desligasse o jogo. Ele ficou ressentido e disse que não deveria ter me contado sobre o jogo, assim eu nunca ficaria sabendo. Voltei atrás, alarmada com a possibilidade de que meu filho pudesse mentir para mim se quisesse. Era verdade, eu nunca saberia. Elogiei Gibran pela sua honestidade e o deixei jogar porque ele pelo menos tinha noção, e eu não queria que ele mentisse para mim e jogasse pelas minhas costas. Sentei para assistir enquanto ele jogava, fingindo estar extremamente curiosa. Ele fez as melhores escolhas que o jogo permitia. Eu não tinha certeza de que tinha tomado a decisão certa, mas, quando o escândalo do

Gamergate estourou em 2015 (homens misóginos ameaçando e abusando de mulheres gamers na internet), meu filho foi veementemente contra entre seus amigos e on-line.

A dra. Gray diz que usa a mesma tática. "Eu deixo meus filhos jogarem *Grand Theft Auto* e falamos sobre como a polícia é agressiva, então o jogo permite que a gente converse. Também tem um jogo superimpróprio chamado *House Party*. Quando meus filhos estavam no YouTube, o YouTuber a que eles assistiam estava jogando este jogo, então eu disse tudo bem, porque não quero dizer *não* a eles. Porque acho que, quando digo *não*, é aí que perco a conexão que temos."

Mas aquele jogo permitiu que a dra. Gray tivesse uma conversa rica sobre consentimento e coisas que você não deve dizer a uma mulher. "Era horrível, de verdade, como aqueles homens tratavam e conversavam com as mulheres. Havia coisas preocupantes sobre consentimento, violações de seus corpos. Teve uma cena em que um cara puxou o pau para fora e foi aí que eu disse: 'Certo, meninos, vocês nunca devem fazer isso.' E eles imediatamente concordaram e disseram: 'Meu Deus, por que aquele cara está fazendo isso?' Como eu assisti junto com eles, eles perderam o interesse nisso."

Só podemos tentar controlar a narrativa por algum tempo, segundo ela. "Vai chegar um ponto em que eles vão ignorar minha voz. Tenho que dar a eles tudo de que precisam para estarem seguros no mundo, para ter certeza de que outros corpos e outras pessoas estarão seguros no mundo." Essas conversas e essas orientações são especialmente importantes para ela, uma mãe de filhos negros nos Estados Unidos.

A dra. Gray nos aconselha a incentivar o processo de tomada de decisão de nossos meninos para tornar suas mentes os melhores recursos que eles têm à disposição, fazê-los desenvolver seu próprio conhecimento, especialmente de mídia digital. Crie um arcabouço de conhecimento intersetorial, diz ela, porque, como no caso do Gamergate, a opressão em um lugar se transforma em opressão em outros lugares. "O Gamergate facilitou o desenvolvimento de uma cartilha e de conexões sociais que vieram a formar a base de simpatizantes e estratégias da extrema direita.", diz o dr. Christopher A. Paul, estudioso de videogames e autor do livro *The Toxic Meritocracy of Video Games: Why Gaming Culture Is the Worst*. Jornalistas e estudiosos pediram aos legisladores que investigassem como grupos antifeministas, como aqueles que assediaram a desenvolvedora de jogos Zoë Quinn e a crítica de mídia feminista Anita Sarkeesian com *doxxing* e ameaças de estupro, assassinato e bombardeios (levando Sarkeesian a sair de sua casa e forçando o cancelamento de sua palestra em um campus universitário devido à ameaça de tiroteio em massa), se transformaram nos atuais grupos de extrema direita, que promovem a supremacia branca.

Quando se trata de conteúdo, não estamos apenas matando os dragões da impropriedade. Também temos que estar vigilantes quanto à representatividade. A dra. Gray deseja que seus meninos possam se ver representados nos seus jogos. Tendo crescido nos anos 1990, ela própria tinha poucas opções. Os estereótipos eram decepcionantes (por exemplo, negros interpretando DJs e boxeadores, personagens brasileiros com características bestiais e personagens do Leste Asiático representados como místicos). "Quando converso com os jovens hoje, eles têm Lincoln Clay do *Mafia III* como modelo (o protagonista, que é meio negro). Então, meus meninos dizem: 'A indústria de jogos não é racista.' Mas eu realmente tento incentivá-los a exigir mais. Eu penso: 'Alguns personagens progressistas e uma pequena representatividade não vão transformar toda uma indústria que basicamente ganhou dinheiro em cima de estereótipos de pessoas não brancas.'"

A dra. Gray se concentra na criação de avatares ao questionar a representação em videogames. Se você for uma pessoa negra, vai ser difícil encontrar um avatar que se pareça com você, como no *Minecraft*, um dos primeiros jogos que as crianças aprendem a jogar. Outros jogos, como *NBA 2k20*, refletem uma variedade de identidades. "Quero que meus filhos saibam que foi necessário lutar muito para chegar aqui. E quero que eles saibam que vivem em um momento em que as empresas respondem ao que consumidores pedem, elas têm a intenção de tentar melhorar." As empresas também estão descobrindo que geralmente vale a pena ter mais representatividade. *Mafia III* se tornou o título de venda mais rápida da história da 2K Games. O que me faz refletir — talvez não devêssemos pensar em exigir mais de nossos filhos para "protegê-los" da mídia, afinal. Talvez devêssemos simplesmente sair e lutar — exigir mais das indústrias de mídia. Insistir para que façam melhor.

Para aprender mais sobre essas possibilidades, conversei com aquelas que estão no cerne da luta. Entrevistei sete profissionais de videogame feministas que trabalham em departamentos de design, produção e marketing na indústria de jogos em todo o país. Todas são gamers desde jovens em uma variedade de jogos. Algumas são solteiras, algumas são casadas; pelo menos duas são mães de meninos. Algumas são mulheres de minorias étnicas e também membros da comunidade LGBTQIA+. Seus nomes são Shana Bryant, Nellie Hughes, Regina Buenaobra, Ylan Salsbury, Rubi Bayer, Novera King e Heather Conover. (Nota: não irei atribuir as falas citadas a seguir a pessoas específicas.)

Elas falam que não há videogame feminista, mas que é possível seguir na direção da equidade se houver uma variedade de jogos que lhe dão opções na criação dos personagens, do tipo de roupas que você pode comprar até como você pode desenvolver a narrativa deles. O essencial é que o usuário seja capaz de se encontrar no jogo.

Para os pais que jogam com seus filhos, essas designers dizem que um truque é procurar os detalhes nos jogos que demonstram estereótipos de gênero. Por exemplo, o jogo *Animal Crossing* tem uma coroa que custa 1,2 milhão de bells e parece a típica coroa de rei. Há uma coroa de rainha que custa 1 milhão de bells; é uma coroa menor, destinada a uma cabeça feminina. "Eles até te dizem o preço da porcaria da coroa, como se quisessem recriar o mundo real, em que as mulheres ganham menos do que os homens!", diz uma designer.

O problema decorre da pouca representatividade entre designers e produtores da indústria de jogos, dizem essas profissionais. Uma delas, que atua no setor há 18 anos, se lembra de ter trabalhado com centenas de mulheres brancas, milhares de homens brancos, mas apenas cinco mulheres negras, "uma delas sendo minha irmã gêmea", ela conta, rindo. "Tenho quarenta anos, sou negra e nunca cheguei a me ver representada no cinema até o filme *Pantera Negra*. A pessoa mais inteligente do Universo Marvel ser uma jovem negra de 16 anos... Eu nem consigo te dizer qual é a sensação." A maioria dos designers de jogos da indústria agora insiste que começaram a colocar as mulheres em primeiro plano. Mas se e quando fazem isso, são mulheres brancas, apontam essas profissionais.

Muitas vezes, há uma variedade de corpos masculinos nesses jogos, mas as mulheres todas têm proporções de supermodelos. Em resposta a essas críticas, *Overwatch*, da Blizzard Entertainment, apresentou uma ampla variedade de tipos de corpo para mulheres. Uma das profissionais diz: "Fiquei tão emocionada que comprei a edição de colecionador, embora nem jogue muito esses jogos. Sou sempre péssima nesse jogo", ela conta, rindo.

Os pais e outros adultos que compram videogames para seus filhos também devem pensar nos tipos de relacionamento que são representados nos jogos, e pressionar a indústria de games para que criem jogos melhores. "Precisamos representar os jogadores que têm diferentes dinâmicas de relacionamento — relações entre mulheres, relações entre homens e mulheres que não vêm do olhar de um homem branco cis e heterossexual."

O arco da história e as escolhas dos personagens também são importantes quando se trata de criar empatia. Uma designer diz que, quando tinha 13 anos, ela jogou um videogame que a fez chorar — *Kingdom Hearts*, no qual há uma doce história sobre amigos que se separam e continuam ligados por seus corações de forma que precisam se reencontrar. Um dos personagens principais era uma menina. Há cada vez mais pesquisas interessantes sobre o conceito de cuidar e ser amigo em contrapartida ao conceito de fugir ou lutar nos videogames. Essas profissionais querem ver mais games como *Stardew Valley* e jogos de celular que tratem de autocuidado.

Muitas dessas mudanças na indústria aconteceram porque o mercado está exigindo conteúdos melhores, dizem as mulheres. *Animal Crossing* parece ser para para meninas — as cores e os personagens são fofos —, mas cada vez mais homens estão aderindo a esse jogo desestressante.

Embora sejam otimistas, nenhuma dessas mulheres está entusiasmada com jogos e nossos meninos. Mais uma vez, elas nos dizem para não deixarmos de filtrar os jogos que entram nas nossas casas. Preste atenção às classificações — os jogos classificados para adolescentes a partir dos 16 anos levam 60-70 horas de conteúdo adulto para seu filho, em comparação a duas horas de um filme para maiores de 18 anos. "O elemento interativo de pais conversando com seus filhos através da mídia em comparação ao consumo passivo de mídia é muito importante quando se fala sobre o desenvolvimento da personalidade e das interações humanas de alguém. Ao longo dessas horas de jogos, você começa a processar as coisas de forma diferente. As crianças estão inseridas no mundo. Pode ser prejudicial."

O verdadeiro aviso que essas mulheres têm a dar é sobre streamers e YouTubers — atualmente, você não precisa estar jogando. Você pode não ter dinheiro para comprar um jogo. Mas você pode assistir a homens jogarem no Twitch e fazerem comentários. Esses homens cada vez mais são de direita. "Eles são celebridades para as crianças. Esteja ciente da comunidade desses gamers. Eles são misóginos e racistas. Você nem precisa ir tão fundo — em dois ou três vídeos eles estão queimando cruzes."

Este é o motivo pelo qual alguns desses jogos on-line podem ser atraentes para nossos meninos — os videogames são direcionados a uma identidade masculina frágil, de acordo com essas profissionais. "Esses homens geralmente não são de grupos marginalizados. São homens que sofreram bullying quando crianças por serem nerds. Então, encontraram este lugar para se fortalecerem formando uma cultura."

Uma gamer já passou várias vezes pela experiência de ser expulsa de jogos on-line quando outros jogadores descobrem que ela é mulher. "Já passei pela experiência de estar em um jogo on-line e, quando os caras ouviram minha voz, o tom deles mudou. Você pode ser expulsa da sala ou ter que ouvir eles rindo ou fazendo comentários."

Ao criar um filho feminista que joga videogame, ele pode ser um aliado, dizem essas profissionais. Ensine a ele o que é bullying. Faça-o ficar de olhos e ouvidos atentos a isso. Se meninas e mulheres estiverem sendo excluídas, provocadas ou assediadas durante um jogo, peça a ele que diga simplesmente: "Ei, pessoal, parem com isso!" "Na verdade, é difícil ser um aliado na vida real; às vezes é assustador. Mas na internet há uma oportunidade diferente — se existe um playground perfeito onde ser um aliado, é em um jogo on-line! Sendo um menino, você tem a oportunidade de mudar a conversa. Como você quer usar sua voz?"

·········

Enquanto escrevo isto, foi descoberto um grupo de bate-papo no Instagram em Nova Délhi, na Índia, no qual meninos de 15 anos de escolas de elite da cidade compartilharam fotos de suas colegas de classe, menores de idade, objetificando-as e planejando "estupros coletivos". O país está indignado, e os meninos estão sendo interrogados pela polícia. Celebridades e políticos estão pedindo a criação de regras de engajamento de mídias sociais, conforme sugerido no artigo sobre "males on-line" lançado em abril de 2019 pelo Departamento de Questões Digitais, Cultura, Mídia e Esportes (DCMS) e o Ministério do Interior do Reino Unido para lidar com casos semelhantes de cyberbullying. Uma pesquisa, feita pelo Instituto de Pesquisa Internacional de Ensino e Aprendizagem (TALIS), classificou a Inglaterra como o pior lugar do mundo para o cyberbullying.

"O impacto de atividades e conteúdos prejudiciais pode ser particularmente danoso para crianças, e há preocupações crescentes sobre o potencial impacto na saúde mental e no bem-estar", disse o artigo. Especialistas indianos avaliaram a questão e disseram que é extremamente necessário que os pais discutam sexo, sexualidade e questões relacionadas a gênero com seus filhos pequenos e impressionáveis.

Mais do que qualquer outra plataforma de mídia, muitas vezes fico impressionada com como é difícil manejar as mídias sociais. Elas podem ser o melhor canal para valentões e, ao mesmo tempo, também vejo que pode ser o melhor canal para criar empoderamento. O mundo antes das mídias sociais teria nos apresentado somente uma versão de Monica Lewinsky. Mas ela está no Twitter e agora temos Lewinsky ativista, palestrante de TED Talk e editora colaboradora da *Vanity Fair*. Não perdemos sua intelectualidade pública para a versão de outra pessoa da história dela. Assisti à sua palestra transmitida ao vivo para a Universidade de Washington em abril de 2020. Ela trouxe inteligência e charme ao seu ativismo, no qual destacou como mulheres e outras pessoas vulneráveis vão continuar a ser humilhadas por sua sexualidade, especialmente por meio do cyberbullying, até que tenhamos uma revolução pública baseada em compaixão e empatia.

Eu me pergunto mais uma vez, como me perguntei ao longo dos anos, se tais discussões poderiam ter salvado a vida de Tyler Clementi, um estudante norte-americano da Rutgers University, em Nova Jersey, que se jogou da ponte George Washington aos 18 anos. No dia 19 de setembro de 2010, o colega de quarto de Clementi, Dharun Ravi, usou uma webcam no computador do seu dormitório e filmou Clementi beijando outro homem escondido. Ravi postou sobre o incidente com a webcam no Twitter e convidou seus seguidores para assistir a um segundo encontro amoroso entre Clementi e seu namorado. Clementi descobriu e se suicidou três dias depois.

Foi um dos primeiros casos que apresentou ao mundo a questão do cyberbullying. Gibran tinha 15 anos e passava muito tempo na internet. Ravi era um menino de ascendência indiana e norte-americana. Fui atormentada por dúvidas sobre Gibran e sobre seus próprios possíveis problemas de identidade, pertencimento, empatia e amor. Sei que pais de todo o país também devem ter se perguntado sobre isso — será que nossos filhos poderiam ser Clementis ou Ravis?

Eu tinha razão de me preocupar, meu amigo e colega dr. Victor Evans me disse. O dr. Evans é professor de jornalismo e estudos de mídia e é um homem negro e gay. "Esse é de verdade um dos meus maiores medos (para os jovens), especialmente para os que fazem parte da comunidade LGBTQIA+ — a exposição da sexualidade desses jovens contra sua vontade que pode ocorrer nas redes sociais", comenta ele. De certa forma, o anonimato e o alcance das redes sociais parecem facilitar a crueldade tanto quanto podem promover empatia e companheirismo.

O dr. Evans comenta sobre o seriado *13 Reasons Why*, baseado em um livro para jovens adultos, no qual uma adolescente se suicida pelo desespero causado pelo cyberbullying. O seriado mostra como nós, pais, às vezes sabemos muito pouco sobre a vida social de nossos filhos, tão experienciada no mundo virtual.

Então, o que fazer? Eu me pergunto se a solução também pode estar na mídia. Quando mergulhamos fundo nela desde o início e estabelecemos padrões para pensar, sentir, navegar, questionar e conversar com a mídia, talvez esses mesmos padrões possam seguir com nossos filhos em seus mundos virtuais?

Os pesquisadores Daniel Anderson e Katherine Hanson nos contam, no capítulo intitulado "Screen Media and Parent-Child Interactions" (A mídia de tela e as interações entre pais e filhos), em um livro chamado *Media Exposure During Infancy and Early Childhood*, que assistir à mídia junto com as crianças ajuda a promover o pensamento crítico e criativo delas. O dr. Evans concorda. Ele cresceu amando televisão. "Meus pais não me deixavam assistir à TV, e todos os meus amigos da escola falavam sobre tantos programas. Aí eu descobri a senha da TV a cabo e assistia em segredo. Eu queria muito que meus pais praticassem o que hoje é conhecido como comídia, que é quando os pais assistem de propósito a quase tudo com os filhos e conversam sobre isso, desde pequenos." Depois de um tempo, os pais do dr. Evans passaram a assistir a filmes com classificação mais adulta com ele e a conversar sobre coisas como: "Não é assim que você deve se comportar" ou "Isso só acontece em Hollywood". Mas ele gostaria de ter recebido isso antes.

Nossas mídias, especialmente a televisão, têm muito a se atualizar com a realidade de nossas vidas. Para pessoas como o dr. Evans, essas omissões causaram um impacto duradouro. Histórias como as dele importam porque ainda podem nos dizer onde talvez seja necessário preencher individualmente as lacunas na representatividade e na falta de representatividade de nossos próprios filhos na mídia atual.

O dr. Evans cresceu em Forth Worth, no Texas. Seu avô era um pastor batista do sul. "Eu cresci ouvindo minha igreja me dizer que a homossexualidade era um pecado", conta ele. Na verdade, foram seriados como *Dynasty* que lhe permitiram falar sobre a identidade LGBTQIA+ com seus pais. Mesmo assim, a televisão falhou com ele. "Durante minha juventude como um menino gay, a maioria dos personagens era ou alívio cômico, ou simplesmente muito triste, para ser bem honesto, triste demais, representado como um destruidor das famílias das pessoas. Nunca era da perspectiva do indivíduo, mas como eles afetavam os outros e como todos reagiam a ele. O personagem de *Dynasty* estava 'desonrando' sua família. Acho que isso foi extremamente negativo na minha juventude. Isso me fez sentir que, ao me assumir, eu ia machucar todo mundo da minha família, porque foi isso que vi acontecendo na televisão."

As representações recentes têm sido mais ou menos, diz o dr. Evans. Em *Orange is the New Black*, a personagem de Laverne Cox é trans e come o pão que o diabo amassou. Mas os personagens em *Pose* são uma celebração da identidade LGBTQIA+. "Se eu pudesse escolher algo que teria amado quando adolescente com pessoas LGBTQIA+ afro-americanas, seria essa série!"

Seriados como *Sense8* também estão fazendo progressos, com personagens de diversas identidades em vez de apenas homens gays brancos e cis que dominaram a representatividade LGBTQIA+ na televisão por um longo tempo. *Sense8* foi feito pelas irmãs Wachowski, que são duas mulheres trans. A representatividade dentro da indústria e sua produção cultural leva a representatividade no conteúdo, diz o dr. Evans.

Ele fica encantado com o quão incontroversos e prosaicos alguns dos conteúdos de mídia sobre personagens LGBTQIA+ se tornaram atualmente. "Outro dia eu estava em casa, no Texas, para o Dia de Ação de Graças, e minha sobrinha de cinco anos, que cresceu com um iPad na mão, estava sentada ao meu lado vendo vídeos de drag queens LGBTQIA+ no YouTube. E eu fiquei tipo: 'Por que você está vendo isso?' E ela disse: 'Ah, é um dos meus programas favoritos', e eu falei: 'Sério?!' Isso me fez me sentir bem de verdade, porque se fosse criança assistindo àquilo não teria sido tão simples, sabe?"

Eu adoraria que o dr. Evans tivesse esse programa quando era jovem. E eu adoraria ter me visto refletida na televisão e na mídia indianas com meninas e mulheres inteligentes e não sexualizadas ou mesmo endeusadas (cresci imaginando que uma boa mulher era a que se sacrificava pela família e definitivamente nunca falava sobre suas próprias necessidades). Eu teria gostado de ver personagens LGBTQIA+ que não fossem alvo de zombaria ou "pecadores". Nos Estados Unidos, gostaria de ver na televisão meninos e meninas como meu filho. Gostaria que ele não tivesse crescido rindo junto com seus amigos brancos de Apu em *The Simpsons*.

• • • • • • •

Tem outro tipo de mídia, mais presente e quase onipresente no nosso ambiente, de que pouco falamos: publicidade. Uma geração ou duas inteiras de pesquisadores de mídia estudaram o impacto da propaganda em crianças, adolescentes e adultos. Publicitários transformaram esse negócio em uma ciência. De outdoors a ônibus adesivados e de comerciais do Super Bowl a nossos feeds das mídias sociais, a deidade efêmera do consumismo não está só nos vendendo produtos e serviços, mas na verdade *nos* vendendo (nossos dados e perfis) para corporações. Em uma estrutura capitalista, somos vistos como consumidores mais do que como seres humanos completos. E, conforme essa estrutura capitalista nos move para o mundo virtual, nossos desejos e nossas compras, até as coisas que vemos sem compromisso, são mais fáceis de acompanhar. O dado mais importante sobre nós, então, é nosso endereço de IP, que as mídias sociais vendem para os anunciantes.

Estamos começando a ver movimentos de afastamento das mídias sociais e aproximação da privacidade on-line. Estamos começando a ver gigantes das mídias sociais, como Facebook e o CEO Mark Zuckerberg, sendo pressionados a pelo menos revelar as formas como nossos dados demográficos e nossos endereços de IP são vendidos para anunciantes. No entanto, é improvável que esses esforços em busca de mudanças estruturais causem uma transformação importante. Para a maioria das pessoas, a conveniência é mais importante do que o medo da invasão de sua privacidade. Alguns de nós podem resistir a uma imersão total, mas, na maior parte das vezes, separar nós mesmos de nossas personas de consumo é como tentar se livrar de uma máscara que não vemos nem sentimos.

Então, conforme nossas vidas se tornam cada vez mais insidiosamente mediadas pela mídia, nossos meninos aprendem de modo subliminar ideais de masculinidade, nossas meninas aprendem ideais de feminilidade, e todos os outros gêneros aprendem que não existem nessa imaginação. No seu filme *Tough Guise: Violence, Media and the Crisis in Masculinity* (originalmente lançado em 1999/2000, com uma atualização em em 2013), o educador e teórico cultural dr. Jackson Katz destrincha as mensagens violentas, sexistas e homofóbicas que meninos e rapazes recebem rotineiramente de quase todos os cantos da cultura, de televisão, filmes, videogames e propaganda até a pornografia, cultura esportiva e cultura política norte-americana. Ele diz que a propaganda, em especial, vende produtos explorando as ansiedades masculinas de não ser suficiente para a "masculinidade".

Campanhas de publicidade recentes foram ao cerne da questão e mudaram o discurso. O desodorante Axe fez uma série de propagandas que pararam de atrair homens com o odor fétido da masculinidade tóxica. A Axe mudou o discurso de dizer aos homens que o produto faria com que eles se tornassem atraentes para as mulheres para lhes dizer que eles *já são* atraentes. Essas propagandas novas mostravam homens dançando com saltos altos, passando filhotinhos de gatos carinhosamente nas barbas, cobrindo as mãos de farinha para ajudar na cozinha. Nas palavras de um jornalista da CNBC, as novas propagandas "mostraram por que a masculinidade frágil é ainda mais repelente que cecê". Em 2017, a empresa lançou a campanha "Encontre sua magia", em que as propagandas lidam com questões masculinas como "Tudo bem não gostar de esportes?", "Tudo bem ter experiências com outros caras?", "Tudo bem homens usarem cor-de-rosa?", "Tudo bem estar deprimido?". O diretor da marca, Fernando Desouches, diz que a Axe, antes tão baseada na noção de atração como conquista, mudou para agora representar "atração como um jogo de iguais".

Logo depois veio a Gilette com a campanha "Nós acreditamos: o melhor que os homens podem ser", após a explosão do movimento #MeToo. O comercial mostrava exemplos de mulheres sendo sexualizadas ou insultadas por homens, e depois mostrava como os homens podem chamar a atenção de outros homens e encorajar os meninos a serem mais gentis, "porque os meninos observando hoje serão os homens de amanhã".

Claro, essas marcas estão usando o *zeitgeist*, aproveitando a onda feminista e tudo o mais. São apostas com resultados bem pesquisados e calculados. Mas, considerando que queremos pagar com o consumo e considerando que ainda precisamos de desodorantes e lâminas de barbear, por que não colocar seu dinheiro em mídia e em produtos e serviços que não insultam nem se aproveitam das inseguranças dos nossos meninos sobre sua masculinidade?

Enquanto esperamos a mídia em geral chegar ao ponto de nos representar a todos e não sexualizar a forma feminina nem valorizar a masculina, podemos tomar algumas medidas que enfrentam fogo com fogo. Para seu filho criança, Coloque *Dora a aventureira*, *As meninas superpoderosas*, *Molly of Denali* e *Doc McStuffins* (um desenho da Disney sobre uma menina negra que brinca de médica com os brinquedos e tem um pai dono de casa, uma mãe médica e um irmão adotado) entre os *Yu-Gi-Oh!* e *Paw Patrol*. Para seu menino adolescente, coloque um filme doce como *Oitava série* entre os *Bourne*. Jogue o videogame com seu menino ou pelo menos assista enquanto ele joga e, sempre que conseguir fazer isso sem enlouquecer, mantenha um canal de discussão aberto.

A melhor parte de tantas mudanças é que cada vez mais conteúdos são criados por um grupo crescente de homens feministas na mídia. Um deles é Tom Koshy, em Mumbai. No Dia da Independência da Índia em 2018, descobri um curta no meu feed de mídia social. Enquanto assistia ao filme de dois minutos e meio, fiquei cada vez mais interessada. No filme, seguimos uma moça com um vestido amarelo fresco na altura dos joelhos enquanto ela anda por Mumbai à noite. Ela entra em um trem vazio. Fica parada ao lado da porta aberta do trem, sentindo o vento no rosto, e um homem para atrás dela. Ela atravessa a ponte por cima dos trilhos e quatro homens aparecem conversando em grupo enquanto ela passa. O sinal fica vermelho e um grupo de homens de moto para ao lado dela, depois segue dirigindo. Em outra rua deserta, um táxi diminui a velocidade e ela entra. Ela adormece no carro. No fundo, ouvimos Jawaharlal Nehru, primeiro-ministro da Índia, dando seu icônico discurso à meia-noite da independência da Índia dos britânicos em 1947. O filme termina com a jovem em casa, sentando-se sozinha no sofá. Ela olha direto para a câmera. Uma frase surge na tela: "É isso que independência *deveria* ser."

Na manhã seguinte, mostrei esse vídeo para meus alunos norte-americanos e perguntei o que eles achavam.

"Eu fiquei esperando os homens atacarem ela!", disse uma aluna.

"Pelo menos passarem uma cantada", comentou outra.

"Né? Com fones e tudo! Quem *faz* isso?"

"Meu coração estava disparado enquanto ela andava por aí sem nem se preocupar. E aí ela dorme no táxi? Fiquei assustada."

Perguntei aos homens da turma o que eles pensaram. Um deles enfim falou: "Eu não senti nada disso, embora tenha entendido que era isso que o filme estava querendo passar. E não tinha ideia de que as meninas da turma tinham que pensar nessas coisas quando estão andando à noite."

"Mulheres!", alguém gritou do fundo da turma.

"Não só à noite", outra falou.

E não só na Índia, mas nos Estados Unidos também, pensei. Fui para casa e procurei o nome do cineasta. Curiosa sobre suas influências feministas, liguei para ele recentemente. Koshy comentou que cresceu na herança matrilinear de Querala, na Índia, mas também vendo o pai desrespeitar a mãe. As influências feministas mais importantes de Koshy vieram de profissionais de Mumbai, para onde ele se mudou para se tornar cineasta. Sua amiga, a cineasta Neha Singh, vive uma vida feminista, diz Koshy. "Com ela, aprendi que não tem problema a mulher dar o primeiro passo em um relacionamento. Por meio dela, conheci outros homens feministas." Koshy também aprendeu muito com Sofia Ashraf, uma rapper e cantora com quem ele fez um filme. "Ela era uma muçulmana devota e ensinava em uma madrasa. Ela virou ateia, tirou a burka, desafiou sua família muçulmana conservadora e veio para Mumbai. A mãe dela não podia falar inglês porque o pai dela não falava inglês. Sofia disse uma coisa linda: 'Quero quebrar o ciclo de sacrifício. Toda mulher se sacrifica pela filha para que ela tenha uma vida melhor. E assim vai. Cadê o retorno? Quero pegar todo esse sacrifício e acabar aqui para que ninguém depois de mim tenha que se sacrificar mais.' Eu fiquei impressionado com isso." Quando você se cerca de mulheres fortes e realizadas, muitas coisas invisíveis para os homens se tornam dolorosamente claras, diz Koshy.

E foi assim que o vídeo da jovem dominando as ruas de Mumbai à noite surgiu. Depois dele, Koshy fez vários outros vídeos sobre mulheres agitando a Índia com seu feminismo radical. Meu plano é mostrar todos eles para meus alunos nos Estados Unidos.

Ligo para Gibran e pergunto qual foi o resultado disso tudo, do nosso consumo ávido de mídia e nossas conversas constantes sobre elas. Ele diz que a mídia definitivamente o fez se sentir um pouco inseguro sobre sua masculinidade às vezes, mas também o resgatou quando ele observava aquele conteúdo com ironia. "Eu aprendi como não ser homem com filmes de Hollywood. Aprendi como é a masculinidade tóxica da Índia vendo filmes de Bollywood, também lendo sobre a história da Índia e do hinduísmo e até vendo como Nana-ji [seu avô materno] e Kaka [seu tio-avô] falam, e até meu pai tem essa coisa... embora menos... tem um patriarcado internalizado. Esses são homens que foram vítimas da masculinidade tóxica."

Ele me dá crédito por ser "a curadora das [suas] influências de vida até [seus] 13 ou 14 anos". Além disso, diz, ele foi para a internet. "Comecei a ler na internet, entrando em fóruns como 4Chan e Reddit, discutindo com as pessoas..."

Isso me leva a uma questão essencial. Muitos dos estudos e também dos profissionais da indústria de games que citei aconselharam que os pais filtrassem e censurassem videogames e mídias sociais para nossas crianças. Eu, como a dra. Kishonna Gray, tenho uma estratégia mais *laissez-faire*. Eu diria o seguinte — muita coisa depende das circunstâncias da sua própria família, da linguagem e do aprendizado que você desenvolve com seu filho e da personalidade individual dele. E sua estratégia pode (e deve) mudar conforme seu filho amadurece.

Não é que eu tivesse certeza de que minha estratégia era a melhor. Muitas vezes ficava apavorada com a possibilidade de estar fazendo tudo errado. Isso acontecia principalmente quando Gibran me contava coisas que lia na internet. Ele me contou quando leu o manifesto do atirador Elliot Rodger porque queria se informar sobre a transformação da masculinidade em algo violento. Eu me lembro de ficar chocada por ele ter lido aquilo. Lembro que fiz perguntas e fui tranquilizada quando ele me prometeu que não estava morbidamente fascinado por nada daquilo.

Quando conversamos agora, ele me conta sobre o MRM (*Men's Rights Movement*, Movimento dos Direitos dos Homens) e PUAs (*Pick-Up Artists*, Artistas da Cantada) — precursores dos incels (um movimento que atrai adolescentes e homens que se dizem "celibatários involuntários" porque mulheres não querem transar com eles, um movimento que considerou Rodger um herói) — e suas discussões on-line, sobre a raiva pelo sistema do direito de família, sobre os treinamentos on-line desses "artistas da cantada" (que treinam "nerds que não conseguem falar com mulheres").

"Esses caras se dedicam a tirar qualquer controle das mulheres. A relação deles com as mulheres se tornou gamificada. Eles acham que foram roubados por elas de algum jeito." Gibran me conta sobre um homem chamado Stefan Molyneux, um "intelectual público" canadense que criou um projeto chamado "Faça as mulheres serem boas novamente". Enquanto Gibran fala, eu entro na internet para ver o que esse cara quer. Descubro ideias como: (a) a violência no mundo é resultado de mães ruins, especialmente mães solo, e (b) as mulheres não deveriam poder usar batom no local de trabalho porque isso simula desejo sexual e é como "um cara chegar no trabalho com o pau duro".

Eu entendo como isso tudo pode ser fascinante. Fico incomodada por isso tudo ser fascinante para o meu menino.

Eu o interrompo para perguntar por que ele entra nesse buraco cibernético de misoginia. O que foi que eu fiz, penso. Durante nossa conversa, percebo que, ao lhe dar as ferramentas e lentes do feminismo, especialmente usando a mídia para tal, criei um crítico cultural. Um estudioso da masculinidade na mídia. Nem todos vão para o meio acadêmico como a mãe desse jovem crítico cultural. Alguns vão para o mundo da tecnologia e, como ele me promete, trabalham para mudar a cultura dos "Tech Bros", ou "Brogrammers", gírias para os programadores estereotipadamente masculinos que criaram uma cultura que levanta barreiras contra mulheres na tecnologia.

De onde veio esse termo? Supostamente foi criado por um antigo funcionário do Facebook, Nick Schrock, que, por anos, era dono de uma página de "brogramming" no Facebook. Parece que Nick era totalmente sincero sobre essa tendência de homens em tecnologia chamarem os outros para "ficar com os bros e programarem". O fato de que o termo tenha sido apropriado e ironizado no seu uso é, para mim, uma das belezas do que podemos fazer ao correr por aí, nós, peixes tentando descrever a água.

Durante a pandemia da Covid-19, todos nós no mundo virtualmente conectado nos tornamos verdadeiramente nativos digitais. Nossas webcams se tornaram testemunhas da nossa existência. Nossas telas se tornaram os professores dos nossos filhos. Nossos filhos se transformaram em projeções pixeladas em espaços que só conseguimos imaginar nas 13 polegadas que ocupavam nossas vistas. Nossa humanidade se transformou em dados, nossa cor de pele ficou distorcida na visão dos outros, dependendo da luz. Nossas atenções foram oferecidas para portais, nossas mentes foram abertas a distrações infinitas através de abas de navegador por trás de nossas portas fechadas. Este para sempre será um mundo paralelo em que nossos filhos respiram, riem, imaginam, lucram, brigam, amam e crescem.

### A FAZER

- Estude sobre mídia. Faça a mídia trabalhar para você, em vez de contra você. Use-a para expandir a passagem de seus valores para seus filhos, especialmente empatia, inclusão e companheirismo.

- Pratique a "comídia" desde cedo com seus filhos, especialmente os meninos.
- A dra. Chu diz que, enquanto pudermos, devemos limitar o uso e a exposição de nossos meninos a videogames e mídias sociais e, conforme eles crescem, explicar os riscos. Eles *querem* limites, ela diz.
- O dr. Gray nos encoraja a observá-los jogando videogame. "Na nossa geração, a gente sofria bullying na escola e quando voltava para casa não contava nada para nossos pais. E, muitas das vezes, era simplesmente tarde demais para que eles nos dessem a linguagem e as ferramentas para falar sobre isso, e não havia comunicação sobre o assunto, a gente simplesmente tinha que lidar com isso sozinho. Eu não acho isso aceitável, então é por isso que amo que games te permitem estar bem ali do lado deles. Descubra com quem eles estão jogando."
- Encoraje seu filho a denunciar sexismo e racismo em plataformas de games.
- Converse com seus filhos sobre ciberbullying. Dê a eles exemplos da devastação que isso pode causar. Além de incentivar suas ações como aliado, encoraje-os a denunciar ciberbullying antes que as coisas fiquem piores.
- Peça aos seus filhos para lhe ensinarem sobre mídia. Admita que eles provavelmente dominam mais o assunto que você. Desenvolva um senso de maravilhamento. Mantenha um canal de conversa aberto com uma mistura saudável de discussões e aceitação. Não importa o que fizer, não pense que pode cortar totalmente o acesso deles à mídia, especialmente com pré-adolescentes e adolescentes.
- Ria de propagandas que sexualizam mulheres.

- Exija ativamente que a mídia não esteja em guerra com a imaginação dos nossos meninos. Peça conteúdos que passem pelo Teste de Bechdel (que determina como mulheres são representadas). Apoie o trabalho de organizações como a GLAAD (antes chamada Gay and Lesbian Alliance Against Defamation), que avalia anualmente a representação LGBTQIA+ em diferentes tipos de mídia com um "Índice de Responsabilidade dos Estúdios". Além disso, apoie o trabalho da NAACP, que defende representações de pessoas de minorias étnicas na mídia. Siga suas avaliações de mídia e apoie conteúdos com boas notas. Invista nesses conteúdos, produtos e serviços que não insultam ou se alimentam das noções de masculinidade dos meninos.

## Capítulo oito
# EU TENHO MESMO QUE FALAR COM ELE SOBRE SEXO?

●●●●●●●●

**CERTO FIM DE TARDE, QUANDO GIBRAN** tinha nove anos, estávamos aproveitando a hora da família na piscina pública de Queen Anne Hill com os amigos dele e seus pais. Uma garotinha, de cinco ou seis anos, saiu correndo do banheiro, pelada. A mãe dela vinha correndo atrás, parecendo constrangidíssima por deixar a filha escapar para outro mergulho pelada na piscina. As pessoas em volta desviaram o olhar. Gibran apontou para a menininha e gritou: "Cadê o pênis dela?"

Pedi para ele ficar quieto, mas Gibran continuou: "Isso é uma vagina? É melhor que um pênis! É tipo... schoop." Ele fez um gesto como uma porta dupla se fechando.

Os adultos ao redor prenderam risadas.

E eu disse para Gibran: "Estou falando sério, chega."

Agora havia *duas* mães constrangidas na piscina. E pelo menos duas crianças aprenderam que seus órgãos sexuais e falar sobre sexualidade era inapropriado, vergonhoso, algo a ser escondido e silenciado.

Me arrependo dessa minha reação até hoje. Consigo ver como eu poderia ter sorrido e chamado Gibran para uma conversa rápida e simples sobre as diferenças nas partes do corpo e, sim, como sua descrição tinha sido criativa.

Então, da próxima vez que Gibran quis conversar sobre sexo e o corpo humano, eu estava pronta. Ele estava na sexta ou na sétima série. Eu tinha buscado Gibran no colégio e ele estava no banco de trás do carro. Ele me perguntou quando um menino e uma menina estariam prontos para fazer sexo. (Também considero esse o momento em que Gibran se assumiu como hétero para mim. Até aquele momento, eu falava sobre sua sexualidade como algo fluido, naturalmente. "Um dia, quando você sentir atração por outra pessoa...")

Falei: "Você pode estar pronto antes da menina. Ela vai sentir muita pressão — da sociedade, da cultura, dos amigos, de meninos — para ser sexual. Mas tenha em mente que ela pode ou não estar pronta de verdade. Talvez ela se sinta mal depois. Ela pode querer chorar. Ou, claro, ela pode ficar animada e feliz. Se você puder ser um amigo para ela durante todo o processo, e se sabe que vocês dois têm certeza do que querem, e são adultos, tudo bem." Gibran assentiu e ficou olhando pela janela do carro, pensativo.

Nessa conversa, eu estava seguindo meus instintos. Queria ter combinado isso com algum aprendizado mais profundo. Senti que muitas coisas não foram ditas e nem perguntadas. Muitos aspectos do sexo e seus prazeres, perigos, alegrias, regras e liberdades escaparam entre nossos dedos. Fui criada em outra geração e em outra cultura, onde aprendi a ter medo do sexo, a sentir vergonha, a permanecer virgem até o casamento e, definitivamente, a não engravidar antes do casamento. Aprendi mais por meio de agressões sexuais do que com a exploração da minha sexualidade. Apesar de tudo isso, quando me tornei sexualmente ativa e encontrei prazer e alegria no sexo, isso ainda era tanto uma surpresa quanto um segredo.

Eu queria muito dar a Gibran uma educação sexual positiva, mas não sabia onde encontrar esse treinamento. Só recentemente descobri o trabalho do dr. Andrew Smiler, que nos conta que realmente devemos conversar com nossos meninos sobre sexo. E muito. O dr. Smiler, psicólogo de Winston-Salem, Carolina do Norte, e autor de *Challenging Casanova: Beyond the Stereotype of Promiscuous Young Male* e *Dating and Sex: A Guide for the 21st Century Teen Boy*, desenvolveu o melhor guia que descobri para pais conversarem sobre sexo com meninos.

A sexualidade, segundo o dr. Smiler, merece tanta atenção, se não mais, nas lições de vida para nossas crianças quanto, digamos, finanças ou alimentação saudável. Essa pesquisa se concentra nas definições de masculinidade, e ele também estuda aspectos normativos do desenvolvimento sexual, como idade e percepção de um primeiro beijo, da primeira relação "séria", e da primeira experiência sexual entre pessoas de 15 a 25 anos.

O dr. Smiler descobriu que só metade dos estudantes de último ano do ensino médio contam que seus pais já conversaram sobre sexo com eles. Pior ainda, ele diz em um post no blog *The Good Men Project*, a maioria dos adolescentes que têm a sorte de ter "a conversa" passaram menos de dez minutos falando sobre o assunto. É pior para meninos que para meninas; eles têm uma chance ligeiramente menor de ter qualquer conversa sobre sexo com os pais e, mesmo quando têm, a conversa é mais curta e sobre menos tópicos.

O dr. Smiler nos dá uma lista. Fale com meninos sobre estes 14 pontos:
- Seus valores em geral sobre como tratar amigos e estranhos.
- Converse sobre sexualidade, não só sobre sexo.
- Converse sobre a conexão entre namoros e sexualidade (por exemplo, sobre confiança e relações monogâmicas e que mensagem um beijo pode passar).
- A idade aceitável para a primeira vez, baseada na personalidade que você sabe que seu filho tem.
- O fato de que transas casuais e "amizades coloridas" são algo normal.
- Consentimento ("Certifique-se de que ele compreende que o consentimento é relativamente específico e que ele deve usar

termos como 'sexo' e não expressões nebulosas como 'ir para a cama'. Sinceramente, se seu filho não pode dizer explicitamente para a outra pessoa que quer fazer sexo, então provavelmente não está pronto para fazer sexo com ela.")
- Recusa (vinda do parceiro ou dele mesmo).
- O básico da biologia.
- O básico da reprodução.
- O básico da contracepção.
- Camisinhas (a única forma de contracepção que os homens podem controlar).
- Doenças existem.
- Prazer.
- Pornografia.

Que delícia. Onde o dr. Smiler esteve minha vida inteira? A verdade é que, quando li isso, percebi mais uma vez que, embora eu tenha conversado um bocado com Gibran sobre sexualidade na sua adolescência, não fiz isso com tanta frequência e tranquilidade quanto deveria.

Conversamos com nossas meninas sobre sexo o tempo todo. Quando falamos com elas sobre como se sentar, como se vestir, ou como se manter em segurança, estamos na verdade falando sobre sexo. Nós avisamos que elas não devem deixar que ninguém as toque de maneira inapropriada. Infelizmente, parece que estamos sempre conversando com elas sobre os perigos do sexo, não os prazeres. Meninos, por outro lado, em geral aprendem sobre sexo através da pornografia, de brincadeiras ou desafios de amigos e por meio de dicas da sociedade sobre eles serem os iniciadores, buscadores e conquistadores do sexo.

Embora eu e Gibran conversássemos sobre sexualidade de passagem, em referência a personagens em filmes ou piadas apropriadas ou não (nada de piadas sobre estupro, nunca, obrigada, meu filho), aprofundamos essa conversa só quando ele já estava na faculdade. Até

Gibran ir para a faculdade, eu só tinha experimentado a vida universitária norte-americana no campus como estudante internacional chegando para fazer o doutorado, e depois como professora na graduação. Não tinha ideia de como é morar em um dormitório, como são as fraternidades, como é namorar, transar e ir a festas na universidade. Tudo ia acabar bem, meus amigos pais em Seattle me tranquilizaram. (A maioria pais de meninos.) Os pais de meninas me contaram que algumas das suas dúvidas eram semelhantes às minhas, e outras eram drasticamente diferentes. Suas perguntas eram: que tipo de rapaz a filha deles encontraria? Será que ela estaria em segurança? Será que os pais deles tinham lhes ensinado como se comportar? Será que ela encontraria amigos? Será que seria amada?

Gibran não ligava muito enquanto estava na faculdade, e me falaram que isso era bom. Significava que ele estava vivendo. Quando ligava, a gente conversava por muito tempo. Começamos a ter as melhores conversas que já tivemos. Outros pais com filhos em idade universitária falam sobre esse fenômeno. Nossos filhos adoram bater papo pelo telefone antes de pedir dinheiro.

Não, é claro que ele não queria entrar em uma fraternidade, disse. Sim, ele estava saindo com alguém, e eu ia gostar da Katy. Sim, ele sabia o que consentimento significava, então podemos não falar disso? Sim, estupros no campus são reais. Tenho que ir.

"Acorda", escrevi em uma mensagem para Gibran uma manhã. "Precisamos conversar sobre Aziz Ansari."

Era o início de 2018, no auge das revelações do #MeToo, e Gibran estava no terceiro ano da universidade. O website Babe tinha publicado a história de uma mulher que havia saído com o famoso comediante Aziz Ansari, na qual ela dizia que Ansari a pressionou a transar com ele. Uma tempestade cultural surgiu após a publicação daquele artigo. Alguns disseram: "Foi só um encontro ruim. A mulher deveria ter ido embora." Outros disseram: "Bom, talvez não seja tão fácil dizer 'não', afinal."

A gente adorava Aziz Ansari, eu e Gibran. Meu filho me indicou *Master of None* no dia em que saiu na Netflix. "É legal, não é incrível, mas a gente deveria assistir", disse Gibran. É claro que sim. Ansari é engraçado, disso a gente já sabia. E de alguma forma ele é como nós, de ascendência indiana (bem-feito, Hollywood). Além disso, ele é de origens indianas muçulmanas (bem-feito, fundamentalistas hindus). Ademais, Ansari é progressista.

Quando Gibran me ligou depois de ver minha mensagem, ele não queria muito conversar sobre toda a história de Ansari. "É vergonhoso", disse ele.

Mas mães de garotos de 22 anos devem persistir, mesmo com vergonha.

A gente já tinha falado sobre o movimento #MeToo. Como muitas mulheres, fiquei altamente tocada nos dias que se seguiram ao nascimento da hashtag e a onda de histórias perturbadoras de mulheres de todo o mundo. Eu coloquei uma das minhas histórias na internet, depois liguei para Gibran, que estava na correria de seu dia ocupado em Swarthmore. Eu só queria ouvir sua voz. Fui presenteada com mais — suas palavras.

Ele falou com uma raiva profunda e clara pelos abusos sexuais das mulheres por homens tão diferentes. Falamos até mesmo sobre por que proteger Gandhi. E nós concordamos que acreditaríamos nas mulheres, não importava quem fosse o próximo acusado (a não ser, é claro, que fosse nosso herói, Noam Chomsky; seria difícil para nós lidar com isso).

Com a questão de Ansari, porém, a conversa com meu menino seria complicada, eu sabia. Aquele caso nos fez falar sobre algo além de abuso sexual, estupro ou assédio. Nossa conversa nem mesmo era *sobre* Ansari.

O que realmente precisávamos discutir eram as conversas culturais que surgiram após o incidente com Ansari. O que precisávamos discutir era como agir de forma proativa para lidar com o problema e treinar homens para ler mulheres como as mulheres foram treinadas para ler os homens.

O que meu filho precisa saber — e o que eu falei diretamente para ele — é que nada disso é tão difícil quanto os homens ao seu redor podem dizer que é. Na verdade, é bem simples. Meninas são criadas para se tornarem mulheres com uma compreensão ampla das motivações e ações dos homens. Por meio de avisos e sussurros, fábulas e risinhos, somos ensinadas rigorosamente a saber o que os homens querem — nas versões melhores, não violentas, eles vão querer seu corpo, vão querer sua lealdade, vão querer sua comida, vão querer que você sorria e aplauda seus esforços e diga que eles fazem você feliz. Por gerações, somos enfileiradas — como quando aplicamos mehendi nas mãos que envolvem uma noiva indiana bem-aventurada, ou posamos em vestidos de organza em cores pastel combinando em torno de uma noiva norte-americana triunfante — e enviadas a rir das piadas dos nossos homens, criar seus filhos, nos esfomear para atraí-los e fingir nossos orgasmos.

Claro, também criamos mudanças. Nós nos recalibramos para os rapazes "progressistas" — corra atrás dos seus próprios sonhos, seja uma companheira divertida, impressione com sua culinária, aplauda seus cuidados com as crianças, sorria e aplauda seus esforços e diga que eles fazem você feliz. Ao mesmo tempo, garota, *não exagera*.

As mulheres foram treinadas. Agora vamos, enfim, se todo mundo estiver de acordo, treinar os meninos para saber o que está acontecendo com mulheres e meninas.

•••••••

Então, sim, meu filho, vamos com vergonha mesmo entrar nessa parte da conversa. Mas dessa vez, eu disse a mim mesma, é melhor que eu ouça.

"A gente não precisa de lacração", disse Gibran sobre o caso de Ansari. "Precisamos de mudanças estruturais equilibradas, estudadas, a longo prazo. Para começar, precisamos de pornografia que não seja violenta ou humilhante para mulheres. Homens como Ansari foram criados com pornografia desse tipo." (Tentei não pensar em quanta pornografia meu filho estava consumindo.)

A voz dele me chamou de volta à conversa. "Além disso, mãe, os caras que falam do #MeToo como se fosse uma 'caça às bruxas' me apavoram. Isso deixa implícito o nível absurdo de privilégio que eles têm e que acreditam que caras de aparência média, como Ansari, estão sendo humilhados desnecessariamente. Nós precisamos ter cuidado com o que eles vão fazer para se vingar, mãe."

Nós precisamos. *Nós*. Com essa palavra, eu vou enfrentar qualquer vingança.

Como os artigos em defesa de Aziz Ansari diziam, porém, as mulheres têm livre-arbítrio para sair, para impedir algo assim. É verdade, temos. Mas não chegamos aos nossos encontros com homens com o app do Uber no celular e aquela gloriosa palavra "Não" nos lábios. Nós chegamos cobertas pelas regras e mentiras do patriarcado e seu filho, a cultura do estupro. Como a comediante e escritora Kate Willett postou em sua página de Facebook:

> *O bom flerte... vem de uma atenção tão profunda às emoções e à linguagem corporal da outra pessoa que você cria mais intimidade com ela. É uma troca de mão dupla divertida e brincalhona que faz todo mundo se sentir bem. O assédio sexual é o contrário. É vazio de empatia, e envolve forçar sua vontade à outra pessoa sem qualquer interesse no desejo dela. Você está comparando um pincel com um trator.*

Sim, é claro, nossa cultura está se transformando diante de nossos olhos; o #MeToo, em todas as suas formas, todas as humilhações, e todo o caos e confusão, é parte dessa transformação. Mas há muito mais que se discutir nos anos a seguir — mais profundamente e com mais nuances — com nossos filhos e amigos e parceiros.

Então, falei para Gibran o seguinte: o que o incidente com Ansari trouxe para as mulheres é que algumas de nós abrem mão de seu poder e suportam em silêncio o sexo que é humilhante porque duvidam de si mesmas. Ou porque têm medo. Algumas, *como eu*, se protegem tanto para evitar experiências sexuais como essa que perdemos as alegrias do flerte, da sedução mútua, dos prazeres da própria sensualidade. Nós nos policiamos porque sabemos que ninguém viria nos ajudar. Só participamos quando tudo indica que é seguro. Tudo isso tem raízes na masculinidade tóxica. Tudo isso tem raízes na cultura do estupro.

Mesmo assim, quando falamos sobre sexualidade e estupro, raramente olhamos para nossos meninos. Mesmo os livros que enchem as prateleiras, sobre a criação de meninos ou de meninas, encaram a sexualidade como um problema das meninas e das mulheres. O dr. Leonard Sax, um psicólogo que mora no subúrbio da Filadélfia, não muito distante de onde meu filho fez faculdade, é autor de um livro chamado *Boys Adrift: The Five Factors Driving the Growing Epidemic of Unmotivated Boys and Underachieving Young Men*. Os cinco fatores, segundo ele, são videogames, métodos de ensino, remédios receitados, toxinas ambientais e a desvalorização da masculinidade. O dr. Sax também escreveu um livro chamado *Girls on the Edge: The Four Factors Driving the New Crisis for Girls*. Os quatro fatores que ele lista são identidade sexual, a bolha virtual, obsessões e toxinas ambientais. As meninas estão se tornando insaciavelmente ambiciosas, e isso produz um "ímpeto obsessivo", diz o dr. Sax. E a obsessão pelo sucesso se transforma em preocupações e comportamentos destrutivos. O dr. Sax acredita que as meninas estão se sexualizando desde cedo, a partir dos oito anos, e apresentando sua sexualidade na internet, no que ele chama de "bolha virtual". Ele sugere que as meninas precisam ter contato com mulheres responsáveis, não só suas mães. Ele aponta o número de reuniões desse tipo no passado — "grupos de costura, grupos de estudos bíblicos femininos, clubes de leitura, tropas de Bandeirantes".

Na imaginação do dr. Sax, talvez houvesse uma era de ouro em que as meninas frequentavam esses portos seguros femininos e iam para casa sem obsessões e sem ambições, seguras, felizes, não sexualizadas e não estupradas. Na *minha* realidade, meninas de oito anos serão sexualizadas não importa o que se faça, a não ser que comecemos a falar sobre essas coisas com meninos e homens.

Eu tinha oito anos quando sofri meu primeiro abuso sexual, por um soldado do exército no elevador. Eu estava com pressa para encontrar meus amigos e brincar, mas ele parou o elevador, apertou meus mamilos infantis e enfiou os dedos em mim antes de me deixar sair. Depois disso, fui abusada e assediada diversas vezes — por estranhos e por amigos da família, por médicos (aos dez anos, durante a fisioterapia depois da poliomielite), por curandeiros (esse também enfiou os dedos em mim, me arrancando do sonho de fazer 16 anos e usar saltos altos pela primeira vez se ele me curasse da poliomielite e minhas pernas ficassem fortes), por familiares, muitas vezes na adolescência, depois aos vinte e poucos anos pelo editor executivo do jornal em que eu trabalhava (que me convidou para seu quarto de hotel para discutirmos horários flexíveis enquanto eu era mãe lactante do meu recém-nascido, e, bem insignificantemente, gerente de redação do maior jornal do país).

Me dói escrever essa lista, mesmo depois de tantos anos. Eu não contei a ninguém por anos. Fui assediada sexualmente por tantos homens que comecei a me sentir grata pelos homens que *não* me molestavam. Acreditava que eles eram grandes homens. E com "grandes" quero dizer Homens de Grandeza, não tipo "George W. Bush parece uma grande companhia para uma cerveja".

Então, embora eu tenha começado a falar com meu filho sobre sexualidade um pouco tarde, porque era difícil e um gatilho e — para pegar emprestado a expressão de Gibran — vergonhoso *para mim*, fiz isso regularmente enquanto ele estava na faculdade. No fim das contas, esses anos por acaso coincidiram com os anos em que o país inteiro estava se dando conta do escopo de estupros em universidades pela primeira vez.

Vamos falar só das Ivy Leagues. Em 2010, novos participantes da fraternidade de Yale Delta Kappa Epsilon marcharam pela parte residencial do campus da faculdade. Os caras, alguns vendados, gritavam frases nojentas como "Não significa sim! Sim significa anal!".

Em 2014, Emma Sulkowicz carregou um colchão de vinte quilos pelo campus, um projeto artístico para representar o pesado fardo que vítimas de estupro carregam em suas vidas cotidianas, em protesto ao que ela descreveu como má conduta da Universidade Columbia a partir de sua acusação de abuso sexual. Ela dizia ter sido estuprada por outro aluno naquele colchão, mas a faculdade e a polícia de Nova York concluíram que não era o caso. A universidade ofereceu um acordo. Emma Sulkowicz e suas amigas carregaram aquele colchão para a cerimônia de formatura.

Em 2015, Brock Turner, um calouro em Stanford à época, estuprou uma mulher inconsciente atrás de uma caçamba de lixo em uma festa. Ele disse que a mulher tinha consentido suas investidas sexuais e culpou "a cultura de festas e comportamentos arriscados" da faculdade por suas ações. Mas Turner parecia saber exatamente o que estava fazendo. Ele tirou uma foto dos seios da vítima e mandou para os amigos da equipe de natação. Estava buscando aprovação deles; estava levando um troféu para casa. Um juiz o sentenciou a simples seis meses na prisão e depois foi expulso da corte pelos eleitores da Califórnia por essa sentença absurdamente leniente. A sobrevivente do abuso, Chanel Miller, revelou sua identidade com o lançamento de seu livro de memórias em 2019, chamado *Eu tenho um nome*.

No livro, Chanel diz o seguinte sobre a cultura do estupro: "Quando uma mulher é abusada, uma das primeiras perguntas que as pessoas fazem é: você disse não? Essa pergunta parte do princípio de que a resposta é sempre sim, e que é trabalho da mulher quebrar esse acordo. Para desativar a bomba que lhe foi dada. Mas por que eles podem nos tocar até que a gente os afaste fisicamente? Por que a porta está aberta até que nós tenhamos que trancá-la?"

Eu queria acreditar que a cultura do estupro era uma coisa do meu passado, que eu tinha fugido dela e que ela nunca conseguiria atravessar continentes e oceanos e prender-se ao corpo do meu menino aqui nos Estados Unidos. Mesmo assim, cá estamos.

Então, vou propor algo radical que o dr. Sax não vai gostar e que o dr. Smiler não sugeriu: conte ao seu menino suas histórias de assédio. Mude a vergonha da abusada ao abusador. Normalize a *denúncia* de estupros. Exponha a extensão assustadora de tudo isso. Conheça o nome de Chanel Miller e conheça o *meu* nome e conheça o nome de todas as milhões de mulheres até que seus meninos e homens não consigam mais imaginar que abusos sexuais aconteçam somente quando mulheres estão fazendo a coisa errada no lugar errado na hora errada usando as roupas erradas. Deixe que nossos meninos e homens saibam que sobreviventes de abuso sexual (que incluem pessoas não binárias, pessoas trans, meninos e homens cis e heterossexuais) não vão mais ficar em silêncio e envergonhados.

Lembre-se, a deusa Sita me ensinou a dar ao meu filho uma boa educação. Para mim, isso também significava contar a Gibran minhas histórias de abuso sexual, de forma apropriada à sua idade aos 15 anos, sem entrar em detalhes. Não é de se admirar que as revelações atuais do movimento #MeToo vindas do mundo inteiro não o tenham surpreendido como surpreenderam alguns de seus amigos. Você talvez fique chocada por eu ter revelado isso ao meu filho. Mas insisto mais uma vez que pense no quanto avisamos a meninas sobre estupros e estupradores. Certamente elas se perguntam como temos tanta certeza de que há estupros em todo lado e que possam acontecer com qualquer uma, não? Nossas meninas crescem sentindo que suas mães estão falando por experiência própria e que seus pais, sim, também se baseiam em um conhecimento próprio sobre o olhar e as intenções masculinas.

Mas nós deixamos nossos filhos pelo mundo sem marcas, sem exposição, sem conhecimento, porque não queremos perturbá-los. As filhas, enquanto isso, arregimentam cada movimento, não só perturbadas, mas amortecidas, incapazes de imaginar a possibilidade de viver sem serem incomodadas e fazendo uso de sua sexualidade somente quando quiserem.

Agora estamos dizendo que temos que desviar a atenção de ensinar as meninas (e outros grupos vulneráveis) a como não ser estupradas e começar a ensinar nossos meninos cis e heterossexuais a *não estuprar*. Talvez não seja uma ideia tão ruim enchê-los de horror pela presença constante da sexualidade masculina tóxica que deixa cicatrizes em tantas mulheres de suas vidas.

Eu e Gibran já conversamos uma vez sobre Elliot Rodger, o homem de 22 anos que cometeu um assassinato em massa em Isla Vista, Califórnia, em 2014. Rodger se sentia rejeitado por mulheres e queria matá-las por lhe negarem sexo. Ele se sentia rejeitado por elas especialmente como um jovem de minoria étnica. Hoje, Rodger é considerado um herói, um "Cavalheiro Supremo" pela Rebelião Incel.

Perguntei a Gibran sobre alienação, raiva, rejeição, racismo e o que isso pode significar para jovens de minorias étnicas nos Estados Unidos. O que Gibran falou me tirou o fôlego.

"Isso é tudo verdade sobre os Estados Unidos, então é claro que às vezes me sinto alienado", disse Gibran. "Mas também sempre me senti amado." Ele falou isso de forma casual, e senti que tinha se afastado do telefone, para pegar algo, ou se alongar, ou alguma coisa que dava a entender uma sensação de tranquilidade, não de intensidade, como se sentir-se amado não fosse uma coisa cada vez mais rara no nosso mundo agora. Então veio a nuance: "Mãe, a família desse cara foi negligente com ele. Isso não perdoa a violência, mas a explica, em parte."

Quero que pais solo, em especial, prestem atenção nisso por um momento. Gibran era filho único criado por uma mãe solo. Não importa o que o mundo diga para nós, pais solo, não deixe que ninguém te convença de que seu filho vai crescer sem se sentir amado. A segunda coisa a notar é: sim, nossos meninos estão perdidos em um mar de alienação.

"Eu não sinto que meninas brancas ou *qualquer* menina me deva nada", disse Gibran. "Mulheres não me devem sexo. Quer dizer, sério

— os homens precisam entender que mulheres são pessoas, e que pessoas são fins em si mesmas. Não existem como meios ou instrumentos de nossos jogos ou nossas jornadas. E não preciso de validação sexual para me sentir melhor sobre minha pele marrom."

Eu já comentei que a pele marrom do meu bebê é luminescente? Ele fica mais marrom no sol e seus traços ficam mais fortes, mais marcados, mais bonitos.

"Tá bom, mãe, tenho que desligar. Não esquece de transferir o dinheiro."

●●●●●●●

Para seu livro mais recente, *Boys & Sex*, a jornalista Peggy Orenstein entrevistou mais de cem rapazes de históricos e etnicidades diferentes entre as idades de 16 e 22 anos. Similar à pesquisa da dr. Judy Chu sobre o desejo dos meninos de ser vulnerável e buscar conexão emocional, Orenstein descobriu que os meninos falam sobre uma exaustão por serem bombardeados por mensagens de privilégio sexual masculino e disponibilidade sexual feminina. Os garotos pareciam achar que deviam falar sobre sexo com termos que soassem violentos em vez de prazerosos — "Trepei, fodi, comi, galopei, meti". A cultura de transas sem compromisso também tem a ver com busca por status. Um grande número desses rapazes desejava conexão e até falava com ternura sobre seus parceiros, mas então reduzia isso a uma esquisitice pessoal e não o normal.

A pesquisa de Orenstein pareceu ecoar as descobertas relatadas por Laurie Halse Anderson em um artigo para a revista *Time* de 2019, chamado "I've Talked with Teenage Boys About Sexual Assault for 20 Years. This Is What They Still Don't Know". Anderson, escritora e poeta, dá palestras em escolas e faculdades como sobrevivente de abuso sexual. Muitas vezes encontra meninos que ficam até mais tarde para perguntar coisas em particular. Alguns deles são sobreviventes de abuso sexual, outros meio que confessam já terem estuprado alguém. A maioria dos pais desses meninos limitou suas conversas a respeito de sexo a sermões sobre "não vá engravidar ninguém". Aí os meninos aprendem sobre sexo com amigos e pornografia na internet, que muitas vezes envolve violação e sexo não consensual. "Eles não entendem que consentimento precisa ser bem-informado, entusiasmado, sóbrio, constante e dado de livre e espontânea vontade", escreve Anderson.

•••••••

Não sabemos se nossos meninos crescidos estão por aí odiando meninas ou amando-as, sentindo-se solitários ou privilegiados. Não podemos monitorar seus mundos virtuais. É mais fácil fazê-los limpar os quartos do que as salas de bate-papo. Então vamos parar de tentar, certo? Em vez disso, vamos conversar com eles, trocar mensagens com eles, brincar com eles, tirar informações deles de forma discreta.

Talvez também possamos dar a eles algo para fazer. Uma atividade. Tipo, ser parte da solução e mudar a história. Porque a masculinidade os fez ser parte do problema. Como a colunista do *New York Times* Lindy West comenta em seu livro *The Witches Are Coming*: "O machismo é uma invenção dos homens. A supremacia branca é uma invenção dos brancos. A transfobia é uma invenção das pessoas cisgênero." Por que, então, pergunta West, destruir o machismo é trabalho das mulheres?

Portanto, como resolver? Como meu filho conseguiu crescer em meio à cultura do estupro e mesmo assim ter uma sexualidade saudável? Ele encontrou amigos — homens, mulheres, pessoas não binárias — que introduziram formas alternativas de viver num campus norte-americano. Essas pessoas existem, se você procurar por elas. Na faculdade do meu filho, Swarthmore, um grupo de alunos chamado Organizing for Survivors (O4S) incentiva a responsabilização e o papel do pedido de desculpas no processo de cura. Meu filho e os amigos ficaram especialmente tocados pelas histórias que seis alunos postaram sobre suas experiências com assédio e abuso sexual. Isso ajudou de um jeito interessante e profundo: os alunos voltaram a vergonha para os criminosos, e não para os sobreviventes. Meu filho e os amigos conversaram sobre como, um dia, talvez, sobreviventes não vão mais precisar dividir suas histórias para que as comunidades no campus prestem atenção.

Nós, como funcionários e profissionais da educação, não facilitamos a vida desses seres maravilhosos que estão sob nossos cuidados. Embora uma em cada cinco mulheres universitárias relate sofrer alguma violência sexual durante sua passagem pela faculdade e 43% das mulheres solteiras relate sofrer com comportamentos violentos e abusivos em encontros, muitas universidades foram acusadas de não lidar corretamente com acusações de abuso sexual e de violar leis de discriminação sexual. As universidades, até recentemente e talvez até hoje, centram seus materiais de orientação sobre abuso sexual nas vítimas em potencial, dando dicas para mulheres sobre como não ser estupradas controlando seus comportamentos, suas vestimentas e sua mobilidade. Nossas instituições têm medo de um escândalo e a maioria ainda pede que a vítima busque ajuda na instituição e não na polícia.

Como fazemos meninos e rapazes mudarem isso, especialmente quando a pressão em cima deles é para sorrir e se misturar?

A ajuda está a caminho. A conversa finalmente está se voltando para os abusadores em potencial e *como e por que não estuprar*. A campanha "Consentimento. Peça." consiste em eventos em campi de mais de cem faculdades no país, com ferramentas de ativista, pôsteres, sorteios e camisinhas distribuídas gratuitamente (a empresa Trojan é parceira da campanha). Alunos planejam campanhas por todo o país para falar sobre consentimento. A Universidade Columbia está dedicada a um imenso estudo etnográfico — a Sexual Health Initiative to Foster Transformation (Iniciativa de Saúde Sexual para Incentivar Transformações, ou SHIFT, em inglês). Alunos são convidados a descrever suas experiências com namoro, sexo, amizades, festas, trabalhos acadêmicos, pressão de amigos e mais. A SHIFT está tentando alcançar os jovens para promover o bem-estar sexual e evitar abusos sexuais. O objetivo é incentivar a sexualidade com um espírito de respeito, talvez romance, e um clima no qual relacionamentos saudáveis possam ser sustentáveis.

E essa é a diferença essencial entre falar com nossos meninos sobre sexualidade e não só sobre sexo. A sexualidade de uma pessoa inclui tudo desde seu sexo biológico, identidade de gênero e orientação sexual até gravidez e reprodução. Nem todo mundo vai experimentar todos os aspectos disso tudo. A sexualidade é influenciada pela interação entre fatores biológicos, psicológicos, sociais, econômicos, políticos, culturais, éticos, legais, históricos, religiosos e espirituais. Quando conversamos com nossos filhos só sobre o ato sexual (e, na maior parte da sociedade, provavelmente falamos só do sexo heterossexual), deixamos de fora tantas coisas da maravilha da humanidade. Precisamos falar de saúde sexual, por exemplo, que inclui coisas como higiene pessoal, relacionamentos saudáveis, sexualidade e consentimento.

Como seria a sexualidade dos nossos meninos se nós conversássemos com eles desde cedo e com frequência sobre o assunto? Se pudéssemos remover o estigma, esquecer a vergonha, ensinar aos meninos sobre a frequência com que assédios e abusos sexuais acontecem, ensinar a eles a ver o sexo como uma atividade de prazer mútuo, não um projeto ou um prêmio?

Poderíamos libertá-los para falar sobre seus corpos, sua sexualidade, para criar fantasias, para se apaixonar, para fazer sexo por diversão ou por paixão, para se amarem, para amarem independentemente de gênero. E para pegar o telefone e ligar para casa e contar pelo menos um pouco sobre tudo isso.

**A FAZER**

- Fale com seu filho sobre sexo! Use a lista do dr. Andrew Smiler nas páginas 161-162 como guia.
- A psicóloga dra. Karen Weisbard diz que é preciso criar uma cultura na sua família em que se fala sobre emoções, prazeres de tipos diferentes, autonomia corporal e consentimento. Comece cedo para que não pareça assustador ou vergonhoso mais tarde.
- Conte a seus filhos, especialmente aos meninos, suas histórias de assédio de forma apropriada para a idade, quando você for capaz de ajudá-los a processar as informações. Procure a ajuda de um profissional sobre esse processo.

Capítulo nove
# O FEMINISMO É BOM PARA O CORPO DELE, ASSIM COMO PARA SUA MENTE?

┈┈┈┈┈┈┈

**MINHAS PRIMEIRAS ANSIEDADES SOBRE O CORPO** de Gibran começaram antes mesmo de ele nascer. Eu estava convencida de que passaria poliomielite para ele de algum jeito. Minha obstetra me assegurou de que o vírus não era passado geneticamente. Mas eu não confiava na ciência e imaginava que, se eles tinham me dado uma vacina que falhou com meu corpo, de alguma forma meu corpo repetiria essa traição e infectaria aquele pequeno feto.

Não dividi essas ansiedades com ninguém da família, nem com Rajat. Tinha medo de ser considerada indigna de ter um filho. Tinha medo de ser considerada uma mulher com um útero doentio. Eu me perguntei se um menino com poliomielite sofreria estigmas piores do que eu sofri na infância.

Agora, ao escrever isso, percebo como sempre foi o estigma, a vergonha da deficiência, que me machucava mais que a própria deficiência. Tenho sorte, de certa forma, por sofrer com uma atrofia menor dos músculos, de ter menos dificuldade para andar que muitas pessoas com poliomielite, e de meu corpo conseguir compensar com relativo sucesso e me manter de pé. Mas a vergonha que vem dos olhares, das perguntas alheias, de ter que repetir sem sentimento algum meu histórico médico, isso tudo caminha ao meu lado em todo momento da minha vida.

Então, a possibilidade de uma deficiência no meu bebê foi uma das primeiras lições que tive que lidar sobre a masculinidade do meu filho. Quando descobri seu sexo, eu chorei, por mim. Mas agora esse novo medo era por *ele*, por sua relação com a masculinidade.

O corpo saudável do Gibran bebê foi, então, uma fonte de prazer maternal primitivo para mim. O mundo normalmente conta os dedinhos dos recém-nascidos. Eu contei seus dedinhos e medi seus membros com meu palmo, massageando as gordurinhas e os músculos do bebê. Marquei em caneta grossa as datas das suas vacinas. Sarampo, caxumba, rubéola, poliomielite, varíola, varicela. Nenhuma dessas doenças chegaria perto do meu bebê.

Mas não existe uma vacina para os males da masculinidade. E esses males surgiram como germes no meu cérebro: uma menina que manca pode ser considerada menos atraente, mas também talvez fosse minha fragilidade que chamava atenção — para o bem e para o mal — de homens querendo me proteger ou me machucar. Um menino que manca seria considerado fraco e nunca seria visto como protetor.

O índice de Apgar de Gibran foi baixo ao nascer. Será que ele seria um "menino doentinho"? Mencionei que ele começou a falar com oito meses, em Bangalore, mas começou a andar "tarde" em comparação aos bebês dos meus amigos (e você sabe que tudo nesse primeiro ano são comparações). Todas as células do meu corpo afetado pela poliomielite ficaram tensas esperando os primeiros passos do meu filho. Quando ele finalmente começou a andar, aos 14 meses, senti que uma força sobre-humana invadia meus membros. Eu não tinha dado à luz um "menino doentinho", afinal.

No seu quarto aniversário em Singapura, ele não quicava pela sala tanto quanto os outros meninos. Ele se mexia devagar, embora sua mente fosse algo surpreendente e incrível. Suas habilidades motoras finas eram atrapalhadas pelas suas habilidades imensas de sonhar. No processo de amarrar os cadarços, ele se perdia em um olhar distante byronesco e dizia que era importante que eu nunca esquecesse que, no jogo *Pokémon*, Charmander evolui para Charmeleon, que se transforma no Charizard.

O primo de Gibran, Samir, filho do irmão e da cunhada de Rajat, veio nos visitar em Singapura. Samir era alguns meses mais novo que Gibran. Enquanto eu mostrava a eles os parques e shoppings de Singapura, Samir corria sem parar, escondendo-se embaixo de bancos, escalando escadas rolantes, jogando-se como um *toofan*, um furacão, na piscina do nosso prédio. O pai riu e o chamou de macaquinho. No instante seguinte, chamou Gibran de filósofo.

O macaco e o filósofo. Essas comparações, essas escalas, esses títulos que colocamos nos nossos meninos, enquanto eles ouvem ou pelas suas costas, medem e determinam a forma com que seus corpos se movem no mundo.

Eu tive que convencer meu filósofo a entrar na piscina. Passei férias em Goa com Rajat e Gibran, secretamente sofrendo porque meu filho fugia das ondinhas que o Mar Arábico lançava aos nossos pés. Essa era a coisa mais agradável que meu corpo e minha alma tinham experimentado no nosso planeta e meu filho ia gostar também, caramba. De volta a Singapura, contratei um professor de natação. Sua metodologia era empurrar a criança na piscina e deixar que ela se debatesse e quase se afogasse até superar o medo da água.

Foi aí que eu caí em mim. Ver o rosto apavorado do meu filho, seus lindos olhos arregalados em pânico ao desaparecer sob a água — foi o que bastou para arrancar o sexismo de mim. Ouvimos pais falarem sobre como percebem as pressões que as mulheres sofrem quando têm filhas. Eu percebi as pressões sobre os homens enquanto estava ali de pé, cúmplice daquilo, pagando e *liderando* aquele ataque de masculinidade ao meu filho.

Pulei na água e abracei meu filho. O jeito que Gibran prendeu as pernas na minha cintura e os braços no meu pescoço e me deu um beijo molhado na bochecha é uma memória que ainda me atinge como uma onda carregando os destroços de emoções. Abracei meu menino de cinco anos como uma mãe feita de água e dancei pela piscina com o corpo dele preso ao meu, dia após dia, abraçando, dançando, beijando, cantando na piscina não importava o quanto os outros olhassem, até que um dia Gibran me soltou e começou a nadar do meu lado.

Durante toda sua infância, eu navegava as marés de masculinidade conforme elas atingiam meu filho. Nós mergulhávamos onda após onda. Sim para o futebol enquanto ele gostasse de chutar a bola pelo campo. Não para o beisebol porque ele não gostou de como os meninos riam quando ele se abaixava para fugir da bola em vez de correr para ela com o braço esticado. Sim, de início, para a aula de dança de Bollywood porque eu queria muito que meu filho dançasse como Shah Rukh Khan, mas tudo bem, não, quando ele ficou parado me olhando de cara feia do palco e se recusou a agitar os ombros. Sim para acampamentos, mas não para montar a barraca ele mesmo. Sim para o teatro até os professores dizerem que ele era tão bom atuando que deveria se profissionalizar, e ele dizer "não, não gosto dessa pressão". Sim para frisbee. Sim para snowboarding, que eu nunca vi porque não consigo andar na neve com meus tornozelos ruins, mas, com minha imaginação, consigo ver meu menino aproveitando o ar de inverno no rosto, descendo pelas rampas de ski.

Sim, conforme ele crescia e desenvolvia uma vida interior rica, à solidão contemplativa. Não para quem disse que ele deveria ser "habilidoso com ferramentas" porque agora era o homem da casa. Sim para ele lavar a roupa desde os 11 anos. Não para ele mexer com elétrica (aquelas habilidades motoras finas nunca foram seu forte).

A coisa que permaneceu um *sim* para o corpo de Gibran por quase todos esses anos foi a natação. Quando passamos a morar em Queen Anne Hill em Seattle, a gente ia para a piscina pública e meu filho e seus amiguinhos brincavam e nadavam, reclamando toda vez que tinham que ir embora. Quando comecei a namorar Alec e nós passamos a levar as crianças juntos, nós quatro íamos para a Hora da Família. Inventamos um jogo chamado Papai Baleia Branca. Alec era o Papai Baleia Branca. Eu me prendia nas costas dele, Gibran se segurava nas minhas, com Beth agarrada às dele. Aí o Papai Baleia Branca levava toda a sua família baleia para voltas e mais voltas tranquilas pela piscina. As pessoas ficavam nos observando, de boca aberta, sem conseguir explicar o que estavam vendo. Mas nós sabíamos. Nós sabíamos que éramos baleias.

•••••••

No fim do segundo ano do ensino médio de Gibran, algo mudou. A turma dele foi convidada para uma festa de fim de ano na piscina de um dos pais ricos. Gibran saiu para a festa e eu percebi que ele tinha esquecido de levar a bermuda para nadar. Peguei a peça e saí correndo atrás dele.

"Não está feliz por eu ter te alcançado?", falei. "Você não ia poder nadar!"

"Não preciso da bermuda", disse Gibran. "Não vou nadar."

"Está com frio? Vai para algum outro lugar em vez da festa?"

"Não. Só não quero nadar."

Não vou entrar nos detalhes do meu interrogatório aqui, mas resumindo: assim que o carro do amigo dele chegou, descobri que Gibran não queria nadar porque estava se sentindo gordinho e os outros meninos tinham barriga de tanquinho. Quando ele subiu no carro com os amigos e foi embora, fiquei ali parada, com a bermuda na mão, ainda tentando construir uma frase coerente.

Enquanto eu olhava para o outro lado, brigando com meu menino por anos por dizer coisas como "Scarlett Johansson é gorducha" e passando documentários como *Miss Representation* e *Tough Guise* para meus alunos, algo escorregadio se ergueu como Jason de *Sexta-feira 13* e levou embora o amor que meu menino tinha pela água. Meninos, não só meninas, se preocupam em ser vistos como gordos. Mas meu filho era magro, argumentei comigo mesma. Ele não era gordinho, mas, certo, ele também não tinha o abdômen que seus amigos brancos tinham. Seu corpo era diferente. Será que a masculinidade tóxica não podia desenvolver um pouco de nuance?

O feminismo pede que nós eliminemos papéis de gênero. Quando fazemos isso, também eliminamos as expectativas sobre como corpos devem habitar o espaço. Tiramos o poder de sons e cheiros e toques que invadem ou evadem o corpo generificado. Mudamos os espaços, mudamos os objetos na órbita dos nossos filhos — trazemos bonecas quando Gibran pede uma aos dois anos; trazemos sais de banho com cheiro de frutas porque ele ama isso aos 19.

Tiramos o poder do gênero. Damos poder aos humanos.

Estou do lado de tudo que empodere meu corpo. Estou do lado de tudo que empodere o corpo do meu filho.

Ao pensar sobre como a sociedade ataca os corpos dos nossos meninos, vamos ser bem sutis. Não vamos nem entrar nas demandas colocadas em seus tendões (que, na melhor das hipóteses, lhes oferece força, e na pior e mais tóxica ameaça violência contra mulheres), ou as piadas feitas sobre seu tamanho (pode parecer justo, esse tipo de preconceito, porque as mulheres precisam suportar tão mais, mas temos que entender que toda gordofobia vem do mesmo lugar, da vergonha, que move tanto da dor com que atacamos uns aos outros). Em vez disso, vamos pensar nos olhos.

Quando Gibran era bebê e fui visitar a casa da minha mãe em Mumbai com ele, encontrei uma garotinha de uns nove anos no elevador. Ela olhou para Gibran no carrinho e falou: "Ela é tão linda."

Eu sorri. "Obrigada. Mas por que você acha que é menina? Ele é menino."

"Não pode ser! Olha os olhos dela!"

Olhei para os olhos do meu bebê, os cílios negros e volumosos, o formato arredondado lindo. Eu vi o que a menina havia visto e sorri. Com o passar dos anos, conforme Gibran crescia, muitas vezes eu tinha vislumbres do que aquela criança no elevador vira, mas também observei certo sarcasmo se acumular nos cantos dos olhos e uma rapidez adquirida no olhar se instalou. Os olhos de Gibran e a forma como ele olhava através deles se masculinizaram. Eu nunca conseguiria explicar para ninguém. Você tinha que ver por si mesmo, pelos olhos da menina no elevador e pela jovem mãe com quem ela conversou.

No belo e inusitado romance ilustrado *She of the Mountains*, a autora Vivek Shraya conta a história de um rapaz explorando sua sexualidade e gênero alternando-se com um reconto da mitologia das deidades hindus. Em uma cena, o protagonista diz para o rapaz em quem tem uma paixonite na escola, Kevin Wheeler: "Não entendo por que todo mundo fica me chamando de gay."

"'É o jeito que você usa os olhos', respondeu Kevin, dando de ombros como se fosse óbvio", escreve Shraya.

Mais uma história sobre olhos: meu querido amigo Siddharth Dube estava em Seattle para uma apresentação do seu livro *An Indefinite Sentence: A Personal History of Outlawed Love and Sex*, sobre as múltiplas possibilidades de gênero e desejo sexual. Em sua leitura no Elliott Bay Book Company, Dube contou a história de seu irmão mais velho, que sempre lhe deu apoio, contando a um grupo de amigos quando eles eram adolescentes: "Meu irmão faz as sobrancelhas."

"Aquilo partiu meu coração", Dube contou ao público. "Eu falei: 'Não faço, não!' Minhas sobrancelhas são naturalmente arqueadas. Mas algo nelas parecia menos masculino para meu irmão, e seu anúncio para nossos amigos me pareceu uma traição. Por que ele não tinha me perguntado se eu fazia as sobrancelhas?"

O motivo pelo qual conto essas histórias aqui é que, em sua simplicidade e sutileza, encontramos os ataques diários que nossos meninos enfrentam a seus corpos e suas psiques. Nem meu bebê no carrinho, nem o menino apaixonado na história de Shraya, nem meu amigo Siddharth estavam *fazendo* nada com os olhos. É nosso olhar que atribui gênero, prescreve comportamento e circunscreve intenção. O menino cisgênero heterossexual, o menino homossexual, a mulher ou o homem transgênero, todos podem ser só bebês em elevadores, mas uma criança de nove anos e uma mãe de 27 vão trocar meia dúzia de palavras sobre gênero suposto ou atribuído.

Em seu livro de 2018 *Looking at Men: Art, Anatomy, and the Modern Male Body*, a artista e estudiosa australiana de cultura visual Anthea Callen explica a ideia moderna do corpo masculino desejável. Ela diz que, do século XIX até a década de 1920, as profissões intimamente conectadas da arte e da medicina nos deram uma imagem do ideal moderno da masculinidade viril. Naturalmente, a maior parte desses homens era branca. E, mesmo quando essas imagens às vezes nos traziam visões homoeróticas de corpos masculinos nadando, remando, lutando ou boxeando, artistas e médicos homens tendiam fortemente a um ideal moderno de gladiador que incorporava sinais de poder e dominância e assinalava diferenças de raça, classe, gênero e sexualidade. A popularidade do corpo masculino greco-romano — branco e viril — também demonstrava "alteridade", e tornava indesejável uma "fisiologia inadequada", como uma sombra, como "uma ameaça de perda de uma 'degeneração' darwiniana que exigia intervenção constante para assegurar a saúde das nações". Em outras palavras, essas imagens contribuíram para o racismo, a homofobia e o classismo atuais. Contribuíram para a construção social dessas formas de opressão.

E o que essas imagens idealizadas da arte fizeram com o atual olhar sobre a masculinidade? Noções tão estreitas de um corpo masculino perfeito aparecem em toda a cultura visual global hoje em dia, sugere Callen. A ideia do ciborgue da ficção científica (humanos melhorados com poderes mecânicos e sobre-humanos) e as imagens cada vez mais musculares e "bélicas" de super-heróis como Homem de Ferro, Super-Homem ou Robocop normalizaram uma luta entre homens e meninos para forçar seus corpos além dos limites do suportável. "Com a política movida a testosterona, agora estamos testemunhando uma postura masculina global em uma escala perigosamente megalomaníaca", diz Callen.

Uma tempestade se aproxima, avisa a dr. Flaviane Ferreira, a psicóloga de Mercer Island. Ela trabalha com conselheiros escolares para lidar contra uma epidemia de ansiedade entre crianças da Geração Z. "Elas estão infelizes com seus corpos. Antes víamos isso em meninas, mas agora cada vez mais ouvimos meninos dizendo que são gordos. A dismorfia corporal é gritante. Os meninos estão se automutilando."

A dra. Judy Chu, a pesquisadora de Stanford que trabalha com meninos a partir de quatro anos, também pede que os pais fiquem de olho em sinais de dismorfia corporal em meninos. Cada vez mais, eles estão mostrando ansiedade sobre musculatura e altura, diz ela. Estão se exercitando demais e engolindo shakes de proteína. Ao redor, tudo que veem é uma imagem estreita de masculinidade. Temos que falar com nossos meninos sobre isso, diz a dra. Chu. Ela nos aconselha a perguntar por que estão se exercitando: para ficarem fortes ou para ficarem atraentes? É para buscar aprovação? Para se sentirem válidos? Será que não seriam mais felizes se pudessem ficar confortáveis nos seus corpos, em vez de insatisfeitos?

Quando comento que essas são as mesmas perguntas que faríamos para meninas e mulheres que se matam de fome para emagrecer e implantam cirurgicamente curvas nos lugares considerados desejáveis, a dra. Chu suspira e brinca com uma citação famosa: "Agora temos que falar que 'o feminismo é a ideia radical de que homens são seres humanos também'."

O que nosso ideal cada vez mais estreito de um corpo masculino ideal significa para o corpo masculino com deficiência? Corpos com deficiência são tornados invisíveis, diz minha amiga Amelia, cujo filho tem deficiências sérias que incluem a inabilidade de articular sua dor. Embora criá-lo signifique navegar por um complexo ecossistema de médicos, enfermeiros, especialistas, terapeutas, equipes de cuidado, assistentes sociais, paraeducadores e cuidadores domésticos, nada é mais brutal do que o tipo de exclusão que aconteceu na turma de primeiro ano do seu filho.

Amelia comenta sobre um incidente, em que viu um cartaz para um musical do ano do filho. Quando ela perguntou mais informações, animada, o professor de música do filho dela disse que as crianças na turma de educação especial não iam participar, porque "elas nem conseguem aprender as músicas". A expectativa da escola para crianças de primeiro ano — que as músicas fossem apresentadas perfeitamente — foi outra maneira pela qual Amelia e o filho sofreram uma rejeição de qualquer coisa que não pareça chegar ao ideal. "Os valores patriarcais (e supremacistas brancos) sobre o que é 'normal' e 'bonito' não só aprofundam e reforçam papéis de gênero como também deixam as pessoas desconfortáveis com corpos que não seguem expectativas de gênero e de capacidade. Isso as faz querer remover, afastar, de modo que não precisem ver coisas que causam desconforto — no caso, meu filho e outras crianças como ele", diz Amelia.

"A coisa preferida do meu filho no mundo é música", ela prossegue. "De alguma forma essa experiência de exclusão em especial, dentre todas que já aconteceram, foi a pior. Eu me senti diferente colocando meu filho no ônibus escolar no dia seguinte."

Amelia não queria deixar isso para lá, então ela e o marido dividiram sua insatisfação com o professor e o diretor da escola, que foram receptivos. O filho deles e seus amigos da turma de educação especial foram incluídos na apresentação do segundo ano. "Nos alegrou muito ver ele e seus colegas no palco com todas as outras crianças do segundo ano, incluídos em um show de música pela primeira vez na escola. Sim, meu filho estava cansado e dormiu em parte da apresentação, mas estava feliz", Amelia se lembra.

Agora, a turma do filho dela tem um grupo de amigos na educação geral. Todas as crianças se beneficiam de práticas inclusivas de ensino, e o mundo no qual essas crianças serão líderes também se beneficiará, diz Amelia. Mas chegar a esse ponto não será fácil. Amelia fala com profunda honestidade e compreensão sobre como ela teve que superar sua própria socialização e experiência sobre gênero, que, como aconteceu comigo, também a deixou com medo de ter um menino. Adicionado a isso estava a forma como ela foi socializada em torno de deficiências e como isso influenciou sua capacidade de compreender o que significava ser mãe de uma criança com deficiência. "O feminismo interseccional, junto com o movimento anticapacitismo, me ajuda a continuar compreendendo e trabalhando nisso", diz Amelia. "E, embora eu gostasse de dizer que estou fazendo isso por mim, não é verdade." Amelia é professora e estudiosa de assistência social e está trabalhando para sua libertação e a libertação de outros, diz ela, de forma que exista a possibilidade de um mundo no qual seu filho possa ter uma vida rica em que é celebrado.

"Depois de oito anos sendo mãe dele, não consigo imaginar não ter um filho", conta ela. "E não consigo imaginar não ter um filho com deficiência. Não consigo imaginar não ter meu filho exatamente como ele é. Não quero nem tentar. Quando você me pergunta o que quero para o futuro dele, é simplesmente o seguinte: quero que o mundo o veja como eu o vejo. E o abrace pela totalidade do que ele é, exatamente como ele é."

●●●●●●●●

Não consigo deixar de imaginar o que esse feminismo e esse mundo pelo qual Amelia trabalha significariam para mim, quando criança, com poliomielite. Tento, mas não consigo imaginar uma infância em que eu seria incluída em brincadeiras no parque, que dirá esportes. Não consigo imaginar uma autoestima que não fosse destruída pelas tias sussurrando para minha mãe na cozinha que minha família teria que pagar um dote alto para conseguir um casamento para a filha deficiente. Não consigo imaginar como teria sido recuperar esses anos entre as idades de 15 e 29, quando parei de usar maiô porque tinha vergonha da assimetria das minhas pernas. Aos 29 anos, entrei na piscina de novo para que Gibran pudesse brincar. Quando Gibran tinha 15 anos, ele parou de nadar. Ele raramente nada hoje em dia. O feminismo interseccional de que Amelia fala precisa chegar para ontem.

Em vez disso, agora, policiamos corpos e policiamos o que esses corpos tocam, o que ouvem, o que comem, o que veem, quem amam, aonde vão, e que sons fazem. Fazemos isso de maneiras cada vez mais violentas e de maneiras especialmente sutis. No ensaio "The Gender of Sound", Anne Carson escreve sobre alguns significados históricos dados a sons feitos por mulheres e por homens. Ela diz: "É em grande parte de acordo com os sons que as pessoas fazem que as julgamos sãs ou insanas, masculinas ou femininas, boas, más, confiáveis, depressivas, boas para casar, moribundas, prováveis ou improváveis de entrar em guerra conosco, pouco melhores do que animais, inspiradas por Deus." Carson escreve sobre gritos de mulheres ou certos tipos de risada serem considerados impróprios para mulheres, ou certas vozes, como a de Margaret Thatcher... As mulheres, diz ela, são consideradas pessoas que emitem um fluxo desordenado ou descontrolado de som. Quando um homem permite que suas emoções cheguem à boca e saiam pela língua, considera-se que ele está perdendo algum tipo de controle e, portanto, feminilizando-se, diz ela. Na noção grega de sofrósina, ela aponta, um homem deve controlar os sons que emite. Deve controlar seu tom. E mesmo assim, como sociedade, decidimos que alguns sons agudos são inerentemente masculinos. Assobios, por exemplo, são considerados algo masculino, dizem estudiosos de questões de gênero.

Quando Gibran estava prestes a se mudar para a faculdade, eu o observava pela casa e doía pensar no quanto sentiria falta de sua presença física neste ou naquele cômodo. Um dia, eu estava na cozinha e ouvi seu assobio enquanto ele tomava banho. Comecei a soluçar. Seu assobio. Seu assobio perfeito é do que eu mais sentiria falta.

Se eu tivesse uma filha, de que parte dela eu mais sentiria falta? Será que sentiria falta de seu assobio?

Quando exigimos um mundo feminista, permitimos que os corpos das mulheres existam. Quando nossos meninos encontram corpos de mulheres *existindo*, quando nossos meninos exigem que os corpos das mulheres simplesmente existam e que as mulheres possam decidir sobre quem ou o que tem acesso aos seus corpos (um amante, um embrião), nossos meninos podem permitir aos seus próprios corpos simplesmente existirem. Vejam as coisas que negamos a meninos e homens porque enxergamos seus corpos como ameaça.

Na Índia, homens andam na rua de mãos dadas. Homens gays e hétero. Eles pousam o braço nos ombros dos amigos e caminham com esse abraço parcial. Naturalmente, quando eu morava na Índia, não via isso como algo estranho. Mais tarde, depois de anos nos Estados Unidos, quando levei meus alunos norte-americanos para uma excursão a Mumbai em 2008, estávamos caminhando por Marine Drive, o lindo píer à beira-mar da cidade, e um dos meus alunos comentou sobre essa demonstração pública de carinho entre homens. O aluno que falou era um jovem branco gay. Eu vi tanto maravilhamento, tanta admiração, tanto *desejo* no rosto dele. Na sua mente, imaginei, aquele era algum tipo de paraíso, em que homens gays podiam expressar livremente sua afeição em público. Eu contei que aqueles homens não necessariamente eram gays. O rapaz pareceu ainda mais impressionado. Enquanto o olhar do meu aluno celebrava esse fenômeno, eu me perguntei quanto tempo levaria para que, como acontece com mais e mais coisas nesse mundo midiático global em que vivemos, os homens indianos começassem a ver o olhar homofóbico ocidental para algo tão orgânico e afastariam seus braços dos ombros de outros homens. A homofobia norte-americana nega aos seus homens heterossexuais contato físico amoroso entre homens. Eu nunca vi o Gibran adolescente ou adulto e seus amigos em Seattle se abraçarem ou darem as mãos.

Perdoe-me se levei você por um momento a pensar na Índia como algum tipo de paraíso feminista. Para trazê-lo para a realidade, quero contar a história de um menino indiano que não é meu filho. Durante os primeiros anos de sua vida, esse menino foi criado como menina. Seus pais tiveram dois meninos antes dele, mas ambos faleceram na infância. Então, para proteger o terceiro filho do mau-olhado, eles o vestiram com roupas femininas e o adornaram com um anel no nariz, um marcador da feminilidade. O que eles não podiam fazer, porém, era mudar o que as pessoas ao redor deles acreditavam sobre as mulheres (e essa não era a intenção deles, de qualquer forma). Quando aquele menino se tornou homem, um dia ele pegou uma arma e atirou em um homem chamado Mahatma Gandhi três vezes à queima-roupa enquanto Gandhi caminhava para uma reunião de oração em Nova Délhi.

Esse homem — Nathuram Godse —, que não tentou fugir, mais tarde falou no tribunal que estava cansado das "políticas femininas" de Gandhi e de como ele estava emasculando uma nação hindu para agradar muçulmanos. Os anos que Godse passou disfarçado de mulher não o fizeram mais empático à condição feminina; eles só o encheram de ódio por si mesmo.

A culpa não era do anel no seu nariz. A culpa é da fera que surge tão forte e raivosa hoje quanto surgiu em 1948 contra Gandhi, para comer nossos filhos. Estamos falando de uma fera chamada misoginia. O ódio e medo da figura feminina e de modos femininos, de políticas de paz em vez de força bruta, é uma pandemia que domina o planeta há séculos.

Na França, essa fera surgiu para o autor Raphaël Liogier em sua família burguesa, católica e de direita e o que ele chama de seus colegas caipiras. Quando o conheci em Seattle, caminhamos do hotel dele até um restaurante para nossa entrevista, e vi mulheres lançando olhares para aquele homem bonito e bem-vestido. Durante a entrevista, Liogier me contou que cresceu com questões profundas de autoimagem e até hoje tem fobias terríveis. "Eu era espancado pelo meu pai e sofria bullying na escola. Meu pai me batia tanto que eu desmaiava. Eu desmaiava de tanto apanhar e ele se sentia mal, então me batia ainda mais. Achava que eu estava fingindo. Queria que eu criasse uma casca grossa. Agora sou hipocondríaco. Tenho medo de aviões. Tenho que lutar contra meus medos todos os dias."

Durante sua infância, Liogier começou a se convencer de que era mulher. "Eu achava que minha cintura era pequena demais, então me machucava tentando erguer minhas costelas e esticá-las, aumentá-las, porque achava que homens tinham que ser grandes. Os meninos ao meu redor estavam fazendo musculação, ficando cada vez maiores. Eu achava que minhas pernas eram compridas demais e magras demais. Eu achava que era fraco e que era uma mulher, e por isso apanhava. Eu fazia flexões. Achava que minha voz era feminina demais."

Vamos refletir sobre o que ele está dizendo: ser espancado era um destino de mulheres, e Liogier não queria participar disso. Pouca coisa mudou desde sua infância, diz ele. "Até na masculinidade dita gentil da França, os homens repetem noções tradicionais de masculinidade por meio da ironia. Até o presidente Emmanuel Macron foi 'acusado' de ser gay porque é casado com uma mulher bem mais velha que ele. É claro que as pessoas acham que ele é gay porque não participa do que chamo de 'economia simbólica' da sexualidade, em que as mulheres são tratadas como commodities que indicam a masculinidade de um homem."

Ser espancado e maltratado é um destino de mulheres. Mesmo assim, temos meninos sendo espancados em parques, meninos espancados em brigas na escola, meninos espancados e estuprados em vestiários, meninos espancados e estuprados em suas casas, meninos espancados e estuprados no serviço militar, meninos espancados e assassinados por policiais… O que deixei passar? Pode preencher o espaço para meninos espancados, mortos e estuprados em _____.

É nesse contexto misógino e distorcido, queridos leitores, que criamos nossos filhos para o feminismo. Ao se aliar às mulheres para libertar os corpos femininos, nossos meninos não só se tornam mais humanos, como também têm a chance de permanecer vivos em seus corpos tão humanos. Ninguém sabe disso melhor que meu amigo Siddharth, que reconta suas experiências assustadoras na infância em Doon, um colégio interno de elite na Índia, em que se tornou alvo do desejo masculino manifestado como abuso sexual. Ele me diz: "Se meninos e homens estão confortáveis com sua humanidade, com a 'gentileza' como qualidade humana e não feminina (e vemos isso em algumas comunidades Adivasi e budistas), então não sentirão a necessidade de expressar e internalizar essa masculinidade tóxica. Não sentirão a necessidade de recorrer à violência sexual."

Nem todas as invasões aos corpos dos nossos meninos são violentas. Max Delsohn, escritore e comediante transgênero de 27 anos, me conta o que mais sente falta em ser identificado como mulher por outras pessoas. "Antes eu podia me aproximar de bebês em carrinhos e brincar com eles. Agora percebo que os pais olham para mim de forma diferente porque [para eles] sou um cara brincando com um bebê. Sinto falta de poder me aproximar de bebês."

Na violência dos nossos modos estritamente separados por gênero, o homem que tem o prazer de assobiar aos ventos também é o homem a quem é negado o prazer de fazer cosquinhas no pé de um bebê desconhecido.

●●●●●●●●

A psicóloga dra. Karen Weisbard pede que a gente respire fundo e dê pequenos passos. "Podemos fazer os meninos pensarem em seus corpos sem fazer estardalhaço. Podemos pedir a eles para ligar sensações físicas a emoções. Pergunte: 'Como você se sente quando corre?' Dê nome à sensação: satisfação. 'Quando está ansioso, o que sente no seu corpo?' Dê nome à sensação: dor de estômago. 'Quando você ingere álcool?' Diminuição de controle. 'Quando beija alguém de quem gosta?' Prazer." Conectar corpo e emoções, a dra. Weisbard diz, permitirá que nossos meninos compreendam autonomia corporal e consentimento. Eles não precisam consentir à insistência dos avós de lhe darem um beijo. Eles não precisam sentar no colo de um tio. Eles podem ver o que seu corpo e suas emoções lhe informam e dizer: "Não, não quero fazer isso agora." Assim ensinamos os meninos a compreender o conceito de consentimento e talvez mais tarde lidar com suas próprias sensações e emoções de rejeição.

Conversas íntimas como essas em anos recentes tornaram as coisas mais fáceis para pais mais jovens. Danielle Holland, a *podcaster* feminista cujo filho tem oito anos agora, diz: "Como mãe de menino, como mãe que quer criar um menino feminista, como mãe que foi estuprada e assediada, essas conversas precisam estar presentes desde o início. Quando meu filho aprendia a dar os primeiros passos, comecei a explicar a ele o conceito de 'meu corpo', apresentando a linguagem de consentimento. Para que ele começasse a entender que meu corpo não era 'dele', porque essa com certeza era a sensação, do ponto de vista dele, enquanto eu o amamentava. Comecei a dizer: 'Esse é o corpo da mamãe, e você precisa pedir antes de fazer isso.'" Holland diz que também teve a sorte de encontrar uma médica naturopata para o filho que fez consentimento e propriedade do corpo parte da sua linguagem regular.

A própria dra. Chu se viu precisando ter essas conversas sobre consentimento e autonomia corporal com a família porque seu filho tem uma condição neurológica que o torna sensível ao toque. "Isso me fez perceber o quanto tocamos as crianças. Até eu tive que me controlar", diz ela.

Pais mais jovens hoje acreditam que nunca é cedo demais para as crianças aprenderem sobre autonomia corporal. Eu fiquei impressionada com um post no Facebook do meu amigo Michael. Michael e o marido têm um filho de dois anos. Reproduzo o post aqui com a permissão de Michael:

> Esta criança tem um senso inato incrível de sua própria autonomia corporal. Ele adora dar e receber abraços, receber cosquinhas e tudo mais. Mas, quando ele não quer, simplesmente diz 'não' ou 'para'. Vamos torcer para que, quando ele começar a compreender reciprocidade, possa aprender a expandir e estender essa atitude a uma ética de consentimento a todos os relacionamentos com outras pessoas! (Sem contar que é ao mesmo tempo inspirador, estressante e estranho que seja meu trabalho ensinar a ele essas coisas.)

Nos meus anos de tristeza em Singapura, criei um jogo chamado "Aperto da Mamãe". Nesse jogo, eu abraçava Gibran com toda a força. A regra era que ele tinha que me beijar na bochecha e, a cada beijo, meus braços ficavam cada vez mais frouxos até que eles o largavam e Gibran podia escapar do Aperto da Mamãe. Meu corpo ainda sente meu menininho e minhas bochechas ainda sentem seus beijos e suas risadinhas. Quando ele chegou a uns sete anos e estávamos morando em Baton Rouge, Louisiana, ele ficou grande demais para brincar de Aperto da Mamãe. Aprendi a ler seus sinais quando eu dizia "Se prepara para o Aperto da Mamãe!" e ele não pulava nos meus braços imediatamente, não se afastava do videogame ou do livro que estava lendo.

Por mais decepcionada que eu ficasse, parei de brincar de Aperto da Mamãe. Li seus sinais da mesma forma que gostaria que os homens tivessem feito comigo.

•••••••

Conforme o mundo enfrenta uma pandemia que nos faz reavaliar nossos toques e nossas respirações, eu queria mais que tudo ver Gibran ali diante de mim, não pela tela do celular no seu primeiro apartamento em Boston, para onde ele se mudou quando arrumou seu primeiro emprego. Eu queria mais do que tudo abraçá-lo e ser abraçada por ele. O mundo ficou dolorosamente atento ao corpo — a onde estamos no espaço e quanta distância há entre nós, onde nossas mãos estão e quando foi a última vez que as lavamos cantando "Parabéns pra você" duas vezes até completar vinte segundos, se aquela tosse que acabamos de dar foi úmida ou seca, se somos velhos ou jovens, se sequer amamos nossas famílias quando somos forçados a nos isolar com elas, horas e horas sem fim, se os solteiros e solitários serão capazes de sobreviver ao vírus e à solidão. Se vamos morrer sozinhos.

Em todas essas horas sozinha, estou aprendendo a assobiar. Se e quando eu rever meu menino, e se os avisos de contágio forem revogados, vou abraçá-lo no "Aperto da Mamãe". Aí vou assobiar uma música e observar seus olhos se arregalarem.

**A FAZER**

- Pare de falar e fazer coisas negativas sobre seu corpo. Não permita que seu menino ouça você falar nada de negativo sobre o corpo de ninguém, seja o seu, o dele ou de qualquer outra pessoa.

- Diga e mostre ao seu filho que seu amor é incondicional e que permanecerá firme, não importa a aparência dele ou o que o corpo dele é capaz de fazer.

- Respeite a autonomia corporal e os limites do seu filho. Fale sobre sua autonomia corporal, peça ao médico dele para falar com ele, ensine seu filho a dizer "não" e fale com familiares e amigos sobre a importância de respeitar isso com todos. Na maioria dos casos (excluindo-se questões de saúde e segurança), *ele* decide quem pode tocar seu corpo e como.

- Use brincadeiras de cócegas como uma oportunidade de praticar consentimento com crianças bem pequenas. Pergunte se pode fazer cosquinhas (não, não vai "estragar a diversão"). Ouça quando seu menino pedir para parar.

- Ajude-o a praticar essas regras com os amigos, e certifique-se de que sua família e outros cuidadores sigam a mesma cartilha. Seu menino não precisa abraçar ou beijar ninguém que ele não queira.

- Encoraje a consciência e a presença corporal. A dra. Chu recomenda conversar com meninos sobre por que eles estão se exercitando tanto (ou sentindo vergonha por não terem um corpo tonificado). Chegue às emoções por trás da imagem.

- Trabalhe por um mundo em que todos os corpos sejam respeitados, considerados e amados. Como Amelia, fale com escolas, defenda ações públicas, trabalhe por um feminismo que abarque direitos de acessibilidade.

## Capítulo dez
# E SE ELE COMETER UM DESLIZE?

●●●●●●●●

**PENSO BASTANTE SOBRE UMA CERTA TARDE** no verão de 2009, quando eu e Alec levamos nossos filhos — meu Gibran e a Beth dele — para um dia de viagem até Soap Lake, no estado de Washington. Estávamos namorando há cerca de quatro anos e essa era uma das coisas que fazíamos, organizar um encontro com nossos filhos. Amávamos nossos próprios filhos, claro, adorávamos passar tempo juntos e estávamos começando a amar o filho um do outro, embora as crianças ainda precisassem se acertar entre si. Alguns fins de semana eram melhores que outros.

Namorar sendo mãe ou pai solo já é difícil. Namorar sendo mãe ou pai solo e tentar unir duas famílias é mais difícil ainda. Namorar sendo duas pessoas de países, culturas e opiniões políticas diferentes é insanidade. Acrescente a isso o fato de que as duas crianças eram de gêneros e idades diferentes — no dia em que nossa pequena turma chegou em Soap Lake, Gibran tinha 14 anos e Beth, nove.

Mas, apesar de todas essas diferenças, quando nós quatro entramos no carro de Alec e partimos na direção da cidade, nós nos tornamos uma unidade. Nas cidades menores de Washington, quando parávamos para ir ao banheiro ou comer panquecas, as pessoas olhavam para a gente. Um homem branco e louro e uma menina branca e loura; uma mulher de cabelo preto e pele marrom e um menino de cabelo preto e pele marrom. As pessoas tentavam entender aquilo. Anos depois, Gibran confessaria para mim que sempre percebeu aqueles olhares, que os *sentia*. "Não sei se as considerava racistas, na verdade, mas eu percebia que as pessoas me observavam por mais tempo porque estavam tentando entender se eu era de ascendência birracial. Era um tipo especial de olhar, sabe?"

Naquele dia em Soap Lake, estávamos todos felizes. Brancos ou não, estávamos ali para todo mundo olhar para a gente, usando nossas roupas de banho, deixando para trás as nuvens pesadas de Seattle e indo na direção do sol enquanto caminhávamos, determinados, para dentro do lago. Quase não faz calor o suficiente em Washington para incentivar você a entrar na água, exceto quando você atravessa as montanhas para chegar à parte leste do estado. Esse pedaço de areia às margens do lago não era nenhuma praia de Juhu da minha infância, mas ia servir.

"Dizem que a terra no fundo do lago tem propriedades medicinais", Alec nos informou. "Nós podemos curar sua poliomielite."

As crianças riram. Eu gostava desse tipo de humor porque fazia as crianças rirem.

Nós andamos, nadamos e nos enterramos com a lama que pegamos do fundo do lago. Alec tirou fotos. Ainda tenho uma fotografia minha com o rosto coberto por argila escura, de pé e com uma careta amedrontadora, atrás de Gibran com seu sorriso de dentes tortos e aparelho de um azul-elétrico.

Depois de nos limparmos, demos uma volta pela cidade de Soap Lake, cada um de nós com vontade de comer alguma coisa diferente — Alec queria um hambúrguer; eu, tacos de peixe; Beth, pizza; Gibran, curry tailandês — como se todas as outras diferenças não fossem suficientes. As crianças decidiram que queriam sorvete. Conforme procurávamos por uma sorveteria entre as lojas e os restaurantes para turistas na rua principal da cidadezinha, Beth tentou atrair Gibran para uma conversa.

"Quando eu crescer, vou ser uma cantora que nem a Taylor Swift", disse ela, pulando na direção dele.

"Ah, tá", respondeu Gibran. E então acrescentou: "É uma ideia ridícula, mas tudo bem."

Beth parou de pular. Agora, ela caminhava depressa na direção dele. "Por quê? Eu sei cantar que nem a Taylor Swift! Quer que eu mostre para você?"

"Não, valeu. Por favor, não faça isso. Só acho ridícula porque (a) a Taylor Swift é horrível e (b) você provavelmente nunca vai ter nem metade do talento dela, embora ela seja horrível, e…"

Um aviso aqui: antes de ele chegar no (c), vi pela primeira vez o pequeno merdinha mansplainer que eu tinha criado até os 14 anos. O termo "mansplainer" não seria cunhado até poucos anos depois, inspirado pelo artigo de 2008 intitulado "Os homens explicam tudo para mim", da filósofa feminista Rebecca Solnit, mas todas nós já conhecíamos o fenômeno há séculos, e meu querido filho estava fazendo isso na minha frente com seu a-b-c.

"… e (c) a indústria da música não costuma deixar tanta gente fazer sucesso fácil assim."

Beth diminuiu a velocidade enquanto Gibran continuou andando no mesmo ritmo, tentando acompanhar Alec, que estava ocupado procurando uma sorveteria. Olhei o rosto de Beth. Lágrimas corriam por suas bochechas vermelhas de sol e ela tentava limpá-las rapidamente.

Perguntei se podia dar um abraço nela. Ela balançou a cabeça. Perguntei se podia segurar a mão dela. Ela me deu a mão. Então, falei a ela: "Não choramos quando os garotos são malvados com a gente. Gibran não é especialista na indústria fonográfica, não é produtor musical nem crítico de música. Ele não é nenhum expert em como seguir seus sonhos. E com certeza não canta bem. Por que devemos lhe dar o poder de fazer você chorar com a opinião sem sentido dele?"

Beth sorriu.

Chamei Gibran e pedi para ele esperar pela gente. Ele hesitou e, então, dando meia-volta e vendo minha cara, se embaralhou nos passos até parar.

Segurando a mão de Beth, eu disse a ele: "Você não pode sair dando suas opiniões ignorantes e ferir os sentimentos de outra pessoa. Tem que pedir desculpas."

"O quê? Não! Eu não fiz nada de errado. Eu posso ter uma opinião sobre a Taylor Swift!"

"Claro que pode. Mas você usou sua opinião qualquer para deixar Beth para baixo, não para trazê-la para a conversa…"

"Só estava tentando poupar ela de ficar desapontada…"

"Pior ainda, você não ouviu. Teve a oportunidade e o privilégio de ouvir o sonho de alguém e escolheu acabar com ele."

"Tá tudo bem", disse Beth. "Ele não precisa pedir desculpa."

"É gentileza sua, Beth, não querer que ele se desculpe", falei. "Mas ele ainda precisa pedir desculpas. E você não é obrigada a perdoá-lo."

"Posso pedir desculpas, mas não vou estar falando sério", disse Gibran.

Eu queria pegar aquele menino pelo colarinho e chacoalhá-lo. Respirei fundo e disse: "Vamos ouvir esse pedido de desculpas."

"Desculpe por não ter ouvido seu sonho, Beth", disse ele no tom de voz zombeteiro de um menino de 14 anos cuja voz está começando a mudar (talvez o pior tom conhecido pela humanidade). Ele lançou um olhar rápido para mim e, como não encontrou satisfação nenhuma, acrescentou: "E desculpe por dizer que você não pode ser tão boa quanto a Taylor Swift."

Por essa desculpa de merda que só foi feita porque mandei, Gibran ficou sem tomar sorvete naquela tarde.

•••••••

No verão de 2019, sentei na plateia para ouvir uma entrevista com Eve Ensler, autora best-seller de *Os monólogos da vagina*, durante o lançamento de seu livro *O pedido de desculpas*. A entrevistadora leu em voz alta a dedicatória da obra: "Para todas as mulheres que ainda estão esperando um pedido de desculpas." Um suspiro coletivo foi dado no salão.

Gibran ainda não era um feminista completo quando tinha 14 anos e não é um até mesmo hoje, com 25 anos. Aos 14, ele se esforçava para ter um entendimento da sua masculinidade. A sociedade lhe dizia que ele precisava ter opiniões e que deveria declará-las com confiança. Aos 25, a sociedade lhe diz que ele deve ser o melhor na sua área, o provedor da casa, e que precisa ter um corpo robusto para ser chamado de homem. Parte do fardo e da maldição da masculinidade é que o homem sempre precisa ser a fonte de conhecimento, de opinião e de decisão. Dê um jeito. Não seja um perdedor. Ganhe sempre.

Tentar inserir uma noção de erro, de equivocidade, de *fracasso* nessa certeza fálica exigida dos homens jovens é como pedir para um touro se sentar para tomar um chá depois de mexer uma capa na cara dele. A pesquisa da dra. Judy Y. Chu diz que com frequência ensinam os meninos a basear suas identidades e sua noção de valor ao manter uma aparência de confiança, competência e controle "masculinos". Esses garotos, então, tendem a ter dificuldade e sentir vergonha quando encontram obstáculos. Para enfrentar essa vergonha, eles podem acabar agindo de forma desdenhosa ou hostil.

Então, de quais maneiras um menino feminista pode acabar cometendo um deslize nos seus anos de crescimento? Ele pode acabar usando os punhos no pátio. Pode dizer a um amigo: "Isso é coisa de bicha!" Pode empurrar uma menina de um balanço. Pode implicar com a irmã por suas brincadeiras, seus brinquedos, seus esportes e suas maneiras de existir no mundo que a sociedade sussurra no ouvido dele dizendo que são "menores". Pode fazer bullying com as outras crianças. Pode chamar uma colega de turma de "puta". Pode se juntar aos amigos para classificar as mulheres ao redor com base em seus rostos e corpos. Pode tentar coagir garotas a fazer sexo com ele e ver isso como uma conquista. Pode tentar calar a boca de uma garota quando ela for mais inteligente que ele. Pode tentar desrespeitar uma garota quando ela rir dele. Pode tentar desconsiderar uma garota quando ela falar sobre seus sonhos.

Ensinar a um menino que ele pode cometer erros e que será responsabilizado por esses erros é fundamental. Ensinar a um menino que ele pode rir de si mesmo (suspiro) não seria o máximo? Ensinar a um menino que ele pode se sentir machucado por sua insensatez, que pode chorar, que pode sentir empatia, vergonha, remorso e que pode *se desculpar*, talvez sem que seja necessário exigir esse pedido, são fatores essenciais em uma criação feminista. Ao longo dos anos, muitas vezes com uma sensação de enjoo na barriga, percebi que não seria capaz de criar um feminista perfeito. Eu não conseguiria criar um menino ou um homem que estivesse sempre alerta e envolvido com o escrutínio, o estudo e a prática de desmontar uma estrutura imutável que oferecia a ele um paraíso de privilégios por ter um pênis e que o considerava um "boiolinha" quando tentava fazer algo tão simples quanto falar algo contra essa estrutura. O que eu podia fazer era ensiná-lo a ver quando tinha cometido um deslize, a ouvir quando uma pessoa falasse que ele cometera um deslize ou a só pedir a porra da desculpa. E, por favor, uma desculpa sincera e gentil.

Seu filho *vai* cometer deslizes. Para ele, tornar-se feminista será um empreendimento hercúleo. Estamos pedindo a garotos e homens para fazer um trabalho confuso e difícil que ainda nem concordamos como sociedade se vai ser bom para eles. Lembre-se da história dos cegos e do elefante. Pediu-se a homens cegos que tocassem cada parte de um elefante e a descrevessem. Cada um descreve algo de forma diferente — é uma corda, diz o homem que segura a cauda; é uma árvore, diz o homem que segura a tromba — e nenhum deles sabe que se trata de um elefante. O feminismo é um elefante. Sua cauda e sua tromba só vão realmente crescer quando tivermos igualdade verdadeira e duradoura. Enquanto isso, estamos todos cegos por causa do brilho do teto de vidro e estamos pedindo para nossos meninos sentirem esse elefante com mãos que muitas vezes estão contorcidas em punhos. (Se eu ainda não estendi essa metáfora até o limite, deixe-me acrescentar que o elefante nunca quis ser tocado, de qualquer maneira.)

Como professora universitária, tenho que explicar tarefas aos meus alunos com uma clareza e coerência que dificilmente era pedida de gerações anteriores do corpo docente. Quando me sento para dar nota a essas tarefas, tenho que superar a atitude de "até hoje não vi um trabalho que mereça um dez". Então me esforço para proporcionar clareza nas descrições das tarefas. Distribuo uma ata declarando o que é inaceitável e o que é desejável em um trabalho, em uma planilha organizada e nítida. Faço uma lista e explico os "objetivos de aprendizagem do aluno" no programa de estudos. Os alunos da Geração Z teriam pedido a minha demissão se eu não fizesse isso.

Porém, a tarefa da prática feminista que estamos distribuindo agora para meninos e homens não tem uma descrição real (exceto um sonho ou o canto do rouxinol), sem atas, sem objetivos claros, sem notas, sem medalhas (a não ser a vaga promessa de uma vida mais longa, com paz, amor e solidariedade duradouros). A velha reclamação de meninos e homens — "Mas o que é que você *quer*?" — seria justificável.

Os melhores entre eles vão agir de pronto, sem medo de escorregar, até mesmo *esperando* cair e trabalhar de forma invisível e sem receber tapinhas nas costas (não, não vamos agradecer a vocês por "serem babás" dos próprios filhos). E, sim, até mesmo os melhores desses meninos e homens vão cometer deslizes. Se você acompanhá-lo apenas para se assegurar de que ele nunca vai cometer uma indiscrição ou se desistir quando ele cometer uma depois da outra, o empreendimento feminista vai se perder. Em vez disso, concentre-se em ensiná-lo a reconhecer, se desculpar e refletir. Não tenho palavras para enfatizar o quanto isso é importante.

Eve Ensler teve que encarar a possibilidade de passar a vida inteira sem um pedido de desculpas muito necessário da parte do seu pai, então ela tirou um livro inteiro do seu coração sofrido e da sua imaginação selvagem, na forma de uma carta escrita a ela por seu falecido pai. Nessa carta imaginária, o pai de Ensler pede desculpas ao relembrar em detalhes como abusou sexual, física e psicologicamente da filha no período em que ela tinha de cinco a dez anos, e reconhece os efeitos permanentes que isso teve na vida dela. Ele se responsabiliza e pede perdão. Para que um pedido de desculpas pareça categórico e sincero, o indivíduo arrependido deve ser minucioso nos detalhes, disse Ensler à pessoa que a entrevistava no palco naquela noite.

Após a leitura de Ensler em Seattle, meus amigos escritores e eu fomos jantar para recuperar o fôlego e compartilhar as histórias das mazelas e da recuperação dos homens em nossas famílias. Todos ficaram chocados quando contei que, alguns anos atrás, meu pai tinha me pedido desculpas pela violência e pelo abuso que ele infligiu a mim, aos meus irmãos e à nossa mãe pela maior parte do tempo em que morei com ele. Meu pai disse que estava sofrendo pelas coisas que tinha feito. "Eu despedacei a nossa família. Era violento porque me sentia inadequado como homem. Não estou dizendo que isso é uma desculpa, mas, naqueles anos, eu precisava me esforçar muito para sustentar a família como militar, enquanto, por toda minha volta em Mumbai, outros homens estavam prosperando. Descontei minha raiva em todos vocês. Agora, faz anos que meu filho não fala comigo, minhas filhas às vezes se mantêm distantes, e eu nunca terei a amizade da mãe delas mesmo após tanto tempo do divórcio."

Refleti a respeito do que a psicóloga dra. Flaviane Ferreira me contou, sobre como seu marido carregou por anos a dor de seu pai gritando com ele para voltar lá e bater no garoto que o empurrara durante a infância em São Paulo. Falamos sobre como não esperávamos que homens da geração de nossos pais, sobretudo em culturas do patriarcado e do machismo como a brasileira e a indiana, pedissem desculpas. O simples fato de eles terem feito isso é um sinal de que podemos esperar por mais.

Quando penso no pedido de desculpas do meu pai, me lembro dessas coisas e me sinto melhor — ele não pediu o meu perdão (talvez por medo de que eu não daria); ele se desculpou na frente da esposa atual, minha amada madrasta; ele se desculpou na frente de Gibran.

Estudos psicológicos e no ambiente de negócios, como um conduzido por pesquisadores do Fisher College of Business da Universidade Estadual de Ohio e publicado em 2016 no periódico *Negotiation and Conflict Management Research*, nos dizem que há seis partes na estrutura de um pedido de desculpas:

1. Expressar o arrependimento.
2. Explicar o que deu errado.
3. Reconhecer a responsabilidade.
4. Declarar remorso.
5. Oferecer retratação.
6. Pedir perdão.

Eu acrescentaria alguma nuance ao último passo, dizendo que, ao pedir perdão, não espere ou exija ser perdoado. Eu me lembro de uma garotinha na calçada de Soap Lake dizendo: "Tá tudo bem. Ele não precisa pedir desculpa." Ensinamos as meninas desde muito cedo a serem gentis, amáveis, compassivas, a concordarem, a perdoarem, a não pedirem nada. Muitas vezes fazemos isso automaticamente, antes mesmo de percebermos como nos sentimos sobre o mal que foi feito a nós.

Lembro-me de quando ocupava a cadeira do meu departamento na universidade e um homem que fazia parte do corpo docente — um homem feminista — gritou comigo em público quando, durante uma conversa tranquila, pedi a ele para se esforçar tanto quanto seus outros colegas de trabalho. Fiquei abalada. O conselho que recebi da mulher da administração a quem relatei esse incidente? "Ele provavelmente deve estar arrependido. Ouça sua compaixão. Procure-o e resolva isso." De forma obediente, escrevi um bilhete ao homem que tinha me deixado sobressaltada e me sentindo ameaçada pelos seus gritos. Ofereci levá-lo para tomar um café e discutir tudo que havia acontecido. Ele nem se deu ao trabalho de responder. Ele tinha permissão de impor limites. Já no meu caso, me pediram para eu superar meus sentimentos de proteção física e psicológica e para, mais uma vez, me colocar em perigo.

Prefiro, então, o que a psicóloga dra. Karen Weisbard me falou sobre a noção de "ruptura e reparação" e como ela usa isso com os filhos para que eles tenham um modelo para usar nas próprias vidas. "Se eu os magoo, digo: 'Cometi um erro e sei que você ficou magoado. Peço desculpas. Eu não vou me desdobrar exageradamente para compensar isso ou tentar corrigir meu erro de uma maneira que só funciona para mim. Não preciso que você me perdoe. Mas quero que saiba que estou aqui para revelar meu desconforto em relação ao que fiz e para consertar o nosso relacionamento.'"

•••••••••

Quando Gibran fez 18 anos, no verão antes de ir para a faculdade, eu estava desesperada para que ele se reconectasse com minha família. Eu estava afastada deles, magoada, cautelosa. Mas, pensei, se Gibran agora estava livre e cada vez mais apartado de mim, meu filho pensaria neles, *consideraria* eles, como família? Queria que ele os tivesse independentemente de mim. Aquilo me machucava um pouco, pensar que eu não seria mais o "caminho" até as alegrias de Gibran, mas eu também queria que meu filho tivesse o máximo possível de pessoas que o amassem no mundo. Pessoas por todo o globo para ligar se ele precisasse de alguma coisa. Pessoas por todo o globo em cujos braços ele poderia cair para um abraço.

Então me preparei para uma viagem difícil e uma jornada mais difícil ainda. A parte mais árdua seria a perspectiva de encontrar meu irmão. Na última vez que tínhamos nos encontrado, ele me perseguira na frente dos convidados do seu casamento com a intenção clara de me atacar fisicamente. Ele tinha ficado furioso por algo que eu dissera sobre não gritar com nossa mãe. Ele respondera: "Você volta para cá dos Estados Unidos como uma 'professora visitante' e fica metendo o nariz onde não é chamada." Ao que eu falei: "O que incomoda você de verdade? Que eu consegui me dar bem nos Estados Unidos e você não?" (Até hoje, alguns ainda acreditam que eu merecia uma boa surra por provocar meu irmão com minha língua afiada.)

Demorei anos para perceber que aquela fora a quinta vez seguida nas nossas vidas adultas que ele tinha levantado a mão para mim a fim de me expulsar ou da casa da minha mãe, ou da minha terra natal. Durante o incidente do casamento, porém, algo se quebrou dentro de mim. Na verdade, não foi apenas o fato de que, por anos, meu corpo se encolhia diante da presença do meu irmão. Acontece que o silêncio dos facilitadores me magoou. Não pude ignorar o fato de que nenhum dos convidados foi embora do casamento em protesto. Eles dançaram a noite inteira.

Minha irmã se ofereceu para se retirar do casamento comigo, irada por nós duas, mas nossa mãe implorou para que nos acalmássemos, nos vestíssemos e nos juntássemos à celebração. Não só não tive permissão para sentir minha própria dor e raiva, mas também esperava-se que eu sorrisse para a câmera. E foi o que fiz. Em meio a meu povo, aqueles adoradores da furiosa deusa Kali, fui proibida de me sentir até mesmo humana. Em seu livro *Rage Becomes Her: The Power of Women's Anger*, a autora Soraya Chemaly diz que, em culturas de todo o mundo, espera-se que as mulheres voltem a raiva para dentro, enquanto sempre há desculpas para os homens que botam a raiva para fora. Minha mãe queria que todos os seus três filhos estivessem presentes nesse casamento. Minha família é obcecada por união. Queremos muito uma cerimônia de casamento deslumbrante seguida por um casamento duradouro. Bem, meu irmão estava nos oferecendo essa oportunidade. Não eu, não minha irmã, mas meu irmão — cuja primeira esposa tinha o abandonado por causa da violência doméstica.

Assim, três anos após o incidente do casamento, naquela viagem de "recuperação e reconexão" com Gibran, eu não tinha o desejo de me conectar com meu irmão. Falei a mim mesma que deixaria o caminho livre para ele se conectar com Gibran. No final, isso não aconteceu. O tio de Gibran não fez nenhum plano para passar tempo com ele.

No fim da viagem, enquanto levava meu filho para pegar um voo para Singapura e visitar o pai, falei que sentia muito por ele não ter visto o tio. "A família quer que eu o perdoe pela violência a que ele me submeteu", disse a Gibran. "Acho que talvez eu esteja sendo severa demais. Deveria tentar perdoá-lo."

"Ele *pediu* o seu perdão, mãe?", falou Gibran.

Fiquei calada, em choque. Ninguém fazia esse tipo de coisa no meu mundo. E ninguém perguntava coisas assim.

"Ele pediu desculpas?", disse Gibran.

Balancei a cabeça. Gibran deu de ombros. "Então, acho que isso tem que partir dele, não é? Não que deveria ser assim. Você não deve seu perdão a ele, mas ele deve um enorme pedido de desculpas a você."

Conforme andava pelo aeroporto de Mumbai, minha mente rodopiava e voltava alguns anos atrás, a alguns continentes de distância, para um garoto, uma menina e uma mulher parados em uma calçada de Soap Lake, no estado de Washington, há mais ou menos quatro anos. Agora, o aparelho azul-elétrico do garoto tinha desaparecido e ele estava diante de mim no limiar da hombridade, um feminista feliz em crescimento.

Essa solidariedade, essa aliança com Gibran, que foi além das perguntas e respostas que minha própria educação feminista conseguiu me dar, muitas vezes me fazia chorar de alívio. A vez em que ele gentilmente me defendeu das acusações da minha mãe sobre estar mentindo em relação ao abuso que sofri. A vez em que ele me pediu para não pedir desculpas *a ele* por causa da insensibilidade de outra pessoa. A vez em que ele me mandou não fazer perguntas como "Aquilo ali é um homem ou uma mulher?", mas simplesmente ver "uma pessoa".

Conforme Gibran embarcava no avião que ia para Singapura, eu não tinha ninguém para compartilhar, aos gritos, sobre como meu filho era feminista. Disse a mim mesma, então, que um dia escreveria um livro sobre aquilo.

Vamos deixar claro que, quando faço a pergunta "E se ele cometer um deslize?", não estou falando sobre as maneiras como o homem médio comete deslizes aqui, ali e em todo lugar. Há um milhão de formas de isso acontecer, e elas podem ser perdoáveis ou não, ou talvez sejam, como parece ser o caso nesse momento com meu irmão, além de qualquer conserto. Estou falando de maneiras específicas com que meninos e homens *feministas* cometem deslizes. Eu os coloco em três categorias principais:

**O feminista predador**: eles se declaram feministas, mas, na verdade, assustadoramente, não são. A declaração de feminismo é predatória. Um exemplo perfeito e repugnante disso seria Eric Schneiderman, o procurador-geral do estado de Nova York, que foi saudado como grande defensor dos direitos das mulheres, um investigador das acusações contra Harvey Weinstein, um defensor vocal dos direitos reprodutivos, entre outras coisas com que as feministas sonham. Então, a *New Yorker* publicou um artigo em 2018 revelando em detalhes as várias formas com que ele abusava e explorava mulheres, incluindo o enforcamento de suas parceiras sexuais, sendo que ele mesmo escreveu uma lei em que punia especificamente esse tipo de estrangulamento.

A escritora feminista Jill Filipovic examina esse tipo de feminista em um artigo publicado na Coluna do Editor do *New York Times* de 8 de maio de 2018, chamado "The Problem with Feminist Men" [O problema com homens feministas]. Ela escreveu: "Ele parece ter usado seu trabalho político focado em feministas para avançar na carreira, para agraciar a si mesmo com as mulheres que ele acabaria machucando e para encobrir suas crueldades." Um pouco mais além nesse espectro de homem feminista, podemos encontrar o comediante Louis C.K., acusado de má conduta sexual — masturbar-se na frente de mulheres que trabalhavam para ele —, enquanto escrevia esquetes feministas para sua série. Não muito depois dele, está o comediante Aziz Ansari, que, como meu filho e eu discutimos, foi acusado de pressionar uma mulher a fazer sexo com ele em um encontro, enquanto também fazia críticas veementes às maneiras com as quais as mulheres são tratadas durante encontros. Esses dois comediantes foram expostos com a ascensão das revelações do #MeToo, mas logo se recuperaram (Louis C.K. foi aplaudido de pé em um clube de comédia de Nova York; Aziz Ansari teve um retorno triunfal bem-sucedido com um tour e um especial da Netflix). Esses homens fizeram do feminismo o assunto central das suas apresentações. Usaram isso para atrair mulheres, audiência e dinheiro. E suas desculpas ou não existiram, ou foram tão ruins (Ansari disse no seu show de retorno: "Eu me sinto muito mal por essa pessoa ter se sentido desse jeito.") que quase desejo que as mulheres simplesmente parem de esperar por desculpas de uma vez.

**O feminista performático**: todos nós conhecemos esse cara. Ele leu os livros, revela que os filmes que ama não passam no Teste de Bechdel, fala talvez alto e um pouco demais sobre como a namorada dele ou as colegas de trabalho são sobreviventes de abusos sexuais ou como foram ignoradas para ocupar cargos mais altos na empresa, e ele pode até pedir por consentimento entusiasmado em um dia bom. Esse cara se declara feminista porque é legal ser feminista. Mas ele não pensou em todos os aspectos disso, então não se manifesta quando uma colega é ignorada para uma promoção porque "não era o momento ou o lugar certo para falar". Às vezes, ele pode explicar o que é feminismo para uma colega ou fazer perguntas agressivas porque "quer entender". Você sabe, ele está bancando o advogado do diabo. Ele é o que podemos chamar de "um feminista, mas…".

**O feminista parceiro**: este é o seu e o meu filho. O autor e ativista do movimento negro Ibram X. Kendi diz que é insuficiente "não ser racista" (evitando estereótipos e examinando os próprios preconceitos), mas que devemos trabalhar ativamente para sermos antirracistas (desmontando proativamente o racismo estrutural e construindo uma sociedade que é de fato igualitária). Estou aqui para dizer que não é suficiente que seu filho seja apenas um feminista que declara uma convicção acadêmica sobre a humanidade completa das mulheres. Ele deve ser antimisógino, antipatriarcal, antirracista, anticapacitista, anti-homofóbico e antissistemas-

-do-capitalismo-heteronormativo que ajudam e estimulam a desumanização da mulher. Como Filipovic aponta naquela Coluna do Editor do *New York Times*, podemos analisar em detalhes a relação do homem feminista com o poder ao fazer perguntas incisivas, entre as quais esta: "Quando estão defendendo os direitos das mulheres, o que é mais importante para eles: o resultado ou o reconhecimento?"

Um dos melhores exemplos que vi de um Feminista Parceiro está no trabalho do autor francês Raphaël Liogier. Em fevereiro de 2020, ele contou ao salão lotado do Seattle's Town Hall que escreveu seu livro como um pedido de desculpas. Uma amiga dele o acusara de fazer *mansplaining* com ela no desabrochar do movimento #MeToo. "Ela me perguntou se eu já tinha lido os tuítes das mulheres que faziam as acusações do #MeToo. Falei que sim, mas, na verdade, não tinha lido." Depois, Liogier leu os tuítes e viu que estava tocado o suficiente para escrever um ensaio confrontando as condições e as socializações que estimulam a visão masculina distorcida sobre o corpo feminino. "Pedi desculpas à minha amiga. E a questão é — tive uma sensação de alívio ao me desculpar. Quero que os homens saibam que uma desculpa genuína e sincera sem expectativa alguma vai lhes fazer sentir *muito bem*."

Seu filho e o meu devem crescer para serem Feministas Parceiros. Ele deve falar, bradar, gritar, juntar sua voz à nossa quando a voz dele for necessária, calar a boca e ficar quieto quando não for, e ele vai saber a diferença porque nos perguntou diversas vezes de forma ativa e discreta, em tempos de guerra e em tempos de paz. Ele reconhece e recusa seu privilégio. Ele chama a atenção dos amigos quanto a esses privilégios, ele chama a atenção dos chefes quanto a esses privilégios, ele presta atenção aos próprios privilégios.

Ele compra uma passagem de ida e volta para Nova York, aparece no clube de comédia e esculacha o Louis C.K.

É uma grande coisa a se pedir, mas as recompensas também serão grandes. Sorvete, talvez.

**A FAZER:**

- A pesquisa da dra. Chu sobre o comportamento psicossocial dos meninos mostra que eles querem se sentir conectados e vulneráveis. Incentive essa ternura no seu filho para que ele também tenha empatia pelas emoções de terceiros. "Se os meninos estão cientes de si mesmos e se aceitam, vão aprender a se perdoar e a cuidar dos outros", diz ela.
- Formule maneiras de pedir desculpas. Utilize o método da ruptura e reparação.
- Chame a atenção do seu filho quando ele cometer um deslize no seu feminismo.
- Depois da situação, em um momento mais leve, questione-o sobre o que aconteceu, o que ele pode fazer diferente no futuro, e avalie se ainda há reparações ou compensações que precisam ser feitas. Escute-o e envolva-se com inteligência.

**Capítulo onze**

# MEU MENINO NÃO BRANCO VAI SE SENTIR SOBRECARREGADO DEMAIS? MEU MENINO BRANCO VAI SE SENTIR CULPADO DEMAIS?

•••••••

**ENQUANTO EU PEDIA A GIBRAN PARA** se desculpar, para ouvir, para dar lugar, outra coisa estava acontecendo. Ele estava crescendo.

Mais especificamente (e é na especificidade que o fantasma vive), estava crescendo de um menino de pele marrom para um homem de pele marrom nos Estados Unidos. A primeira vez que percebi que meu menino era um homem foi quando fui forçada a vê-lo não pelos meus próprios olhos, mas pelos olhos de um homem branco raivoso. Esse simples fato parte meu coração toda vez que penso nisso.

Era setembro de 2011. Eu e Alec nos casamos um mês antes, no casamento mais lindo de todos. Eu usei um sári cor de pêssego com bordados dourados e Alec usou uma kurta de seda azul-royal. Gibran estava com uma churidar-kurta vermelha e dourada e um grande sorriso. Beth usou uma lehenga dourada e foi uma das minhas damas de honra, junto com minha irmã Suhaani e uma das minhas amigas mais próximas, Rachel. Nossa linda família misturada se mudou para uma casa alugada em Queen Anne Hill, em Seattle. Tínhamos flores no quintal, risadas na sala e levávamos horas para decidir que filmes íamos assistir. Eu tinha tudo que poderia desejar dos Estados Unidos, em tons de ouro.

Naquele dia de setembro em questão, mais ou menos um mês depois do nosso casamento, eu e Alec estávamos indo buscar Beth em um festival na escola em Wallingford. Recebi uma ligação de Gibran, que tinha completado 16 anos naquele verão.

"Mãe, eu não sei o que fazer", falou ele.

Meu coração ouviu a voz dele e saltou do peito aos céus para revirar o planeta até encontrá-lo e protegê-lo.

Ele tinha esquecido as chaves em casa, contou, e quando voltou da escola com o amigo Gabe, eles decidiram entrar pela janela do banheiro que estava aberta. Ah, certo, pensei. Ele está preso na janela e não sabe o que fazer. Que engraçado.

"O vizinho acabou de chamar a polícia", continuou ele.

O vizinho acabou de chamar a polícia, repeti para Alec, que estava dirigindo.

Gibran falou: "Eu ouvi o vizinho gritando no telefone que queria dar queixa de uma invasão. Ele estava parado na porta de casa olhando bem para mim. Eu fui falar com ele e disse: 'Senhor, eu não sou um ladrão, eu moro aqui com meus pais', mas, quando ele me viu, bateu a porta na minha cara. Então, agora a polícia está vindo e eu não sei o que fazer."

Eu fiquei confusa. Mas Alec, não. Ele me falou calmamente, porém com urgência, para pedir que Gibran e Gabe tirassem os casacos e ficassem sentados na varanda da frente com as mãos à mostra. "Sem capuz na cabeça. As mãos totalmente à vista."

Isso foi em 2011. Eu não entendi muito bem, mas repeti as instruções.

Fomos pegar Beth e depois voltamos para casa o mais rápido possível. No caminho, recebemos uma ligação de um policial. "A senhora tem alguma relação com um sr. Gibran?"

"Ele é meu filho", falei com uma voz que não parecia minha. Ele é meu filho e não é um "senhor", ele é uma criança, eu quis dizer, mas não disse.

Quando chegamos em casa, os policiais já tinham terminado de interrogar os meninos e ido embora. Uma viatura ainda estava estacionada adiante na rua.

"Eles chegaram e já saíram do carro com as armas apontadas pra gente!", contou Gibran, os olhos grandes ainda mais arregalados. "Um deles gritou para os outros cercarem a casa, para não deixarem ninguém escapar pelos fundos. A gente estava sentado na varanda com as mãos à mostra. Eles fizeram algumas perguntas, depois te ligaram e ficaram aqui mais um pouco. A gente perguntou se podia entrar e jogar videogame."

Por um tempo, imaginei que aquela última pergunta devia ter sido o fator decisivo para a polícia determinar que meu menino não era o invasor perigoso e armado da imaginação deles. (Eu acreditei nisso até outubro de 2019, quanto Atatiana Jefferson, uma mulher negra de Fort Worth, Texas, foi morta a tiros pela polícia enquanto jogava videogame no seu quarto com o sobrinho de oito anos.) Ou talvez tivesse sido porque ele estava com um menino branco perfeitamente respeitável chamado Gabe. Ou talvez, como Gibran apontou, os policiais tivessem ido embora porque receberam outro chamado de invasão a domicílio. Mas, sim, a polícia tinha ido embora. E eu ainda estava confusa com toda aquela situação.

Mas sabe quem não estava confuso? Alec. Ele sabia exatamente o que os meninos tinham que fazer. Ele sabia o que a polícia norte--americana tinha visto e o que estavam procurando, o que estavam olhando. Ele sabia exatamente o que o vizinho tinha visto. Ele sabia o que o vizinho não tinha visto no mês e pouco que estávamos morando ali. O vizinho tinha visto um homem branco e uma menina branca, mas não tinha *visto* a mulher indiana e o menino indiano, ou, se viu, imaginou que fossem visitas, não moradores daquela bela casa. Não cidadãos. Intrusos.

"Aquele homem é um racista e nunca precisamos falar com ele", Alec disse para mim. Eu assenti, grata. Olhei para meu menino e estreitei os olhos para ver o que o racista tinha visto. Tive que fazer força para enxergar o homem crescido e perigoso que os Estados Unidos viam no meu filho de 16 anos.

Cinco meses depois, no dia 26 de fevereiro de 2012, Trayvon Martin, de 17 anos, seria morto a tiros por um homem que o seguia e o agrediu enquanto ele caminhava para casa, embora a polícia para a qual o homem ligou a fim de denunciar falsamente o menino como ladrão tenha lhe dito para deixá-lo em paz. Levaria alguns dias até que a história saísse dos círculos de mídia negra e chegasse aos jornais nacionais. Quando isso aconteceu, eu não fiquei mais confusa sobre o que acontecera com Gibran.

Acompanhei a história de Trayvon Martin como louca. Ele foi morto por um homem latino de pele branca com uma arma. Eu era casada com um homem branco com armas. Ele foi morto no aniversário de Alec. Ele estava usando um casaco de capuz. Ele estava com um pacote de Skittles no bolso. Sentei na cama, chorei e contei a Alec que os detalhes eram o que estava partindo meu coração.

"Esse caso não teve nada a ver com raça e armas", disse Alec.

Aí fiquei confusa de novo. Citei artigos e percebi que minha voz ficava cada vez mais alta, mais desesperada, mais assustada. Perguntei a Alec como poderia dizer que o vizinho era racista porque amava meu filho, mas não via que...

"Por que estamos deixando a morte de um menino qualquer na Flórida causar tanta tensão no nosso casamento?", perguntou Alec.

"O nome dele é Trayvon Martin", falei. "Você pode por favor falar o nome dele?"

Alec nunca falou o nome dele. Os dias se passaram. Alec nunca falou o nome dele. Cinco meses mais tarde, depois de sete sessões com um terapeuta de casais, no dia em que saí daquela nossa casa branca com minha pele marrom e meu filho marrom, perguntei mais uma vez se ele entendia. Ele disse que eu estava sendo ridícula por pedir o divórcio só porque um menino qualquer na Flórida tinha morrido.

Nosso casamento não chegou nem ao primeiro aniversário. Eu me perguntei se nossos amigos que apontavam nossas diferenças por anos tinham apostado "Acho que não dura um ano", e agora estavam recolhendo o pagamento.

O presidente Obama falou: "Se eu tivesse um filho, ele seria parecido com Trayvon."

Nos meses seguintes, enquanto Gibran começava seu último ano no ensino médio, eu chorava em um sofá bege em um apartamentinho quente que tinha alugado para nós dois, só mãe e filho, não a família de quatro que eu tanto queria. Deixei de atender ligações, especialmente de amigas que faziam pouco caso das "fraquezas" dos maridos e ficavam, se acomodavam, se dedicavam ao trabalho ou à vida social, corriam maratonas, faziam dietas até ficar só pele e osso, mantinham as aparências "pelo bem das crianças", diziam a si mesmas — e a mim — que os homens podem ser assim mesmo às vezes.

Eu não ligava para como os homens poderiam ser, e sim para como as mulheres poderiam ser.

Dei a volta por cima e comprei uma casa em um condomínio com o dinheiro que ganhei vendendo um terreno que tinha em Bangalore (as partes dos meus pais que eram feministas me aconselharam a comprar um apartamento em Mumbai quando eu tinha 21 anos; depois, vendi esse apartamento e comprei o terreno em Bangalore onde sonhara em construir uma casa com Rajat. O terreno estava abandonado havia anos).

Para o bem ou para o mal, embora eu estivesse me divorciando de um norte-americano, cá estava eu, casada com os Estados Unidos. Eu estava criando raízes aqui, na saúde ou na doença, e os Estados Unidos estavam muito doentes. Dentro dessa doença, porém, eu via o espectro de privilégio em que eu e meu filho, como indianos, como membros de uma "minoria modelo", estávamos mais distantes do perigo da branquitude, com seu histórico de violência contra corpos negros e nativo-americanos. Estávamos mais distantes, mas não resguardados. Não protegidos, não importava o quão próximos dos brancos e quão assimilados tentássemos ser. Ainda éramos intrusos de pele marrom entrando pela janela.

Se uma criança negra não estava segura aqui, meu filho não estava seguro aqui. Se meninos negros e indianos não estavam seguros aqui, meninas negras e indianas não estavam seguras aqui. Se essas crianças não estavam seguras, suas mães não estavam seguras, seus pais não estavam seguros, pessoas LGBTQIA+ não estavam seguras, nem mulheres brancas estavam seguras. No início dos anos 2010, a supremacia branca ainda era um lobo rosnando às margens da nossa honestidade coletiva, mas nós já víamos os rastros de sangue deixados na noite.

Eu era uma mulher criada a golpes. Carregava violência nas minhas células. E cada fibra do meu ser me dizia outra vez para criar meu filho aqui em vez de deixá-lo crescer nos privilégios do patriarcado brâmane (patriarcado de casta superior, não muito diferente do patriarcado supremacista branco) na Índia, porque eu sabia instintivamente que poderia criar um ser humano amoroso aqui, entre os oprimidos, mas *não entre os opressores*. Uma criança não branca nos Estados Unidos — especialmente meninos, pois conforme crescem e se tornam homens, passam a ser temidos — deve carregar o fardo de arrancar as raízes da misoginia, porque isso vai revelar os podres ainda mais profundos.

Destruir o patriarcado e acabar com a misoginia é ao mesmo tempo um fardo e um abraço no qual meninos de minorias étnicas devem confiar.

Enquanto escrevo isso, me pergunto se Gibran passou a se sentir como eu me sinto ou se estou sendo afoita demais em explicar a merda em que o coloquei (porque, sim, houve outros momentos de racismo na vida dele antes daquele dia em 2011 e depois). Mando uma mensagem para Gibran perguntando: foi mais fácil ou mais difícil para ele ser feminista, considerando tudo que ele passou como um menino indiano?

"Mais fácil", ele responde de imediato. "Se sentir marginalizado mesmo em detalhes meio que simplesmente te faz ver melhor o sofrimento dos outros. Além disso, acho que ajudou o fato de que eu não estava mergulhado em nenhum ambiente cultural específico que me dizia para ver as mulheres de um jeito ou de outro. Tudo que eu tinha em termos de cultura ou valores era a empatia."

Ufa.

Mas ser feminista e um menino não branco foi um fardo? "Não", diz Gibran. "Facilitou as coisas. Isso nunca pode ser uma escolha." Aí ele teve que resolver alguma coisa e nunca explicou melhor, mas vou lhe contar o que acho que ele quis dizer.

●●●●●●●

Em setembro de 2015, conheci a mãe de Trayvon, Sybrina Fulton. Ela foi à minha universidade fazer uma palestra. Enquanto eu subia no elevador com ela e mais alguns funcionários da universidade e alguns ativistas negros, queria dizer algo a ela, contar um pouco sobre como minha história se conectava à dela, mas em vez disso só me vi agradecendo pela sua presença. Percebi que muita gente devia tentar dizer a mesma coisa a ela — que suas histórias de alguma forma tinham ligação com a dela —, não para se apropriar da dor dela, mas porque muitos de nós sentiam solidariedade de alguma forma, já que a história dela era quintessencialmente norte-americana. O que eu poderia lhe dizer — eu, mãe de filho vivo — que ela, mãe de um filho morto, já não tinha ouvido? Decidi calar a boca e ouvir a palestra arrepiante que ela deu. "Meu filho foi avaliado, seguido e assassinado por George Zimmerman, e não houve nada de acidental nisso", contou.

Não houve nada de acidental no assassinato de Michael Brown em Ferguson em 2014, um ano antes de Fulton dizer essas palavras. Não houve nada de acidental no assassinado de Philando Castile em Minnesota em 2016, o ano seguinte.

Gibran me ligou da faculdade quando assistiu ao vídeo ao vivo de Philando morrendo depois de ser alvejado por um policial. Ele soluçava tanto que tive dificuldade para entender suas palavras. Tentei manter a voz calma. Perguntei se ele estava com medo. Não por mim mesmo, respondeu ele, sou relativamente privilegiado.

Ele estava de olhos abertos. Apesar de depender de bolsas e ter que trabalhar para pagar sua faculdade quase Ivy League, ele não estava sendo cooptado. Conseguia ver seu privilégio. Podia chorar, podia sentir raiva, podia modificar as coisas. Podia me ligar. E ligou para amigos com quem chorou também. Isso foi o feminismo trabalhando para meu filho. *Facilitou as coisas.*

Escrevendo sobre o verão em que seu filho Jonathan se transformava de adolescente em homem, Audre Lorde disse em um ensaio intitulado "Man Child: A Black Lesbian Feminist's Response": "E nossos filhos devem se tornar homens — homens com os quais esperamos que nossas filhas, nascidas e a nascer, ficarão felizes de dividir o mundo." Lorde escreveu como filhos de lésbicas precisam criar suas próprias definições de si mesmos como homens, e que isso é ao mesmo tempo poder e vulnerabilidade.

Essa masculinidade vulnerável foi o maior presente que dei ao meu filho nos meus anos de ir de casa em casa, confusa. Meu coração se partiu ao descobrir que eu tinha casado com um homem branco que não conseguia ver o que eu via. Meu coração se expandiu ao descobrir que eu havia criado um homem indiano que via além do que eu via.

Uma vida feminista e um olhar feminista — uma forma feminista de respirar, uma forma feminista de se expressar — proporcionam mais conforto do que fardo para meu filho.

Então, a solução é desistir de homens e meninos brancos? Não. Cada um de nós deve enfrentar a construção social de raça — pessoas de todas as cores e, sim, também pessoas brancas. Tendemos a pensar em raça somente quando pensamos em pessoas negras, latinas etc., mas, no âmago, raça tem a ver com branquitude. Racismo, identidade racial, injustiça racial, raça, tudo isso existe porque a branquitude existe e a branquitude define e a branquitude *normaliza*. Pessoas brancas, em especial homens brancos, se beneficiam enormemente de estruturas racializadas, e, ao mesmo tempo, me pergunto se também podemos ver como meninos brancos e homens brancos estão presos pela branquitude e seu irmão, o racismo.

Joanna Schroeder, crítica de mídia e mãe de filhos brancos, tuitou sobre sua experiência com a maneira como seus filhos adolescentes estavam sendo seduzidos por influenciadores e vlogueiros que davam as bases para que adolescentes brancos crescessem e se tornassem supremacistas brancos. Ela documentou como eles começam com memes e piadas "inocentes" sobre mulheres, judeus, pessoas negras, latinas, LGBTQIA+. Quando chamam a atenção dos meninos na escola por essas piadas, eles são absorvidos por uma rede que os coloca contra os "floquinhos de neve". O crescimento do terrorismo por homem branco nos Estados Unidos é diretamente ligado aos seus atos de violência misógina antes de tiroteios em massa.

"Esses meninos estão sendo manipulados, como bolas de beisebol, e são usados como projéteis", diz Schroeder. Ela não quer que seus meninos sejam bobos, diz ela, e acredita em intervenção direta. "Observe a página Explorar no Instagram deles", ela diz. "Explique o que há por trás desses memes. Explique por que 'mimimi' não é uma piada... Evoque empatia sem envergonhá-los."

Vergonha e culpa são duas coisas que fazem meninos reagirem (meninos brancos em especial, devo dizer). Como evitamos esses sentimentos e abraçamos nossos meninos brancos com força, em um abraço que dura para sempre?

No seu livro *Raising White Kids: Bringing Up Children in a Racially Unjust America*, Jennifer Harvey nos pede para pensar em como crianças brancas estão sendo racializadas tanto quanto crianças de minorias étnicas. Mesmo considerando coisas como classe e outras interseccionalidades, crianças brancas em geral são elevadas, facilitadas, ouvem que podem sonhar e que o mundo vai apoiar seus sonhos. Não há privilégios sem desprivilegiados, aponta Harvey. O racismo sistêmico e estrutural vai guiar seu filho bem rápido, desde a mais tenra idade, diz ela. A única maneira de buscar a equidade é conversar bastante sobre toda essa merda.

Lembra o escândalo das admissões na faculdade? Em 2019, 33 pais de candidatos a faculdades foram acusados de pagar mais de 25 milhões de dólares entre 2011 e 2018 a um homem chamado William Rick Singer, que usou parte do dinheiro para fraudar as notas dos exames de admissão e subornar funcionários das faculdades. A lista de pais incluía atores famosos como Lori Loughlin, Felicity Huffman e William H. Macy. Psicólogos e cientistas sociais falaram sobre os profundos danos causados aos jovens brancos e ricos que perderam credibilidade, autoestima e descobriram que seus pais não acreditavam em sua capacidade de serem bem-sucedidos por conta própria. (Sem falar que a situação deixou clara a desvantagem em que estão crianças de famílias de baixa renda.)

Eu me lembro de quantos dos meus alunos brancos ficaram profundamente chocados com o que aquele escândalo revelara. Alguns me confidenciaram que tinham confrontado os próprios pais, revoltados, perguntando se eles tinham pagado propina para que fossem aceitos na faculdade. Esses jovens estavam enfrentando uma crise de confiança. Conforme mais e mais privilégios estruturais ficam evidentes, nossos filhos brancos estão pedindo para não ter nada a ver com isso. Eles querem ter orgulho de seus próprios méritos. Não é lindo?

Gibran também me ligou para perguntar se eu tinha pagado para que ele entrasse na Swarthmore. Eu gargalhei e depois me dei conta de que ele estava falando sério.

"Não com dinheiro", falei.

"Eca", respondeu ele, e desligou.

Brincadeiras à parte, estou aqui dizendo que, se nós, pais de meninos não brancos, estamos encaminhando-os para o feminismo, esperamos com certeza que os pais de meninos brancos venham conosco, para nos encontrar nas intersecções de raça e gênero. Sim, nós vamos, diz a escritora Anastasia Higginbotham, uma mulher branca que escreveu um livro infantil intitulado *Not My Idea: A Book About Whiteness*. É um livro que pede para que crianças brancas sejam fortes o bastante para sentir coisas dolorosas sobre o racismo sem serem sobrecarregadas pela culpa. Em um vídeo sobre seu livro, ela se concentra em meninos brancos lendo trechos em voz alta. "Você pode ser branco sem participar da branquitude", diz um adolescente.

Para mim, uma das melhores representações do privilégio do homem branco e de um homem branco aliado que já vi está no seriado *The Mindy Project* de Mindy Kaling, na quinta temporada, episódio 12. Eu digo para todo mundo assistir a esse episódio. Recentemente, o recomendei para o reitor da minha faculdade, que é um homem branco. Nele, a indiana-americana dra. Mindy Lahiri, uma ginecologista obstetra altamente qualificada que sempre é preterida em promoções para homens brancos, vai dormir uma noite desejando ser um homem branco. Ela acorda na manhã seguinte com o desejo realizado. Ela passa o dia no corpo de um obstetra homem e branco, vendo táxis pararem para ele, colegas morrendo de rir de suas piadas, e entrevistadores lhe oferecendo o trabalho mesmo depois que ele estraga tudo na entrevista. Percebendo que outra mulher não branca é mais qualificada que ele, o Mindy homem branco agora se esforça para fazer a colega receber a promoção. O Mindy homem branco pensa sobre a masculinidade branca: "Sua vida é tão fácil que você começa a se perguntar por que outras pessoas simplesmente não fazem o mesmo. Porque você acha que a vida é igualmente fácil para todo mundo." O episódio termina com a ideia de que homens brancos não percebem o quanto podem ajudar se forem bons aliados.

•••••••

Vamos falar sobre a questão da culpa. Como muitos livros e ativistas que falam de raça e de trabalho antirracista lhe dirão, a culpa pode te paralisar. O que percebi é que teremos que cometer erros. Tudo que podemos esperar é conseguir nos corrigir. Quando cheguei aos Estados Unidos, eu me recusava a sequer ver racismo. Queria muito acreditar que tinha chegado a um lugar melhor do que aquele que eu tinha deixado para trás. Eu ainda tropeço nas intersecções. Para criar um filho feminista, no entanto, preciso suportar meu próprio desconforto e ficar na encruzilhada. Quando fico aqui parada, as pessoas me chamam para perto, me ensinam, me perdoam, dão a mão a mim e ao meu menino e nos levam em direção ao amor.

Deixe-me contar para você sobre a época em que eu era o clichê do racista antinegro do Sul da Ásia (sim, isso é um problema, e nós, "minoria modelo", precisamos falar sobre). Quando Gibran estava na segunda série, ele ganhou o concurso de soletrar na Trinity Episcopal Day School em Baton Rouge, Louisiana. Todas as crianças pequenas comemoraram loucamente e algumas delas carregaram Gibran nos ombros, correram ao redor da sala e então caíram juntas e riram. Você sabe quem ficou em silêncio? Todos os pais. E, quando voltaram a falar, nenhum deles se referiu a mim. Eles se viraram e disseram palavras que não consegui entender na hora: "Dá pra acreditar?"

Quando me aproximei da professora da segunda série, a sra. Graham, para agradecer a ela por ensinar bem a Gibran as palavras, ela se virou para mim e, antes de perceber quem eu era, que eu era a mãe imigrante de pele marrom do menino imigrante de pele marrom, ela disse: "Dá pra acreditar?"

Eu fiquei me perguntando se essa era uma frase comum nos Estados Unidos, algo que as pessoas diziam umas para as outras quando ficava um silêncio estranho, tipo: "Como você está?" ou "Bom te ver!"

"Não", disse minha amiga Cleo, que estava no doutorado junto comigo. Nativa da Louisiana há gerações, agora ela leciona em uma faculdade historicamente negra em Nova Orleans. "O que eles estavam dizendo é que não esperavam que um menino de pele marrom ganhasse o concurso", disse ela, chegando à porta do meu apartamento para estudantes de pós-graduação com um monte de presentes para Gibran, porque "temos que comemorar nossos meninos não brancos quando eles se dão bem em escolas dominadas por brancos".

Você sabe o que eu disse para Cleo? Eu disse que ela estava exagerando um pouco. Falei para Cleo que não esperava que o racismo dos Estados Unidos fosse direcionado a nós, sul-asiáticos. Cleo ergueu a sobrancelha para mim, deu uma tragada no cigarro e riu.

Dez anos depois, alguns dias após o incidente com o vizinho em Seattle, liguei para Cleo e me desculpei pelo *gaslighting* racial (embora esse termo não fosse comum em 2011). Cleo disse que não se lembrava de eu ter feito isso e teria me perdoado de qualquer maneira porque eu era nova no país. Considero uma das minhas cinco maiores sortes na vida ter sido perdoada por um ato tão impensado de racismo puro e simples.

Cleo também foi quem me contou a história de Emmett Till. Embora minha educação e meu trabalho como jornalista na Índia tenham me dado conhecimento sobre o genocídio dos nativo-americanos, a escravidão e o racismo nos Estados Unidos, de alguma forma nunca tinha ouvido falar de Emmett Till até chegar ao sul para meu doutorado em mídia e política. Eu estava obcecada, e ainda estou, pela história que chega ao cerne do motivo pelo qual o #MeToo e o Black Lives Matter devem alcançar um acerto de contas. Mulheres brancas têm o poder de fazer com que os homens não brancos, especialmente negros, sejam largados surrados e mortos em um rio.

"A história de Emmett Till é a história da experiência negra", diz Cleo quando ligo para ela para falar sobre seus filhos. "O que eu não entendia, porém, é que meus filhos teriam uma visão diferente do país comparada com a minha. Estudei em escolas só para negros e não interagia muito com pessoas brancas. Mas meus filhos estudam em escolas integradas. Eles passaram a acreditar que viviam em uma sociedade pós-racial, mesmo antes de Barack [Obama]. Eles brigavam comigo quando eu tentava avisá-los. Agora estão com vinte e tantos anos e estão entendendo. E eles me ouvem lembrar que mulheres ganham 80 centavos para cada dólar que um homem branco ganha, e que mulheres negras ganham só 60 centavos. Eu digo aos meus filhos que eles precisam ter aspirações melhores para o país."

Minha amiga Anastacia-Reneé, uma poeta e educadora negra e *queer* em Seattle, diz que pediu para receber o fardo de criar meninos negros. "Eu rezei para Deus me dar meninos. Falei: 'Por favor, Deus, me dê meninos para que eu possa moldar humanos do tipo que eu nunca vi.' Eu queria criar crianças que acreditam que todos os gêneros são iguais; queria criar crianças amorosas; queria criar crianças vistas como meninos para fazer suas opiniões serem ouvidas sem precisarem erguer a voz."

Mas, é claro, o mundo não concordava com tudo que ela estava ensinando a eles, diz Anastacia-Reneé. Mesmo assim, essas lições foram o que os salvaram. "Meus dois filhos são *queer* — minhe mais velhe sente atração por todos os gêneros, e minha mais nova é uma mulher trans. Elus sofrem pressão do mundo. Sinto que tudo que lhes ensinei foi necessário."

Sim, é um fardo, mas meninos não brancos não têm o luxo de ignorar o feminismo, diz Anastacia. "Se você é um menino feminista branco de 16 anos, ainda pode entrar em uma loja e ninguém vai te seguir pelos corredores. Se você é um menino negro, terá que lidar com todo mundo supondo que você é mau. Você não começa do zero a zero. E aí dizemos que eles também precisam defender as mulheres. E também tenho que ensinar sobre papéis de gênero. Acho que é um grande fardo. Mas eles não podem ter folga. Nenhum de nós pode desligar nosso gênero ou cor. Minhas crianças não podem desligar a cor da sua pele. Eu me sinto culpada por esse fardo, sim. Mas eu me sentiria mais culpada se não explicasse por que é importante ser extraordinário."

*Extraordinário.* Anastacia-Reneé pensa em sua jornada de criar os filhos para serem feministas como uma criação para que sejam extraordinários porque, sim, é isso que é necessário. "Eles precisam saber sobre as pessoas que os antecederam, aquelas que não são mencionadas. Às vezes me canso de ter essas conversas. Mas você imagina se Harriet Tubman tivesse dito: 'Foda-se, estou cansada. Eu não quero ser a pessoa de quem todo mundo depende'? Metade de nós não estaria aqui! Meus filhos precisam ter o conhecimento e as pessoas com menos de 25 anos hoje em dia não têm o instinto de descobrir sobre sua história. Parte de ser mãe de meninos é que temos que ser arquivistas. Dizemos: 'É assim que algo que aconteceu em 1850 se aplica a você agora.' É meu trabalho ajudá-los a ligar os pontos."

Diferente de Cleo e Anastacia-Reneé, como eu não cresci no profundamente segregado Estados Unidos, levei mais tempo para sentir esse olhar, essa imaginação, na pele. Mas Gibran? Gibran estava por aí, tendo suas próprias experiências nessa nação, coisas de que eu não sabia. Meu menino é introvertido, mas cultivou um grupo pequeno e leal de amigos. Ele provavelmente escondeu um bom número de experiências racistas desagradáveis de mim, para evitar me magoar. Nossas vidas juntos, a vida dele além de mim e minha influência o levaram ao socialismo. No ensino médio, ele foi voluntário na campanha da candidata socialista alternativa Kshama Sawant para o congresso estadual de Washington. Isso foi antes de Sawant — também originária de Mumbai e agora minha amiga — se tornar a pessoa a derrotar a Amazon na eleição do conselho da cidade e ficar conhecida como "a mulher mais perigosa dos Estados Unidos". Gibran encontrou nela uma heroína. Para Gibran, socialismo, antirracismo e feminismo são profundamente interligados.

Pensei no desejo de Audre Lorde para o filho: "Quero criar um homem negro que não será destruído, nem se contentará com essas corrupções chamadas *poder* pelos pais brancos que querem a destruição dele com tanta certeza quanto querem a minha. Quero criar um homem negro que vai reconhecer que os objetos legítimos de sua hostilidade não são as mulheres, e sim os detalhes de uma estrutura que o programa para temer e odiar mulheres da mesma forma que teme e odeia seu eu negro."

•••••••

Foi só depois que conheci Kimberlé Crenshaw, a intelectual que nos deu o termo "interseccionalidade", que encontrei outro motivo pelo qual eu, como mulher, mãe e educadora, devo permanecer nas encruzilhadas pelo tempo necessário. Crenshaw é advogada, defensora dos direitos humanos, filósofa e uma das principais pensadoras de teoria racial crítica. Eu a conheci durante uma residência de escrita em Hedgebrook, uma comunidade de mulheres escritoras, em fevereiro de 2017, pouco mais de duas semanas depois da primeira Marcha das Mulheres, em que aproximadamente 4,8 milhões de pessoas por todo o mundo marcharam para protestar a eleição de Trump como presidente dos Estados Unidos. Crenshaw foi uma das organizadoras e palestrantes da Marcha das Mulheres na capital, Washington.

Durante uma conversa na mesa de jantar, falei algo sobre mães negras perdendo seus filhos. Ela me perguntou por que não falei de mães negras perdendo suas filhas. Ou de mulheres negras perdendo suas vidas. Sua intenção era me fazer pensar, uma gentileza intelectual entre duas acadêmicas, duas feministas. De início aquilo me destruiu, e depois eu deixei que me educasse. Fui em frente e li sobre a campanha

#SayHerName ["diga o nome dela"] de Crenshaw. Depois li sobre o desaparecimento e o assassinato de mulheres indígenas. Não parei de ler e não parei de falar com Gibran sobre o que li.

Agora leio o trabalho da ativista e escritora Rochaun Meadows-Fernandez, que nos conta em um ensaio publicado pelo *New York Times* chamado "Why Won't Society Let Black Girls be Children?" [Por que a sociedade não deixa meninas brancas serem crianças?] sobre como sua professora a caracterizou como "manipuladora e intencionalmente mal-comportada" quando ela tinha somente três anos. "Eu passei pelo que acadêmicos chamam de 'adultificação', fenômeno no qual professores, policiais e até pais veem meninas negras como menos inocentes e mais adultas que meninas brancas da mesma idade", ela conta. Ela aponta para um relatório do National Women's Law Center's, intitulado "Dress Coded: Black Girls, Bodies, and Bias in D.C. Schools" [Códigos de vestimenta: Meninas negras, corpos e preconceito nas escolas de Washington, D.C.], que documenta como as escolas impõem um código de vestimenta que é mais rígido para meninas negras e que controla tudo, do cabelo e das roupas até os corpos.

Minhas amigas negras me contam que vivenciaram esse fenômeno na infância. Foram sexualizadas antes de outras meninas; foram consideradas mais violentas que outras meninas e mulheres. Se você já viu o vídeo em que um policial do Texas faz Sandra Bland parar no acostamento depois de um problema mínimo no trânsito e perde a cabeça simplesmente porque ela perguntou por que foi parada, consegue ver as intersecções de raça e gênero, o olhar masculino, a raiva do homem branco.

Você consegue ver o trabalho que nossos meninos precisam fazer.

Quero lhe contar agora uma história sobre um incidente que aconteceu alguns anos depois que eu e Alec nos divorciamos. Nós tínhamos voltado a namorar, em parte porque ele disse que queria melhorar, em parte porque eu acreditava que podia fazê-lo mudar de ideia sobre raça e armas, e em parte porque, na época, eu ainda desejava a imagem de uma família "completa". Ainda demoraria alguns anos para que eu o deixasse de vez.

Gibran tinha vinte anos e Beth, 15. As crianças ainda se referiam uma à outra como meios-irmãos. Era verão e Gibran estava em casa, de férias da faculdade. Sou professora, então eu também estava de férias da faculdade. Todos os dias se passavam daquele jeito delicioso que o verão faz com que acadêmicos permaneçam nesse emprego mal remunerado. Naquele dia em especial, eu estava levando as crianças de uma coisa a outra e os dois estavam reclamando sem parar.

Eu os levei para um prédio em uma parte rica do bairro Ravenna em que Beth fazia aulas extras de matemática com a filha de uma amiga minha. Gibran estava ansioso para deixá-la lá para que eu o levasse para comprar os *gyros* que tinha prometido. Beth saiu do carro na porta do prédio e estava esperando do lado de fora até a menina descer para buscá-la. Eu não achei uma vaga, mas também não queria ir embora até que ela estivesse dentro do prédio. Beth tinha saído direto de uma aula de yoga, então estava usando uma camiseta curta e leggings. Ela estava linda, mas #simtodasnós, então eu não queria ir embora. Pedi para Gibran sair do carro e ficar na calçada de olho nela enquanto a filha da minha amiga não descia.

"Aaaaargh pra quê? Eu tô com fome! Ela vai ficar bem."

Eu dei uma olhada nele. Ele olhou para Beth e a observou com a lente que eu o ensinara a usar quando necessário. Ele resmungou de novo, mas saiu do carro. Dei uma volta no quarteirão e, quando voltei, vi um homem branco de meia-idade parado não muito longe de Gibran, os braços cruzados, olhando para meu menino de cara feia. Gibran estava de costas para ele, sem perceber o alvo nas suas costas.

Eu vi, mais uma vez, pelo olhar do homem branco. O que ele estava vendo era um jovem de pele marrom observando uma menina loira de leggings. O que ele estava imaginando era muito distante da verdade. Ele não viu um rapaz relutantemente tomando conta da ex-meia-irmã. Ele não podia saber que aquelas duas pessoas tinham crescido juntas, andaram de mãos dadas e nadaram juntas na piscina de Queen Anne Hill, ficaram de castigo por brigar, enfrentaram juntas a dor do divórcio dos pais, que a menina ainda mandava ao ex-meio-irmão mensagens sobre suas paixonites do colégio e que ele respondia com emojis revirando os olhos. Eu podia perdoar o olhar irritado do homem no meu filho porque #simtodasnós, mas não podia ignorar como ele estava próximo dele, porque esse homem também estava próximo da sombra do assassinato de Emmett Till. Ele estava parado no eco das balas que homens ainda atiram no memorial a Emmett Till.

Ele não podia saber a verdade sobre aqueles meios-irmãos, mas deveria ter questionado sua própria verdade. Seus braços cruzados tinham uma presunção que este país oferece aos seus homens brancos. Seus pés firmes no chão tinham a garantia de uma aliança com a polícia, sempre a apenas uma chamada telefônica de distância.

Vi meu menino cuidando da sua irmã branca, como eu tinha mandado, e vi um homem branco de olho nele com uma única história.

◆◆◆◆◆◆◆◆

Escrevo isto em um retiro de escrita improvisado com minha amiga, a escritora Novera Alim King, que é negra e muçulmana. Do lado de fora do nosso Airbnb em Gig Harbor, o sol atravessou as nuvens de chuva e uma família de cervos saiu para mordiscar a grama que cresce mais verde sob uma cerca branca. Passamos Nutella na torrada da tarde e observamos os cervos enquanto conto a ela sobre o dia com Gibran e os policiais e como Alec sabia que os meninos tinham que ficar sentados na varanda com as mãos à mostra. E uma pergunta se desdobra gelada dentro de mim pela primeira vez. Se Alec sabia como a polícia veria meu filho, por que ele não deu a volta? Por que continuamos dirigindo para pegar Beth primeiro? Por que não ligamos para a escola dela e avisamos que nos atrasaríamos por causa de uma emergência?

Novera responde: "Alec sabia o que os policiais veriam, mas não sentia o perigo do outro lado. Um homem negro saberia. Um pai negro teria ligado para os parentes e para outro vizinho branco e teria pedido que fossem esperar com os meninos. Ele teria dirigido que nem um louco até chegar a Gibran."

Os olhos tão azuis de Alec estavam limitados ao olhar branco dos policiais norte-americanos. Eu não tinha esse luxo. Eu via os perigos para Beth e via os perigos para meu filho.

Anos depois, quando namoramos de novo, Alec riu da ideia de que os Estados Unidos teriam uma cultura do estupro. Isso só existe na Índia e na África, ele disse. No fim, Alec me perdeu[14] porque se recusava a ver o perigo. Ele se recusava até mesmo a ouvir as histórias de perigo. Ele recusou meu convite a ver, a imaginar além da imaginação branca, a sentir o medo e enfrentá-lo. Ele se recusou a ser o louco de que eu precisava.

Então dei ao meu filho o presente de conhecer o perigo e de saborear a sobrevivência. Dei a ele as histórias sobre rir no olho da tempestade e defender uma aldeia. Eu o criei para ser um louco.

Estados Unidos, meu amor, eu lhe dei um louco que vai cuidar das suas filhas. Você vai cuidar do meu filho, certo?

---

[14] Você percebe que eu usei a frase "Alec me *perdeu*"? Me perder não é fácil, porque eu não desisto facilmente das coisas. Não é fácil me fazer ir embora. E me perder é uma imensa perda.

## A FAZER

- Eduque seu menino sobre raça e interseccionalidade, começando desde a mais tenra idade (veja os recursos na página 265).
- Ensine seu menino branco sobre nosso mundo que privilegia a branquitude da mesma forma que meninos não brancos são ensinados a permanecerem seguros neste mundo.
- Comemore as conquistas do seu menino não branco.
- Ajude seu menino não branco a ver as estruturas de opressão, e a ver sua própria opressão como uma lente para desenvolver empatia para com outras pessoas oprimidas.
- Seja o modelo de uma vida antirracista para seus filhos.

## Capítulo doze
# E SE *EU* COMETER UM DESLIZE?

••••••••

"**POR FAVOR, DÊ UMA OLHADA NA** caixa de correspondência a cada poucos minutos. E, quando a carta chegar, só me mande uma mensagem com 'Aceito' ou 'Rejeitado'", disse Gibran.

"Eu nunca, nunca, sob nenhuma circunstância, em nenhum momento das nossas vidas, mandaria uma mensagem com a palavra 'Rejeitado' para você", respondi.

A data era 14 de fevereiro de 2013, um Dia dos Namorados em que eu não tinha nada planejado pela primeira vez na vida desde os 22 anos, exceto, é claro, dar uma olhada na caixa de correspondência a cada poucos minutos para ver se a carta de admissão da Swarthmore College para Gibran havia chegado. Ele mesmo não poderia fazer isso porque estaria tendo aulas no colégio. Então, é claro, decidi tirar um dia de folga no meu trabalho de tempo integral como professora de jornalismo e o passaria subindo e descendo no elevador usando meus pijamas, esperando o carteiro chegar.

Se você leva a vida da mesma forma que a maioria dos seres humanos, não preciso contar a você sobre a agonia de esperar uma mensagem cujo conteúdo pode ser interpretado ou como "Aceito", ou como "Rejeitado". Na verdade, alguém poderia argumentar que a maior parte da vida é passada escorregando entre essas duas palavras.

Gibran conhecia bem essa dicotomia — eu o criei sozinha nesses dois extremos (ah, quantas coisas aceitamos e rejeitamos!) e eu disse a ele que estávamos fazendo isso para prepará-lo para a vida e para aprender palavras como "dicotomia" —, mas agora queríamos muito mesmo que ele fosse aceito. Alguns meses antes, ele tinha saído do nosso apartamento de dois quartos aqui em Seattle para dar uma olhada em Swarthmore completamente sozinho. Ele passara a noite em um quarto de dormitório com um Swattie (eu queria que ele esquecesse essa faculdade porque os alunos dela se chamam de "Swatties", mas Gibran não achou que essa era uma razão boa o suficiente para cortar a instituição da sua lista cada vez menor), frequentou uma ou duas aulas no passeio e assistiu a apresentações sobre matrícula e ajuda financeira. O que ele não tinha feito foi atender o celular quando viu que era uma chamada da sua velha mãe em Seattle para saber se havia chegado a salvo no campus da Swarthmore, na Pensilvânia. Naturalmente, telefonei para o diretor de novas matrículas, que foi até uma cafeteria e encontrou meu filho debatendo em público com possíveis futuros colegas sobre o argumento que condenava o materialismo ortodoxo presente no livro *The Conscious Mind*, de David Chalmer, e pediu que ele ligasse para sua mamãe.

Qualquer frustação que meu menino tenha sentido naquele momento já havia desaparecido quando ele voltou para casa, seus grandes olhos escuros brilhando e ocupando ainda mais espaço em seu rosto de garoto que estava virando um homem, suas roupas descombinando amarrotadas sobre sua silhueta magricela de pernas compridas, seu cabelo escuro e grosso, sujo e bagunçado que fazia parecer que meu filho estava prestes a declarar que cursaria física. Tudo aquilo me contava que ele estava loucamente apaixonado por uma das mais prestigiosas e caras faculdades de artes liberais do país. "Encontrei meu povo", disse ele.

Tudo que eu queria, em todos aqueles anos que criei meu filho longe do nosso povo, era que ele encontrasse seu povo.

●●●●●●

Eu tinha deixado minha família para trás, eu tinha deixado dois maridos para trás e tinha deixado um país com um bilhão de pessoas para trás para que pudesse criar um homem bom. Mas quem era nosso povo? Quem era o povo *dele*? Como ele saberia como encontrá-lo?

E, então, foi com todas essas perguntas que fui até a caixa de correspondência segundos depois de o carro do correio ter virado a esquina do meu prédio. Após um movimento rápido da chave e um movimento atrapalhado para pegar tudo, um envelope fino com um belo e arcaico emblema vermelho estava nas minhas mãos. Assim como um catálogo da Pottery Barn, mas podemos falar sobre isso mais tarde, talvez.

Gibran tinha dito que um envelope fino não significa nada hoje em dia. Ainda assim, meu país treinou meu coração para se decepcionar com qualquer coisa. Abri o envelope. Meus olhos recaíram sobre a primeira palavra: "Parabéns." Então, um pouco mais abaixo: "Turma de 2017." As outras palavras ficaram borradas.

Naquele momento, com aquelas três palavrinhas, naquele Dia dos Namorados, compreendi verdadeiramente pela primeira vez desde que tínhamos iniciado nossa jornada que meu filho, a única família que eu tinha nesse continente, estava saindo de casa. Saindo de casa atraído pelo glorioso emblema vermelho, para atender ao chamado da turma de 2017.

●●●●●●●

Eu ficaria sozinha. Meu divórcio com Alec seria finalizado 28 dias depois daquele Dia dos Namorados. Eu colocaria que era a líder da família na minha declaração de imposto de renda pela segunda vez na minha vida. Precisaria encontrar uma pessoa para ser meu contato de emergência. E, para melhorar, meu filho empacotaria tudo que tinha nas suas duas malas, me daria um abraço no portão de embarque do aeroporto e sua cabeça de cabelos pretos desapareceria no final da fila de cabeças com cabelo castanho ou loiro em sua maioria. Então, seis horas depois, um pedaço do meu coração bateria, por anos, em uma cidadezinha distante na Pensilvânia.

Eu não teria mais ninguém para me ajudar a mudar do modo DVD para a TV a cabo. Eu não receberia mais mensagens de texto me perguntando o que teríamos para o jantar e não precisaria mais correr para casa após ficar até tarde no trabalho e encontrar alguém lá.

Tentei fazer minha mão parar de tremer para ligar para o celular dele, reconhecendo um momento de irresponsabilidade materna da minha parte caso ele estivesse no meio da aula. Ele atendeu no primeiro toque, sussurrando no telefone: "E aí?"

"Oi, meu amor", falei, sussurrando também por algum motivo.

"Oi, mãe. Alguma coisa?", perguntou ele.

"Oi, meu amor."

●●●●●●●●

E então começou. Minha perturbação. Tinha sido um ano difícil para nós dois, mas eu não havia me sentido perturbada ainda. (Em minha defesa, já tinha passado da hora de eu me sentir dessa forma.)

Na véspera do dia em que meu segundo divórcio foi finalizado, quando eu estava de pé na sala do novo apartamento que comprara, paralisada, imaginando se tinha cometido um grande erro ao deixar um segundo homem bom partir, Gibran me disse: "Algumas pessoas não foram feitas para o casamento. Acho que não está na sua natureza ser uma esposa." Ele sorria, de forma gentil, com um olhar que dizia que ele meio que admirava isso em mim, essa inabilidade de permanecer casada.

Meu coração se partiu. Era esse o legado que estava passando para ele? Se não tinha dado ao meu filho um modelo de relação duradoura, ele estava condenado a sofrer, chorar no travesseiro do seu quarto no dormitório da faculdade de artes liberais que custa 62 mil dólares ao ano, escutando Maroon 5 nos *headphones*? Ele tinha herdado um gene que não o permitia se apegar ao amor ou que não permitia o amor se apegar a ele?

Se toca, disse a mim mesma. Ele odeia Maroon 5.

Ok, então eu não tinha proporcionado um modelo de amor duradouro a ele. No que mais eu tinha falhado quando decidi viver uma vida feminista e criar um filho nessa vida feminista? Fui tomada por algumas das perguntas mais importantes que já fiz a mim mesma: Que tipo de homem eu estava mandando para o mundo? Eu tinha criado um feminista? Eu o ensinara a amar? Ele seria amado?

Passei os dias seguintes ouvindo Maroon 5. Certa tarde, o volume estava alto demais, e Gibran ouviu a música tocando no meu laptop na sala durante uma pausa da playlist dele, tocando no desktop do quarto. Ele saiu de lá e me perguntou o que diabo havia de errado.

"Estou preocupada com você", falei, me sentando em uma cadeira à mesa de jantar e fazendo um gesto para ele se sentar na cadeira em frente.

"É você que está escutando Adam Levine, mas está preocupada *comigo*?", perguntou. Ele não sorria de forma gentil ou olhava para mim como se admirasse aquilo na mãe dele.

"Estou preocupada com o homem que estou mandando para o mundo", falei, indicando a cadeira mais uma vez. "Estou preocupada se ele vai... você sabe... encontrar e dar amor."

Sim, essa conversa era necessária. Era ali que ia começar minha busca, minha expiação.

"Bem", disse ele, dando meia-volta e caminhando devagar na direção do quarto. "Não é como se eu esperasse muita coisa disso. Afinal, não tive treinamento nenhum."

Pensei ter ouvido errado por um segundo, e então sabia que tinha ouvido corretamente.

"Você... você acabou... você não teve treinamento nenhum?"

A porta do quarto dele era de correr. Era feita de placas finas e grandes de cedro com um vidro colocado de maneira assimétrica, que buscava alcançar uma frágil estética japonesa. Tinha me custado um bom dinheiro. Sabia que ele não poderia batê-la na minha cara.

Ele parou diante da porta, suspirou e olhou para mim por cima do ombro. "Eu *tive*?"

Pisquei. "*Não* teve?"

Ele deu de ombros. "Imagino que as coisas só possam melhorar nesse quesito."

A mesa de jantar à qual eu estava sentada era formada por uma grossa placa de aço sobre uma estrutura escura de carvalho, comprada em uma liquidação da West Elm, um ótimo investimento, assim como nossas estilosas prateleiras de bambu, um mobiliário que tornava esse pequeno apartamento o tipo de casa que eu desejara para nós — uma casa em que uma família fazia as refeições, lia e debatia assuntos importantes. Agarrei as bordas daquela mesa de aço frio diante de mim e fiquei de olhos arregalados. Esperava ver o rosto do meu filho sorrir e dizer que estava apenas brincando, mas nada aconteceu.

Em vez disso, ele falou: "As coisas ficaram meio que dissociativas por aqui. Acho que não tivemos tempo de treinar para o amor?"

Eu culpo os livros. Ele leu demais. Pela primeira vez, desejei que ele tivesse sido um adolescente normal e me deixado para trás revirando os olhos.

"Mas foi uma boa vida, não?", falei. "Uma vida afortunada?"

Ele balançou a cabeça, não que estivesse discordando, mas da maneira que um filósofo sinaliza a si mesmo para não entrar em uma discussão que ele acreditava ser infrutífera com seu colega de quarto solipsista. No entanto, ele se aproximou, e estava dando uma olhada na prateleira, pegando um livro depois do outro, colocando alguns de volta ao lugar com cuidado e outros em uma pilha bem organizada. Eu o observei e senti uma torrente de pensamento na minha cabeça, de todas as respostas que eu poderia dar às coisas que ele poderia dizer.

Depois de alguns minutos, ele pegou a pilha de livros e foi para o quarto sem olhar para trás. Enquanto deslizava a porta para fechá-la, murmurou: "Boa noite, mãe. Amo você."

Fiquei ali, encarando o espaço em que ele tinha estado.

Dissociativas. O que ele queria dizer com aquilo?

Eu poderia perguntar a ele. Poderia pesquisar. Mas acho que eu sabia.

Olhei para baixo, para o bloco de páginas amarelas na minha frente, claro sobre o cinza da placa de aço, e fiz uma lista dos deslizes que cometi como feminista e mãe:

1. **Posso não ter sido um modelo para o amor.** Se ele olhar para mim, esse meu menino, e se perguntar "Quem minha mãe ama?", que respostas receberia? Ele já sabe que eu *o* amo. Mas ele me viu amando verdadeiramente outra pessoa? Gibran viu relacionamentos. Já viu encontros de amor, durante visitas, por meio de histórias e no casamento recente com um ano de duração da sua mãe. Porém, ele não testemunhou o tipo de amor mundano, gordo e preguiçoso que há na permanência, e não no chegar e partir.

2. **Não o ensinei a cozinhar.** Não o ensinei a costurar. Sempre achei que isso não seria um problema, porque eu estava sempre correndo e não tinha tempo. Sempre achei que não seria um problema porque não era como se ele tivesse uma irmã que estava fazendo essas coisas enquanto ele se isentava de tais funções. Ademais, tanto seu pai quanto seu padrasto eram excelentes cozinheiros. Por que *eles* não o ensinaram a cozinhar? O resultado é que ele poderia ser *aquele cara* que espera que a esposa cozinhe. Uma das primeiras coisas que as pessoas pensam quando pedem que elas imaginem um homem feminista é: "Ele cozinha e faz faxina!" Gibran não faz isso. Um amigo me diz que ele vai aprender. Mas, caramba, como eu cometi um deslize *desses*?

3. **Com frequência, deixei que ele fizesse *mansplaining* comigo.** Ele era um menino inteligente e lido e cresceu para se tornar um homem esperto e bem instruído. Tem um bom cérebro. Muitas vezes esqueço *que eu também tenho*. Fui criada para esperar que os homens fossem mais inteligentes do que eu. Eu me submetia à inteligência do pai de Gibran mesmo quando

eu era uma notável jornalista na Índia. Ficava preocupada em terminar minhas matérias ou críticas de filme sem ele dar uma olhada nelas antes. Na época em que Gibran era adolescente, comecei a assentir muito profundamente quando ele passava tempo demais discutindo um assunto. Meu filho tem aquele tipo de segurança que em geral encontramos em babacas.

4. **Contei para ele minhas histórias do #MeToo em momentos de angústia em vez de calma.** Eu achava que um filho feminista deveria saber sobre assédio sexual e cultura do estupro, então usei minhas próprias experiências como exemplos. Sim, eu tornei as histórias apropriadas para a idade e, sim, editei algumas coisas, mas contei isso em momentos de estresse. Deveria ter feito isso em momentos de calma, com a ajuda de terapeutas. Gibran diz que, embora tivesse 15 anos, ele se sentiu traumatizado, perturbado sobre nossa segurança na sociedade. Como isso aconteceu antes do movimento #MeToo, antes de vermos como tudo era perverso, meu filho sentiu meu trauma e sentiu que estávamos sozinhos. Eu poderia tê-lo protegido disso. Ou talvez todos nós poderíamos tê-lo protegido dessa sensação de estarmos sozinhos.

5. **Falei muito sobre meu peso.** Nunca deixei de comer um *gulaab jamun* ou um pedaço do bolo de morango e baunilha da Safeway, e Gibran e eu brigávamos e ríamos com pacotes de Cheetos, mas eu sempre falava que estava "de dieta". Eu simplesmente deveria ter pegado e comido meu bolo.

6. **Eu deveria ter dado mais espaço a um estilo de criação de gênero neutro.** Gibran nasceu em Bangalore, na Índia, em 1995. Nós o classificamos como "menino" no momento em que a obstetra viu seu pênis quando ele era um embrião no meu ventre. Eu só conheceria a criação de crianças de gênero neutro em 2015, vinte anos depois do nascimento dele, e, nesse ínterim, o mundo e eu jogamos todos os tipos de masculinidades em cima

de Gibran. Sim, claro, eu comprei aquela Barbie com a qual ele ficou obcecado quando tinha dois anos, e, sim, olhei com raiva para o pediatra dele que meu deu uma bronca por vestir o bebê Gibran com um vestido violeta, mas, se pudesse voltar no tempo, teria substituído termos de gênero como "Garoto esperto!" por "Criança esperta!" e perguntado com mais frequência sobre o que o fazia se sentir assustado e vulnerável no mundo. Deveria ter combinado isso com as conversas que precisam ser feitas, é claro, conversas que estávamos tendo sobre um gênero ser mais privilegiado que os outros.

7. **Eu deveria ter dito que ele era lindo.** Não fiz isso porque queria que ele não se importasse com a aparência, sobretudo de garotas e mulheres. Mas não sabia na época o que sei agora sobre a forma com que garotos de minorias étnicas — em especial meninos da Ásia e do sul da Ásia — são fortemente julgados no medidor de masculinidade. Estudos mostram que eles são os homens heterossexuais menos propensos a receber um match nos aplicativos de namoro nos Estados Unidos. Na minha própria mente colonizada, e apesar do meu foco acadêmico na mídia, será que eu também julguei a pele mais escura e o rosto e físico não tão angulosos do meu filho como menores? (Até mesmo estrelas de Bollywood começaram a aspirar pela masculinidade musculosa e esculpida a partir dos anos 1990. Nosso favorito — Shah Rukh Khan — virou garoto-propaganda de um creme clareador de pele chamado Fair and Handsome, um cosmético "irmão" do detestável Fair and Lovely, comercializado para meninas e mulheres sul-asiáticas por décadas.) Eu deveria ter dito que ele era lindo e então poderia ter seguido em frente listando os motivos por que aquilo não deveria importar.

8. **Eu o criei longe da minha família e do meu país.** Criá-lo sozinho nos Estados Unidos foi um ato egoísta? Minha família teria sido tão tóxica para ele quanto foi para mim? Eu deveria

ter voltado para ficar perto da minha irmã? Deveria ter voltado pela minha mãe? Eu tinha abandonado as duas na minha poderosa busca feminista? Será que poderia ter permanecido e curado minha família? Poderia ter feito matérias jornalísticas que dessem voz às mulheres do meu país? Poderia ter criado um filho feminista na Índia, sob a influência das feministas brilhantes, ardentes e gentis que floresceram lá? Poderia ter criado um filho feminista de uma maneira diferente? Poderia ter criado *um filho mais feminista*?

Eu poderia seguir em frente com essa lista. Poderia seguir em frente com os deslizes. Ao criar um filho feminista, eu fiz pouco e muito. Porém, nos momentos em que sou gentil comigo mesma, não me sinto agoniada. Reconheço que talvez o ato mais feminista de todos é se perdoar.

Como sugeri no Capítulo Dez, pode ser que alguns dos deslizes que cometemos exijam um pedido de desculpas. Pedi o perdão de Gibran por alguns dos erros que citei há pouco. No entanto, não impus que ele me desse o perdão. Ele respondeu a alguns dos erros com um assentir, a outros com um abraço e a ao menos um com uma risada.

Ao conversar com outros pais sobre deslizes, eles me asseguram que todo mundo pensa que está fodendo com tudo o tempo todo. Minha amiga Cleo diz que se arrepende de não ter falado com seus dois meninos negros sobre como eles não vivem em uma sociedade pós-raça. "Criei bons homens, mas, se eles acreditaram que a raça não impactava a vida deles, talvez então não tenhamos conversado o suficiente sobre o status das mulheres."

Meus amigos Yancy e Emily, pais brancos de um garoto de sete anos, às vezes temem que essa criação de um filho feminista pareça ser algo um pouco distante e abstrato. Yancy diz: "Lemos livros e falamos sobre gênero e justiça racial, mas, no dia a dia, ele não me vê fazendo muito sobre essas coisas... Eu me certifico de que ele saiba que sou eu que cozinho e que em geral limpo o banheiro, mas, quando estamos fora assistindo a jogos de futebol masculino ou em uma happy hour com nossos amigos, que, em sua maioria, são brancos, fico preocupado de que ele vá me pegar. Há mais trabalho a ser feito."

Yancy também imagina a melhor maneira de intervir quando seu filho é malcriado com a mãe. "Há dias em que ele pode ser um verdadeiro babaca com ela, e fico mais uma vez preocupado que, embora possamos estar fazendo progresso em um nível intelectual, o nível de experiências vividas e os riscos emocionais perpetuem esse tipo de bobagem que as mulheres ainda precisam aguentar de homens brancos. Estamos procurando aconselhamento familiar, mas é claro que há listas de espera. E as últimas semanas têm sido melhores (de dedos cruzados para que isso dure)."

As últimas semanas. Sim, a criação de um filho muda de semana para semana. E quanto a nós, os pais que vivem a vida simultaneamente, com nossas múltiplas identidades, jogados, atropelados, criados em pedestais ou derrubados quando tapetes são puxados debaixo de nossos pés? Mesmo uma dona de casa dedicada à mais velha das profissões não remuneradas (não, não a prostituição, pois ela em geral é paga) não bate o ponto na entrada e na saída, podendo apenas trazer todo o seu ser para o trabalho e nunca deixar de fato o escritório. Não há um conjunto de habilidades, nenhum macete para criar um filho feminista. E então há coisas como traumas geracionais.

A terapeuta familiar dra. Karen Weisbard, de Seattle, me diz: "Todos temos que lidar com nossos próprios traumas. Assim, precisamos ser capazes de refletir sobre como nos tornamos as pessoas com gênero que somos, e como decidimos, mesmo que minimamente, quais são as expressões válidas de nós mesmos, da nossa masculinidade, da nossa feminilidade." Estamos sempre construindo nossas identidades, diz a dra. Weisbard, e criar um filho feminista é um empreendimento que vai nos fazer pensar melhor e reimaginar essas identidades. Segundo ela, a pluralidade é a chave.

Talvez a melhor maneira de superar os deslizes e perdoar a si mesmo seja adotar a noção budista de amar nossos arrependimentos. É preciso ser ético para sentir remorso. Mas é preciso ser um ser humano em crescimento para valorizar a lição.

Sim, diz minha amiga Sharon Suh, acadêmica e professora de budismo e estudos de gênero. Sharon organiza workshops de mindfulness. "Perdoar a si mesmo é uma prática feminista", diz ela. "Temos que reconhecer nossa condição e todas as pressões culturais e políticas que nos levaram a agir de determinada maneira." A relação das mulheres com a comida é um terreno em que precisamos praticar nossa autocompaixão. Nos workshops dela, Sharon trabalha com mulheres que são culturalmente condicionadas a glorificar a abstenção no tocante à comida. "Somos criadas em uma cultura de dieta na qual falamos: 'Se eu não comer bolo por trinta dias, serei magra e então serei feliz.' Então, cedemos, comemos o bolo e nos odiamos por isso."

Pais e mães solo em particular podem carregar a culpa de não proporcionarem uma família tradicional aos seus filhos. "Uma coisa de que realmente gosto no budismo é que a culpa não é uma virtude budista. Se você se sente culpado em relação a outra pessoa, torna-se impossível superar isso. Você acaba focando em si mesmo e não na criação de algo que pode ser significativo para a outra pessoa. Em vez disso, pratique a autocompaixão", diz Sharon.

Ela relembra o tempo que passou em um retiro para pessoas de minorias étnicas. "Uma coisa linda aconteceu. Na terceira ou na quarta noite, tivemos uma meditação de perdão. Pediram para que cada pessoa se permitisse sentir a própria tristeza e o próprio arrependimento e reconhecer que ela havia machucado a si mesma, *intencionalmente ou não*, por meio da dor ou da raiva. Você reconhece que se abandonou, se machucou, se feriu através das próprias ações, pede perdão a si e se permite repetir: 'À maneira com que me permiti ferir a mim mesmo por meio da ação ou da inação, com dor, raiva, culpa, medo, confusão... dou um perdão verdadeiro. Eu me perdoo.'"

O próximo passo era mais difícil, diz ela. Pediam para que você perdoasse também aqueles que o feriram ou machucaram. Você não precisa perdoar um estuprador, diz ela, mas ver aquilo como uma liberação das amarras que comprimem seu coração. "E você sempre pode mudar de ideia. Pode falar: 'De jeito nenhum, porra!' A ideia é libertar a si mesmo, não se traumatizar de novo."

Parte de deixar Gibran seguir para o mundo significaria abandonar meus arrependimentos e me perdoar. Sim, Gibran tinha razão, talvez tivesse sido uma vida dissociativa. Espero que, mesmo que não seja comigo, ele possa aprender a habilidade de se *associar* com alguém no caminho. Espero que ele faça tantas associações que, em algum lugar lá fora, na faculdade e depois dela, em qualquer lugar do mundo em que ele tenha uma cozinha, meu menino vai cozinhar. Ele vai formar uma família, uma família grande. Ou uma pequena, tanto faz. Ele vai me convidar e eu vou levar meu novo namorado ou, pelo menos, meu cachorro. Ele vai pedir às mulheres da família, talvez uma parceira ou uma filha, a lhe explicar algo que ele não saiba. Ele vai estar no telefone e eu vou perguntar quem era na ligação. "Era a Naani [sua avó materna; minha mãe]. Ela te mandou um oi", responderá ele, me passando uma tigela de Cheetos.

### A FAZER

- Faça uma lista de tudo que você se arrepende.
- Perdoe a si mesma por cada um dos itens nessa lista.

## Capítulo treze
# COMO VOU SABER SE TIVE SUCESSO EM CRIAR UM FILHO FEMINISTA?

●●●●●●●●

**FANTASMAS**

A memória mais antiga da minha mãe é receber banhos de banheira da mãe dela. Ela também lembra que sua mãe proibiu que ela, a irmã menor e os cinco irmãos ficassem correndo pelo sol forte das tardes na aldeia deles em Bikramganj, Bihar. Exasperada com as tentativas da filha rebelde de fugir para o ar livre, minha avó disse a ela que entre meio-dia e uma da tarde os fantasmas estão à solta na aldeia de Bikramganj, roubando criancinhas que serão assombradas e mortas.

Minha avó talvez seja a única pessoa do mundo que conseguiu assustar os filhos pequenos com histórias de atividade paranormal diurna. Dá para culpá-la? Ela tinha sete filhos. Eu perdoo um ou outro fantasminha de mentira.

Embora minha mãe pare de correr no sol da tarde de Bikramganj, ela não está aprendendo muito a cozinhar como as outras meninas da aldeia, nem lavando à mão e secando as roupas da família como elas, nem acordando cedo para rezar. Como ela está em Bihar, e os verões são quentes e os invernos são frios, as outras meninas também estão tricotando suéteres e cachecóis. As melhores estão aprendendo a bordar. "Eu não queria aprender nada disso. Minha mãe era boa em fazer comida, e eu era boa em comer", minha mãe diz. Ela aprendeu a cozinhar não mais que dois ou três pratos com sua mãe. (Entre esses há um biscoito de farinha integral e açúcar mascavo que foi o favorito da sua filha mais velha — eu — por anos.)

Sua infância é logo interrompida por uma oferta de casamento, arranjada pelos seus parentes. Mas agora ela está ficando tão boa em subir em goiabeiras e mangueiras. Se você estivesse sentado sob uma das trezentas mangueiras do pai dela, o dr. Rameshwar Jha,[15] em Bikramganj no verão de 1963, você veria uma menina de 14 anos esperando o vento forte que soprava logo antes das monções. Você a veria gritar de alegria quando os primeiros raios e trovões fizessem balançar as trezentas árvores, e as crianças ficavam paradinhas porque agora as mangas iam cair das árvores sozinhas, sem precisar que fossem catadas. "A gente pegava uma manga do chão e outra caía bem do nosso lado."

Nesse verão de 1963, minha mãe sabe pouco sobre homens, e ainda menos sobre cidades. Ela já foi a Patna, a capital de Bihar, porque o irmão fazia faculdade lá. Sua família visitava durante os festivais de Dussehra e Diwali e as crianças ganhavam novas roupas e sapatos e até iam ao cinema. Na sua aldeia, ela só podia ver filmes sobre mitologia hindu. Para isso, ou até para comprar um pacote de biscoitos, ela tinha que estar acompanhada por um homem: seu pai ou um serviçal de confiança. Ela sonha com uma vida em Patna, onde meninas usam uniformes escolares em branco e azul. Sua irmã, só quatro anos mais nova, se beneficiaria das mudanças drásticas dos anos 1960, quando escolas só para meninas começaram a surgir. Mas, para minha mãe, o caminho para a educação — e para os filmes — passa por um segundo-tenente do exército de vinte anos cujo pedido de casamento chegou à casa do seu pai.

O rapaz e sua família chegaram para "ver" a noiva em fevereiro de 1964. (O rapaz e a menina não têm permissão de se ver naquele dia, na

---

15 Sim, minha mãe tinha o mesmo sobrenome e casta do meu pai antes do casamento.

verdade. Meu pai vê uma menina com a cabeça coberta pelo ghoonghat do sári. Minha mãe tem um vislumbre do uniforme militar do meu pai.) O noivo fala inglês, contam a ela. Essas duas coisas a fazem se apaixonar de imediato.

Eles se casam em 4 de junho de 1964. Quando a noiva ergue o ghoonghat, o véu do seu sári de casamento, para que o noivo possa marcar a linha do seu cabelo com sindoor, ele vê a esposa pela primeira vez. Ela é alta e bonita, ele pensa consigo mesmo. Mantendo a tradição, os noivos se separam por três dias depois do casamento. No quarto dia, quando o noivo vem buscá-la, ele fala com ela pela primeira vez. Para a sua surpresa, ela não fala uma palavra de inglês ou de hindi. Só fala o dialeto local, Bhojpuri. Isso não é bom o suficiente para a esposa de um oficial do exército. Ele jura que ela vai fazer faculdade e falar inglês.

Ela sabe que o marido está decepcionado porque ele diz que ela é uma *dehati*, uma caipira. Diz que ela tem sorte de ter casado com ele. Ela concorda. Ela gosta das vezes em que eles vão ao cinema. Ele a leva para ver seu primeiro filme "adulto". O filme, *Sangam*, é com o ator favorito dela, Raj Kapoor. É um filme adulto porque a heroína aparece de trajes de banho.

Então o marido lhe diz que, se ela não falar com ele exclusivamente em inglês, não vai respondê-la. Uma manhã, quando eles estão visitando a casa de um primo dele, um homem chega vendendo ovos e pão fresco. Meu pai pede à minha mãe para comprar uma cesta. Ela olha para ele e não sabe o que ele quer dela. Ela já viu um serviçal pegar uma cesta na cozinha todos os dias para o pão e os ovos, então ela vai à cozinha e pega uma cesta. O marido comemora com alegria e ela descobre que o que está segurando é uma "cesta".

"A primeira palavra que aprendi em inglês foi 'cesta'."

Eu nunca soube desses detalhes sobre a vida da minha mãe. Ela pode ter dividido algumas dessas histórias conosco, seus filhos, enquanto crescíamos. Mas as histórias não ficaram na minha cabeça, talvez porque ela as tenha contado apressadamente, na correria da vida de mãe que trabalhava fora, ou talvez por causa do egoísmo das crianças.

Eu ouvi essas histórias porque Gibran fez uma entrevista com ela para um trabalho de pesquisa. Ele descobriu tudo isso e muito mais sobre a avó em uma ligação de Seattle a Mumbai. Mais tarde, quando minha mãe está conversando comigo sobre sua experiência de ter sido entrevistada por Gibran, ela ri muito. Adorou a experiência. Ela diz: "Quando eu contei que tinha me casado com 14 anos e meio, ele me perguntou: 'Você estava com medo, Naani?' Eu fiquei surpresa. Ninguém nunca me perguntou se eu estava com medo. Ninguém me perguntou como eu me sentia. Sim, eu me lembro de estar com medo."

*Você saberá que criou um filho feminista quando ele perguntar às mulheres sobre seus sentimentos.*

*Meninas*

Eu nunca conheci Sienna muito bem nos anos em que ela e Gibran eram próximos na escola. É um dos meus maiores arrependimentos como mãe. Será que eu estava ocupada demais? Ou será que foi só uma daquelas amizades de escola que passam mais tempo fora de casa do que dentro? Ela não era um dos amigos que vinham dormir aqui em casa, mas Sienna Hiller, uma moça hétero, branca e cisgênero é, até hoje, uma das amigas mais próximas de Gibran.

"A gente ficou próximo num nível emocional na oitava série", ela me conta durante uma entrevista pelo Zoom. "Eu me lembro de que foi especificamente num dia em que eu não queria ir a uma festa na piscina porque tinha vergonha do meu corpo. Lembro que ele me falou: 'É, eu te entendo. Toda a minha gordura vai direto para a barriga.' Eu fiquei tão surpresa de ouvir um menino falar algo assim. Tão específico. Mesmo que caras [cis-hétero] se sintam assim, eles raramente falam sobre isso, especialmente com meninas!"

Sienna me parece, mesmo no Zoom, mas especialmente por anos ouvindo Gibran falar dela, uma moça muito séria. Ela trabalhou como garçonete em um restaurante por alguns anos após o colégio, depois em uma loja de maconha e, então, no escritório de desenvolvimento de uma ONG. Agora ela está estudando justiça criminal na faculdade para poder trabalhar para uma ONG de justiça restaurativa.

Eu agradeço a Sienna por algo que Gibran me contou recentemente: "Você contou a ele sobre a pressão que as meninas sentem para serem perfeitas, mas não tanto a ponto de intimidar os garotos", digo. "Obrigada por torná-lo um feminista melhor."

Sienna sorri ao se lembrar da conversa com Gibran. Ela me conta de outra vez em que teve que ajudar Gibran a ser um pouco mais sensível. "Estávamos conversando com uns amigos uma vez e ele falou, sobre outra menina: 'Bem, tecnicamente, ela é mais atraente que você', e eu tive que dizer a ele que, embora pudesse estar certo, também estava sendo insensível. Ele entendeu totalmente e admitiu que estava tão certo da sua opinião que não tinha considerado que aquilo poderia me magoar."

Eu peço que ela seja honesta comigo sobre algo que me preocupa até hoje sobre meu menino: "Ele faz *mansplaining*, não faz?"

Ela balança a cabeça com força, visível até pela tela pixelada do Zoom. "Ele tem opiniões fortes", diz ela. "Eu o vi se transformando de liberal em socialista em um ou dois anos, e foi porque ele ama ser desafiado. Mas ele também ouve as pessoas de verdade. E gosta de debater. Faz isso com meu namorado também."

Ufa. Posso ainda não estar totalmente certa sobre o *mansplaining*, mas ajuda ouvir uma mulher inteligente liberá-lo dessa acusação.

O namorado de Sienna, Ebrima, nos ouve conversando e pergunta se pode falar uma coisa. Ele aparece sorrindo na câmera e diz para Sienna: "Quando estávamos começando a namorar, uma vez a gente teve uma briga, então ele me levou para o andar de baixo e falou: 'Olha, vou contar umas coisas que vão te ajudar a entender melhor a Sienna.' Me ajudou muito mesmo. Ele conhece você desde a sétima série."

Sienna está ouvindo isso pela primeira vez. Seus olhos se enchem de lágrimas.

Sienna diz: "Alguns meses atrás, quando ele estava visitando Seattle, a gente tinha combinado de ir a uma festa do pijama na casa de um amigo. Eu fiquei insegura, mais uma vez, sobre meu corpo. Gibran e Ebrima queriam muito ir. Eu fiquei tão ansiosa que comecei a chorar. Meu namorado ficou frustrado, mas Gibran foi muito legal. Ele falou que ficaria do meu lado a festa toda. Mesmo assim, eu não queria ir. Então Gibran também não foi. E ele não me deixou sentir culpada por isso."

Eu pergunto se ela e Gibran já conversaram diretamente sobre feminismo. Não, não diretamente, ela me diz. Era um "fato" subentendido entre eles, afirma. Ela conta sobre o conforto da relação implícita que uma menina ou mulher feminista pode ter com um amigo homem feminista. "Como eu conseguia ver que ele era feminista, não precisava falar sobre algo que seria estranho para mim de qualquer forma", conta.

"Por que estranho?"

"Porque é uma questão tão interseccional. Eu sou uma mulher branca. Gibran e Ebrima[16] são homens de minorias étnicas. Eu não queria impor nenhum tipo de conversa de feminista branca a eles, mas vou te contar com certeza que vários caras brancos que eu conheço, os caras de fraternidade que dizem ser feministas agora porque está na moda, ainda fazem coisas horríveis. Gibran e Ebrima não ficam por aí se declarando feministas, mas eles agem dessa forma."

Alec Hannaford, um amigo de Gibran que é hétero, branco e cisgênero, se lembra de falar com Gibran sobre feminismo no primeiro ano do ensino médio. "Ele estava numa fase meio 'radical', do contra. Alguém comentou o fato de que mulheres recebem menos no mercado de trabalho e ele falou que era só porque as mulheres têm participação

---

[16] Os pais de Ebrima são imigrantes da Gâmbia; ele nasceu em Nova York.

menor, não porque recebem menos pelo mesmo trabalho. Parecia que ele estava se esforçando para fazer um contraponto à narrativa feminista básica. Mas aí ele deu uma volta de 180 graus nessa posição nos anos seguintes. Acho que um grande ponto de mudança para ele foi ler *A origem da família, da propriedade privada e do Estado*, de [Friedrich] Engels. Sua posição mudou para ver que as mulheres têm mais desvantagens. Já que a sociedade capitalista meio que depende da família nuclear, e a família nuclear meio que depende do trabalho não pago das mulheres, como a criação dos filhos."

Aí, Alec diz o seguinte, do nada: "No fim, tenho certeza de que Gibran vai ser um bom pai e marido se ele decidir ter filhos."

Um amigo do Gibran desde a sexta série, Cal, um rapaz branco bissexual, tem um comentário mais divertido: "Você sabe o tipo de mulher que Gibran gosta de namorar, né? Ele gosta de levar porrada intelectualmente das namoradas."

*Você saberá que criou um filho feminista quando seus amigos disserem que veem os sinais.*


*Deuses*

Em mais de uma ocasião, minha mãe se referiu a Gibran como "um deus". Ela também acredita, até hoje, que meu primeiro marido é um deus. Ela nunca disse isso sobre meu segundo marido, fato pelo qual sou grata. Ela também nunca disse que eu sou uma deusa.

Em sua defesa, nós, indianos, não temos muitas inibições em nomear seres humanos deuses. Para ser específica, nós, hindus, sendo politeístas, não temos problemas em atribuir divindade a homens que foram banidos em divórcio. E certamente eu receberia algum status por ser a mãe de um deus, não?

Ainda assim, sou não divina o bastante para ficar incomodada. Ela fez isso mais uma vez, naquela viagem que eu e Gibran fizemos para a Índia no verão antes de ele começar a faculdade. Fui convidada para umas férias com o deus e sua avó para Rajasthan. Para ser sincera, fiquei muito comovida.

Minha mãe não tirava férias havia anos. No aeroporto, antes do voo para Jaipur, seu joelho começou a doer muito. Meu coração se partiu. Ela tinha gastado tanto dinheiro em voos e hotéis de luxo para o neto, e cá estava, sentindo dor extrema antes mesmo da viagem começar.

Ela nem sonharia em cancelar. Encheu-se de ibuprofeno. O remédio mal tinha começado a fazer efeito quando ela começou a ficar nervosa com a gente.

"Gibran beta, você quer uma dosa? Está vendo, ali naquele balcão tem dosas. Quer brownies?"

"Vou pegar umas dosas, Naani. Vou pegar umas dosas com minha mãe. O que a senhora quer?"

"Nada, nada."

"Tem certeza? Nem café?"

"Eu queria café, mas a fila está grande demais. Não quero que vocês fiquem em pé tempo demais. Vou pedir café no avião."

"Ah, mas o café do avião vai ser uma porcaria. Vamos comprar café para a senhora agora."

"Não, não, beta. Quero que você descanse antes do voo."

"Descanse antes do voo?", perguntou Gibran, arregalando os olhos. "Porque a gente vai ficar correndo numa esteira no avião?"

Minha mãe começou a rir descontroladamente, o tipo de risada que faz o rosto se enrugar e os ombros tremerem e que continuou sem som exceto por um arfar ocasional. Eu tinha sentido falta dessa risada na minha vida a muitos oceanos e ressentimentos de distância.

"Não foi *tão* engraçado, mãe", falei, sorrindo. "Me diz que tipo de café você quer, por favor. A gente não tem muito tempo."

Ela se ajeitou e balançou a cabeça.

"Estou me sentindo bem melhor agora. Pode deixar que eu vou pegar as dosas para o Gibran. Quero ter certeza de que ele vai provar todos os chutneys."

"Caramba, Naani", disse Gibran. "Agora eu sei de onde minha mãe herdou isso."

"Herdou o quê?", perguntei.

"Essa parada de ficar cuidando de todo mundo. Sabe, em vez de relaxar e receber o que *você* quer."

Eu e minha mãe nos entreolhamos. Ela sorriu para mim. Suas férias tinham começado.

●●●●●●●

A beleza de Rajasthan nos atingiu como uma onda. Rajasthan — o estado desértico da Índia, na região central do coração do país. Gibran nunca tinha visto uma paisagem assim — dunas de areia e espaços abertos sem arranha-céus, só prédios baixos e arquitetura de tempos imemoriais. Jaipur também é conhecida como a Cidade Cor-de-rosa por conta dos prédios seculares de arenito, todos enfileirados, em tons de salmão.

Enquanto o adolescente dormia no hotel, eu e minha mãe decidimos procurar pavões. Entramos no jardim luxuoso do hotel e ficamos felizes ao perceber que estávamos sozinhas ali. Tudo ficou silencioso. O joelho da minha mãe estava bem melhor.

"Ei, mãe", chamei. "Fica aqui debaixo dessa árvore."

Era um pé cheio de flores de jasmim-manga. Minha mãe ficou parada embaixo dela, sorrindo, e eu balancei os galhos para que as flores caíssem em torno dela. Ela abriu os braços para pegar algumas flores nas palmas das mãos, como aquela criança que conhecia intimamente o tempo das árvores.

Nós visitamos fortes e templos o dia todo e corremos de volta para o hotel para seu lendário bufê de chá da tarde. Eu sentia falta de bufês de chá da tarde nos Estados Unidos. Trouxe um prato cheio de sanduíches de pepino e uma variedade de bolinhos para nossa mesa. Comecei a pensar que nada poderia dar errado. Essa era a melhor viagem em família em anos. Eu mal conseguia me lembrar de uma época em que eu e minha mãe tínhamos rido tanto quanto nesses últimos dois dias.

Quando fui me sentar, ouvi minha mãe contar a Gibran que esperava que eu e o pai dele voltássemos agora que eu e Alec tínhamos nos divorciado.

Eu quase deixei o prato cair de tão chocada. Gibran abriu um sorriso nervoso para mim e tentou mudar de assunto enquanto eu caía na cadeira ao lado dele.

"Não, estou falando sério, Gibran", disse minha mãe. "Eles nunca deveriam ter se divorciado. Ele é um deus, seu pai. Ela nunca deveria ter largado ele."

Mordi o sanduíche de pepino porque não conseguia pensar em nada para dizer. A manteiga estava rançosa. O pão estava seco na minha boca. Tomei um gole de chá.

"Na verdade, eu preferiria bem mais que minha mãe voltasse com o Alec", comentou Gibran. "Meus pais têm vidas muito diferentes em dois países diferentes."

Eu queria dizer algo a ele sobre não se envolver em discussões assim, não ser mal-educado falando de mim na terceira pessoa enquanto eu estava bem ali do seu lado, não ter a convicção de que ele tinha o direito de ter esse tipo de preferência na minha vida. Mas eu só tomei mais um gole de chá.

"Eu nunca gostei daquele Alec", disse minha mãe. "Seu pai é um deus. Você me lembra dele."

Eu me levantei da cadeira e comecei a ir embora. Gibran segurou meu braço e disse algo sobre não fazer drama. Eu olhei de cara feia e soltei o braço.

*Só precisou disso. Alguns dias neste país e meu filho estava zombando da mãe.*

Enquanto as pessoas nas mesas em volta começaram a se virar para olhar, eu falei: "Eu não deveria ter vindo para cá." Então dei as costas e fui embora.

Gibran e minha mãe terminaram o chá e voltaram para o quarto. Minha mãe começou a falar com ele que eu nunca deveria ter ido embora e que estava na hora de eu voltar para a Índia.

"Tem estupros demais aqui", eu me ouvi falar. "Nunca me senti segura aqui."

"Bobagem", disse minha mãe.

Eu me ouvi de novo: "Mãe, perdi as contas de quantas vezes sofri abuso..."

Ela franziu a testa. Gibran ficou tenso.

"Eu já te contei sobre minhas experiências aqui, mãe", falei. Eu queria que ela ficasse do meu lado. Queria que ela se lembrasse das minhas histórias como eu me lembrava das dela, de ser espancada pelo meu pai. Queria que ela ficasse do meu lado como eu fiquei ao lado dela na adolescência, saindo de casa com ela toda vez que ela tentava se separar do meu pai. E queria que ela me dissesse que sabia, que se sentia mal por tudo isso ter acontecido comigo, que ela sabia que as coisas ficariam bem um dia, que eu ficaria bem.

"Você nunca me contou nada disso", disse minha mãe. "Você fica contando essas coisas para outras pessoas. Conta para um, conta para outro. É tudo mentira. Você escreve essas coisas porque quer atenção. Você nunca me contou nada."

Gibran sentou na cama e balançou a cabeça. Ele tinha ouvido essas histórias, mas esse não era o melhor assunto para as férias. Eu queria fazer a coisa certa como sua mãe. *Qual era a coisa certa? Eu deveria protegê-lo? Ou deveria mostrar a ele que tudo bem gritar e pedir a compreensão das pessoas que você ama?*

Eu sabia que tinha uma escolha aqui de não sofrer, de não morder a isca, de não chorar, de não me jogar da janela do hotel, de não estapear minha mãe, de não responder, de não brigar, e sim de entender por que ela estava dizendo aquilo. Enquanto minha mente tentava atravessar esse pântano de escolhas, tudo que meus lábios conseguiram dizer foi: "Eu contei, sim. Como você pôde ter esquecido? Você é minha mãe."

Minha mãe não disse nada. Foi Gibran que falou. Ele falou com a voz mais gentil que já ouvi da garganta do meu filho. "Naani, por favor, escute. Por favor, pense nisso. Se minha mãe não te contou sobre essas experiências... pense no porquê ela pode não ter contado. Pense nela crescendo aqui. Seria difícil te contar."

Minha mãe olhou para ele e balançou a cabeça. "Por que difícil? Ela está mentindo."

Gibran tentou de novo. "Naani, a Índia não é um lugar bom para mulheres. É muito difícil para as mulheres aqui, não é, Naani? Eu vejo as coisas até mesmo quando venho visitar. É difícil mesmo. Pense em por que uma menina não conseguiria contar essas coisas para a mãe. Aqui é ótimo para mim, que sou homem. Sou tratado como um deus. Sou tratado melhor que minha mãe. A Índia é difícil para as meninas. Minha mãe era uma menininha e, se eu fosse ela, acho que teria muito medo. E talvez ela tenha achado difícil te contar mesmo depois de crescer, e se tornou tão forte assim, porque sabia que ninguém ia acreditar? Talvez você possa acreditar nela *desta vez*?"

Minha mãe ficou em silêncio. Abraçou Gibran.

Quando levei Gibran para se reconectar com minha família, parte de mim temia perdê-lo. Mas eu tinha feito uma oração. Minha oração era que Gibran, aqui, na nossa terra natal, entre os traços fugazes de amor da nossa família, criasse seu próprio modelo de amor. Ele falaria sobre o amor em uma linguagem que nenhum de nós jamais usara antes.

*Você saberá que criou um filho feminista quando ele usar a voz que lhe foi dada — alguns até podem dizer que é a voz de um deus — para ser o melhor tipo de aliado. Ele vai chutar o pedestal debaixo de seus pés e dizer: "Não, obrigado."*

*Crescimento*

Uma semana antes de Gibran ir para a faculdade, eu disse a ele que queria levá-lo todas as noites a um restaurante chique de Seattle.

"*Qualquer* restaurante?", ele perguntou.

"Qualquer um", eu disse, mantendo o olhar firme, como se minha conta bancária estivesse de acordo. Mas nós passamos por alguns anos difíceis. Meu tempo com ele estava se esgotando. Nós merecíamos isso.

Um dos restaurantes que ele escolheu foi o Toulouse Petit, que tinha a fama de oferecer a melhor culinária francesa-cajun da cidade. Fiz uma reserva, encontramos uma vaga com um pouco de dificuldade e entramos no restaurante, do jeito que aparecemos nos restaurantes de Seattle desde 2003, uma mãe solo imigrante e seu filho único.

Um recepcionista nos levou até nossa mesa e uma linda garçonete, mais ou menos da idade do meu filho, falou sobre os pratos do dia. Meu menino disse que estava na dúvida entre o *New York Steak au Poivre* ou o Pato Confit Muscovy.

"O que você recomenda?", ele perguntou à moça.

"Com certeza o pato confit", disse ela.

"Então vou querer *esse*", respondeu meu filho com um sorriso.

Depois que ela pegou os cardápios e se afastou, eu sorri para meu filho. "Você estava *flertando* com ela?"

"O quê?", disse ele. "*Não.*"

"Ah, tudo bem, não se preocupe se estiver. Você tem 18 anos. Já vai para a faculdade e tal."

"Eu sei que não tem problema em flertar, mãe", disse ele, balançando a cabeça. "Mas seria um problema eu flertar *com ela*. Ela está trabalhando. A dinâmica de poder entre nós e ela agora não é equilibrada. Ela precisa ser educada com a gente, usar o mesmo tom que eu. Seria nojento se eu tirasse vantagem dessa dinâmica."

Ele me contou sobre como os funcionários de restaurantes — especialmente as mulheres — recebem cantadas de homens o tempo todo e têm que aguentar para receber gorjeta ou não serem demitidos. Eu o encarei, séria, e assenti, como se meu próprio condicionamento social me dissesse o mesmo.

Não era verdade.

Eu sou feminista, mas tive que me criar para ser uma. Meu filho é feminista porque alguém o criou assim. Ele teve vantagem. Eu, por outro lado, ainda não ouço o tiro de largada.

**COMO EDUCAR UM FILHO FEMINISTA | 261**

*Você saberá que criou um filho feminista quando ele respeitar mulheres no ambiente de trabalho. Você saberá que criou um filho feminista quando o feminismo dele se estender e florescer além do seu.*

## Gol

A dra. Kishonna Gray, a estudiosa de teoria de jogos, vê o feminismo de seus filhos negros quando eles a encorajam a pensar diferente. Ela me conta sobre uma situação em que estava jogando o game multiplayer *Apex Legends* e os meninos pediram para jogar *Overwatch*. "Eu falei que *Overwatch* não tem uma mulher negra facilmente identificável no jogo. *Apex Legends* tem. E meus filhos disseram: 'Mas, mãe, olha só todas essas outras mulheres não brancas no jogo, a gente pode jogar como uma delas, né?' E eu falei: 'Sabe de uma coisa, vocês têm toda a razão.' Porque, apesar de não termos todas as vitórias, ainda podemos jogar com a linda mulher nativo americana no jogo. Não dá para ganhar todas, mas podemos reconhecer as vitórias de outras comunidades."

Meus amigos brancos Yancy e Emily veem o filho comemorando vitórias feministas do seu jeitinho de sete anos. "Estamos assistindo a *The Kicks* com ele", conta Yancy. "Tem futebol, e as crianças amam futebol, então ele está viciado. É sobre meninas adolescentes, então não é muito o mundo dele, mas *em geral* ele curte. Tem um episódio em que o time das meninas precisa treinar em um campo infestado de marmotas porque os meninos ficaram com o campo melhor. O técnico das meninas — um homem, infelizmente, mas mesmo assim — desafia o técnico dos meninos a jogar uma partida pelo campo. Assistir a meu filho comemorar tão animadamente pelo time das meninas, e com uma noção tão clara do sexismo na base do problema foi... Quer dizer, foi incrível. GOOOOOOOL!!! Sabe o que quero dizer?"

Algumas dessas coisas podem parecer só meninos tendo compaixão e empatia, sendo pessoas gentis. Por que rotular isso de feminismo, você pode se perguntar. Nós chamamos isso de feminismo porque a compaixão, a empatia e a gentileza deles são voltadas, em sua atenção, à condição feminina, à condição de metade da humanidade. São alertas à misoginia, que enfia a faca só mais um pouco na ferida cultural. Nossos meninos percebem a faca se aprofundando, a nomeiam, veem como são cúmplices, reclamam, amplificam, aprendem quando ficar quietos e ouvir, aprendem quando sair do caminho, e juntos derrubam as estruturas que lhes dão vantagens injustas.

Feminismo tem a ver com amor. Se ensinarmos às nossas crianças essa nova forma de amar, veremos que o amor cresce e toma novas formas que vão fazer nossos corações se abrirem em momentos inesperados. E, quando isso acontecer, vamos sentir o mundo mudando, lentamente. Quando nossos meninos fizerem ou disserem algo que nos mostre que cresceram feministas, vamos celebrar para caramba seus sucessos. Vamos gritar o feminismo dos nossos meninos do topo dos prédios.

Vamos gritar "gol!".

# RECURSOS

**COMO TRANSFORMAMOS ESSA TAREFA DE CRIAR** meninos feministas em algo agradável? Trazemos livros com os quais podemos sentar em frente à lareira com um chocolate quente. Ouvimos audiolivros nas viagens de família. Assistimos a minisséries enquanto comemos samosas. Aqui estão alguns recursos — uma bibliografia global, com comentários às vezes sérios, às vezes bem-humorados, além de recomendações de televisão e filmes (pipoca, indies, estrangeiros, obscuros), para ajudar na tarefa de criar um menino feminista. Incluí aqui produtos culturais para o seu menino de todas as idades e também para você, para cultivar e alimentar seu feminismo. A maioria dessas entradas foi reunida com a ajuda do meu filho feminista e algumas foram recomendações de amigos, em especial de Victor Evans (que ensina conhecimento de mídia) e Yancy Hugues Dominick (que ensina filosofia e está criando um filho feminista). Tesouros infinitos existem em variadas culturas, linguagens e imaginações que você e outros podem acrescentar à lista. Esta é só um pontapé inicial.

# RECURSOS

# RECURSOS PARA CRIANÇAS

**Livros**

Esta lista é voltada para meninos pequenos; a maioria desses são livros para ler para seu filho ou junto com ele. Como eu gostaria de poder apertar o pequeno Gibran em meus braços e ler para ele apenas um dos muitos livros feministas infantis incríveis disponíveis hoje em dia...

*My First Book of Feminism (for Boys)*, de Julie Merberg
Bebê-3 anos

Nunca é cedo demais para iniciar seu filho na prática de viver uma vida feminista, e esse livro faz isso de forma divertida. Repleto de cenários humorísticos narrados com rimas, esse livro pega as opressões cotidianas contra as mulheres — direitos humanos, consentimento, igualdade — e as transforma em momentos de aprendizado que são doces, simples e adequados à idade, mesmo para bebês. Use esse livro para encorajar os meninos a ajudarem em casa. O livro diz a eles: "Se você aprender a se esforçar, pode fazer algo legal — combater incêndios, assar bolos, pilotar uma nave espacial, dar aulas." Os pais vão se divertir lendo isso aconchegados com seus filhos.

*Hoje me sinto...: Um abecedário de emoções & grafismo*, de Madalena Moniz
3-5 anos

Uma ótima maneira de explorar uma variedade de sentimentos com seu filho em um mundo que ainda diz aos nossos meninos para esconderem seus sentimentos. Os psicólogos afirmam que nomear os sentimentos é o primeiro passo para lidar com eles. Esse livro conduz o leitor por 26 sentimentos, nem todos positivos. Dê ao seu filho a linguagem para expressar suas emoções, com palavras como "invisível", "nervoso", "quieto" e "relaxado".

*A is for Activist*, de Innosanto Nagara
3-7 anos

Um livro divertido feito para ajudar os mais jovens a aprender seu ABC. *A is for Activist* ajudará a cimentar noções de igualdade, justiça e coragem na cabeça do seu filho. Combinando as rimas divertidas associadas a esse tipo de livro com uma visão verdadeiramente radical, essa obra passará a mensagem certa para qualquer criança.

*Franny's Father is a Feminist*, de Rhonda Leet
3-7 anos

Nesse livro lindamente ilustrado, você encontrará uma resposta para a pergunta inevitável do seu filho: "O que é um feminista?" Leet segue uma abordagem direta — é simples, na verdade: o pai da Franny lhe ensina a acreditar que ela tem todos os direitos que ele tem. Esse livro é uma descrição divertida e despretensiosa do que significa ser um homem feminista, ótimo para crianças de todos os gêneros.

*Sleeping Handsome and the Princess Engineer*, de Kay Woodward
3-7 anos

Nessa releitura de um conto de fadas clássico, um príncipe está tirando uma soneca profunda, então uma princesa com habilidades incríveis de engenharia deve encontrar uma maneira de realizar um resgate impossível e acordá-lo. Hilário, e um ótimo ponto de partida para virar a narrativa de "resgate" de cabeça para baixo.

*Snow White and the 77 Dwarfs*, de Davide Calì e Raphaelle Barbanègre
3-7 anos

Outra releitura bem-humorada, desta vez do conto de fadas da Branca de Neve. Branca de Neve está fugindo da bruxa malvada, sim, mas, quando ela percebe que corre atrás de 77 anões preguiçosos e bagunceiros, sabe que ficaria melhor com a bruxa. Esse é um bom livro para ler com seu filho, para que você possa falar sobre como não cabe a meninas e mulheres limpar as coisas deles.

*From the Stars in the Sky to the Fish in the Sea*, de Kai Cheng Thom
3-8 anos

Um excelente livro sobre uma criança de gênero neutro chamada Miu Lan, que está tentando decidir quem quer ser. Sua imaginação voa — seja um peixe, seja uma estrela cadente, seja uma flor, seja um menino, seja uma menina. Não importa quem escolha ser, elu será amade.

*Not All Princesses Dress in Pink*, de Jane Yolen e Heidi E. Y. Stemple
3-8 anos

Escrito por uma dupla de mãe e filha, esse livro apresenta personagens femininas encantadoras e poderosas, nenhuma delas vestida de rosa, mas todas usando tiaras para celebrar seu brilho. Lindas ilustrações acompanham a narrativa de garotas atrevidas vivendo como querem, jogando beisebol com meias fedorentas, subindo em árvores, se sujando de lama. Seu menino pode se divertir com as garotas se divertindo.

*The Emperor and the Kite*, de Jane Yolen e Ed Young
4-8 anos

Um bom livro para virar de cabeça para baixo as expectativas de gênero. A princesa Djeow Seow é a quarta filha do imperador. Ela é pequenininha e passa despercebida enquanto seus irmãos são considerados "quatro sóis nascentes" aos olhos do pai. Suas irmãs mais velhas são chamadas de "luas da meia-noite". Djeow Seow passa o tempo brincando com uma pipa que ela mesma construiu. Ela se torna a improvável, mas poderosa, heroína da história quando seu pai é capturado e ela pode usar sua pipa e seu corpo minúsculo para realizar um resgate fabuloso.

*Grace for President*, de Kelly DiPucchio e LeUyen Pham
4-8 anos

*Grace for President* oferece vários modelos para seus filhos de idades variadas, ao mesmo tempo que enfatiza que a popularidade superficial pode ser uma força enganosa.

*Julián Is a Mermaid*, de Jessica Love
4-8 anos

Um livro mágico e cativante, *Julián Is a Mermaid* é repleto de representatividade, com muitos tons de pele, tipos de corpo e cabelos diferentes. A partir da história de um menino inspirado nas expressões femininas de sua cultura, esse livro ensina a seu filho que nossas normas culturais são determinadas todos os dias, e a masculinidade pode ser definida por nossas próprias mãos. Para as crianças, a autoexpressão é de suma importância, e *Julián Is a Mermaid* enfatiza isso corretamente.

*Kate and the Beanstalk*, de Mary Pope Osborne e Giselle Potter
4-8 anos

Essa é uma daquelas releituras deliciosas de contos de fadas que viram a narrativa de gênero de cabeça para baixo. Kate, não João, sobe no Pé de Feijão. E, claro, ela enfrenta mais obstáculos do que ele. Kate agora deve fazer coisas práticas e mágicas para enfrentar o gigante e restaurar o amor e o poder de uma família. Ah, e existe uma giganta que bem que gostaria de contar com a ajuda de Kate para derrubar o gigante.

*Mae Among the Stars*, de Roda Ahmed e Stasia Burrington
4-8 anos

Um lindo livro ilustrado sobre Mae Jemison, a astronauta da NASA que foi a primeira mulher negra a viajar para o espaço. Conta a doce história de curiosidade, inteligência e sonhos da pequena Mae, encorajada pelo incentivo de seus pais. Os meninos encontrarão inspiração nessa história de uma menina com a cabeça entre as estrelas.

*Meet Yasmin!*, de Saadia Faruqi
5-8 anos

Esse é o primeiro de uma série de livros sobre uma aluna do segundo ano chamada Yasmin, que tem uma grande imaginação. Ela é uma solucionadora de problemas e tem um espírito explorador. Também conhecemos sua família multigeracional paquistanesa-americana. Outros títulos da série incluem *Yasmin In Charge*, *Yasmin the Explorer*, *Yasmin the Superhero*.

*Rita Bandeira, engenheira*, de Andrea Beaty
a partir de 5 anos

Parte da coleção mais ampla de Beaty, Jovens Pensadores, *Rita Bandeira* é um clássico instantâneo, com ilustrações talentosas, charmosas e originais combinadas a uma história divertida e rápida, cheia de personagens interessantes. *Rita Bandeira* é repleto de representações excelentes e deixará poucas dúvidas na mente de seus filhos de que eles podem e devem buscar tudo pelo que são apaixonados.

*A escolha de Shiraz: Um conto iraniano*, de Rita Jahanforuz e Vali Mintzi
6-9 anos

Shiraz é uma garota de bom coração que vive em uma família que fica infeliz depois que o pai morre. Nas cenas iniciais, a bola de lã de Shiraz cai no jardim de um vizinho, e Shiraz deve reunir coragem para recuperá-la. A velha que atende a porta é impaciente e assustadora. Ela diz que Shiraz pode ter sua bola de lã de volta se ajudá-la nas tarefas de casa. A mulher pede a Shiraz para fazer coisas estranhas, como quebrar todos os pratos em sua cozinha imunda com um martelo. Enquanto Shiraz decide o que fazer, ela usa seu coração para ouvir os pedidos da mulher, com resultados mágicos.

*Cinderella Liberator*, de Rebecca Solnit
7-10 anos

A escritora que nos deu coleções de ensaios feministas marcantes, como *Os homens explicam tudo para mim*, é uma brilhante recontadora de contos de fadas. Cinderela não sonha com um príncipe, mas com a autorrealização. As meias-irmãs não são más, os animais não estão simplesmente a serviço dos humanos e o príncipe não salva ninguém. Não há casamento, mas há muitos "felizes para sempre".

*The Girl Who Helped Thunder and Other Native American Folktales*, de James Bruchac e Joseph Bruchac
8-12 anos

A história do título é apenas uma na rica coleção de 24 lendas e contos nativo-americanos de todos os Estados Unidos. Aqui há belas histórias dos Cherokee, Cheyenne, Hopi, Lenape, Maidu, Seminole, Seneca e outras tribos. Essas histórias de humanos e animais vão presentear nossos filhos com relatos de valor, bravura, decisão e sacrifício.

*Princess Sonora and the Long Sleep*, de Gail Carlson Levine
8-12 anos

Eu tive que colocar esse livro aqui, sim, porque a princesa é minha xará e, sim, porque a maldição dela é ser dez vezes mais inteligente do que qualquer outra pessoa. Mas há tantos momentos feministas adoráveis aqui, como quando ela se apaixona não pelo príncipe rico e bonito que pretendia resgatá-la, mas por um pastor que tem várias perguntas para Sonora (e ela, é claro, tem todas as respostas).

*Stories for Boys Who Dare to Be Different: True Tales of Amazing Boys Who Changed the World Without Killing Dragons*, de Ben Brooks
8-12 anos

Para meninos pré-adolescentes, aqui temos as histórias de 75 homens, alguns famosos e outros desconhecidos, que quebraram as regras e resistiram às percepções limitadas de masculinidade. Esse livro celebra meninos e homens que eram introvertidos, meninos que eram inovadores, meninos que eram sensíveis, meninos que eram doces. Meninos que aprenderam a liderar e seguir sem violência e com empatia. Estamos falando de Salvador Dalí, Jesse Owens, Ai Weiwei, Barack Obama, Beethoven e muitos, muitos outros.

*O menino de vestido*, de David Walliams
11-15 anos

Uma história terna e engraçada sobre um menino cujo pai divorciado luta para se conectar com ele e o irmão. Esse menino adora moda, mas tem medo de contar isso às pessoas. Uma garota fashionista na escola o coloca sob sua proteção e eles se divertem brincando de se vestir até que um dia ele vai para a escola de vestido. Esse livro é sobre gênero e sexualidade e também sobre pais e filhos.

*Dating and Sex: A Guide for the 21st Century Teen Boy*, de Andrew P. Smiler, Ph.D.
15-21 anos

Esse livro é um guia, não um livro de histórias. É algo para dar ao seu filho adolescente para ajudá-lo a explorar uma compreensão mais profunda de sua sexualidade e contextualizá-la dentro de seus valores e desejos. O dr. Smiler aborda com empatia e sem julgamento temas como masturbação, sexo casual, identidade e mais. A parte mais importante desse livro é que fará seu filho feminista pensar sobre os sentimentos da pessoa com quem faz sexo e verdadeiramente compreender a importância do consentimento.

**Filmes**

Como eu disse no prólogo, o cinema foi onde silenciosamente criei um filho feminista. Há algo de mágico na quietude, na expectativa, no comprometimento compartilhado com a história visual ininterrupta, o aceno para a imaginação. As conversas para dissecar os filmes depois são a melhor parte. Aqui está uma pequena amostra de filmes para assistir com seu menino. Acrescente seus próprios filmes e desenvolva sua própria filmografia feminista.

*Babe, o porquinho atrapalhado* (1995)
Classificação: L

O primeiro filme a que assisti com Gibran mostra um porco deslocado que não conhece seu papel entre os outros animais da fazenda. Mas ele conhece bondade, gentileza e amor. Esse filme vai fazer você chorar e torcer com seus temas sobre os desajustados, o pertencimento e a família que você escolhe.

*A menina e o porquinho* (2006)
Classificação: L

Leia o livro de E. B. White e depois assista a esse filme. É outro com um porco, mas a protagonista é uma menina que, com sua coragem, constrói uma aliança feminista entre os animais da fazenda. Sua inteligência e bravura ofuscam e subvertem algumas das ações dos homens ao seu redor. Esse clássico infantil mostra que meninas e mulheres podem fazer qualquer coisa que queiram, e isso inspira outras pessoas.

*Procurando Nemo* (2003)
Classificação: L

Essa é a história de um peixe-pai que deve sair de sua zona de conforto para encontrar seu peixe-filho. Ao longo do caminho, ele tem que aprender a desistir de seus comportamentos controladores. Ele é ajudado por uma peixinha chamada Dory, que o ensina a ser corajoso como ela.

*Mulan* (1998; 2020)
Classificação: L

Assista à versão animada (L) ou ao live-action de 2020 da aclamada cineasta Niki Caro (12), sobre a princesa chinesa cuja coragem a transforma em uma valente guerreira para que possa lutar por sua família e seu país.

*Toy Story* (1995; 1999; 2010; 2019)
Classificação: L

Os quatro filmes de *Toy Story* eram uma constante durante os anos de Gibran-e-mamãe. O primeiro foi lançado no ano em que Gibran nasceu e, no terceiro, morri de chorar quando Andy, o dono dos brinquedos protagonistas do filme, foi para a faculdade. Foi aí que percebi que a mãe de Andy era mãe solo desde o início. Suspiro. Embora o primeiro filme tenha um pouco de embate entre o xerife de brinquedo Woody e o novato Buzz Lightyear, sua rivalidade masculina tem um efeito cômico e, em *Toy Story 4*, temos temas feministas sólidos — Betty agora se transformou de pastorinha hiperfeminina em salvadora de homens e seu machismo frágil com seu gancho. Uma boneca chamada Gabby Gabby também nos oferece uma complexa vilã feminina. Além disso, esse é outro filme com longevidade sobre a família que você escolhe.

*Alice não mora mais aqui* (1974)
Classificação: 10

Muito diferente dos filmes pelos quais Scorsese é mais conhecido, *Alice não mora mais aqui* é uma história comovente sobre uma mãe que decide se recuperar de uma tragédia correndo atrás de seus sonhos. A personagem-título Alice começa o filme recentemente viúva e decide voltar para sua cidade natal para se tornar uma cantora, levando seu brilhante filho. No entanto, suas finanças logo acabam causando problemas e, embora quase nada saia de acordo com o planejado, como acontece na vida, eles aprendem a se virar. *Alice* nos dá uma imagem atenciosa e honesta do relacionamento de uma mãe da classe trabalhadora com seu filho e argumenta que as conexões que fazemos quando estamos à margem são frequentemente as mais fortes.

*Frozen* (2013)
Classificação: 10

Depois de muitas princesas resgatáveis e apaixonadas, esse filme é uma lufada de ar fresco feminista da Disney. Em *Frozen*, as irmãs Elsa e Anna mostram o que as princesas talvez realmente queiram. Elas desafiam os papéis de gênero e rejeitam as expectativas. Elas resgatam uma à outra e a si mesmas. Elas têm pouco tempo para se apaixonar. Elas fortalecem sua irmandade. A música mais famosa do filme, "Livre estou", é um grito de guerra para abandonar o fardo da "boa menina" em favor da iniciativa e em defesa da raiva feminina.

*O gigante de ferro* (1999)
Classificação: 10

Embora esse filme não passe no Teste de Bechdel (tem apenas um papel feminino pequeno com falas), ele explora alguns temas de masculinidade tóxica *versus* masculinidade gentil. A história se passa na zona rural do Maine, tendo como pano de fundo a política da Ameaça Vermelha e da Guerra Fria dos anos 1950. Um robô espacial gigante pousa na Terra e se torna amigo de um garoto com uma imaginação hiperativa. O filme satiriza o antagonista toxicamente masculino, Kent Masley, e fornece outros comentários políticos sutis sobre a civilização, ao mesmo tempo que encoraja a autoexpressão na infância. Ele também apresenta uma mãe solo criando um menino gentil.

*James e o pêssego gigante* (1996)
Classificação: 10

Esse filme de fantasia musical é baseado na história de Roald Dahl de 1961, sobre um menino cujos pais morreram e que precisa escapar de suas tias cruéis. Ele recebe feijões mágicos que produzem um pêssego do tamanho de uma casa. Os amigos de James são uma aranha, uma centopeia, uma minhoca, um vaga-lume, um gafanhoto, uma joaninha e um bicho-da-seda, que ajudam a conduzir o menino à aventura e à liberdade. Essa história é sobre reinventar a vida com coragem e também sobre buscar a família que você escolhe.

*A princesa prometida* (1987)
Classificação: 10
   Um filme sutilmente feminista. Embora a protagonista seja uma donzela que precisa ser resgatada, ela tem cada vez mais liberdade e seu interesse amoroso é um homem que a respeita e não a controla. Ele luta pela vontade e autodeterminação dela, o que é diferente de resgatá-la para seu próprio ganho.

*A viagem de Chihiro* (2001)
Classificação: 10
   Um filme de animação impressionante e totalmente cativante do famoso diretor japonês Hayao Miyazaki. Quando seu pai faz uma curva errada ao voltar para casa, Chihiro, de dez anos, e seus pais se deparam com um parque de diversões aparentemente abandonado. Sua mãe e seu pai são transformados em porcos gigantes. Chihiro conhece o misterioso Haku (Miyu Irino), que explica que o parque é um resort para seres sobrenaturais que precisam de uma pausa depois do tempo que passam no reino terreno. Usando sua inteligência, gentileza e coragem, Chihiro embarca em uma aventura enquanto busca libertar seus pais.

*Driblando o destino* (2002)
Classificação: 12
   A aluna do último ano do ensino médio Jesminder Bhamra tem um pôster do astro do futebol David Beckham em seu quarto em West London, não porque ela tenha uma queda por ele, mas porque ela quer

*ser* ele. Ela quer jogar futebol profissionalmente. Mas sua família indiana Punjabi quer que ela fique quieta e se case. Uma doce comédia da indiana-britânica Gurinder Chadha, esse filme é um clássico cult do poder feminino e apresenta Keira Knightley antes de ela se tornar uma estrela.

*Pantera Negra* (2018)
Classificação: 14

Finalmente, um filme de super-heróis com personagens femininas totalmente realizadas, mesmo dentro de uma narrativa centrada em um homem. Minha favorita entre elas é Shuri, a cientista que cura homens problemáticos, dirige um carro de alta potência à distância em seu laboratório em Wakanda durante uma cena de perseguição na Coreia do Sul e tem algumas das melhores falas do filme. A general guerreira Okoye e a ativista Nakia são outras personagens importantes. Wakanda em si representa um refúgio de hierarquias não baseadas em gênero.

*Malala* (2015)
Classificação: 12

Essa é a história de uma menina que foi baleada em seu ônibus escolar por um atirador do Talibã que se opunha a ela frequentar a escola. Quando ela se recuperou, voltou para a escola e se tornou uma ativista pela educação de meninas em seu país natal, o Paquistão, e depois ganhou o Prêmio Nobel da Paz. Ela também é uma garota que se preocupa com a prova de física, tem uma queda por estrelas do esporte e brinca com os irmãos. O filme se concentra no relacionamento de Malala Yousafzai com seu pai, que defende a filha todos os dias.

*Com amor, Simon* (2018)
Classificação: 12

O primeiro filme *mainstream* gay para adolescentes já lançado no cinema apresenta Simon Spier (Nick Robinson), de 17 anos, que ainda não disse à família ou aos amigos que é gay, ao mesmo tempo que se apaixona por um colega anônimo pela internet.

*Princesa Mononoke* (1997)
Classificação: 12

Outro filme de Miyazaki com uma protagonista feminina forte, *Princesa Mononoke* apresenta um mundo em que humanos e deuses lutam pelos recursos de uma vasta floresta. Nesse mundo, os papéis de gênero diferem significativamente dos nossos, mas é através da protagonista do filme, San, que o espectador tem um vislumbre de uma forma de feminilidade mais selvagem e menos restrita — uma que é descaradamente agressiva.

*Encantadora de baleias* (2002)
Classificação: 12

Sobre uma espirituosa menina de 11 anos nascida em circunstâncias trágicas na vila costeira de Whangara, Nova Zelândia. Pai deve superar as restrições patriarcais impostas por sua aldeia e família e se esforçar para viver sua identidade. No centro da história estão a ancestralidade e as baleias. Essa história de amadurecimento sobre a força de uma criança negligenciada também apresenta um sub-enredo de um herdeiro do sexo masculino que rejeita as expectativas da comunidade sobre ele e deixa a cidade para seguir a carreira de artista.

*Alex Strangelove* (2018)
Classificação: 18

Alex Truelove, aluno do último ano do ensino médio, planeja perder a virgindade com a namorada, mas isso muda quando ele conhece um lindo e charmoso garoto gay do outro lado da cidade que, sem querer, o coloca numa montanha-russa de emoções em busca de sua identidade sexual.

*Delicada atração* (1996)
Classificação: 18

Dois garotos — Jamie e Ste — que moram em uma comunidade pobre de Londres acham que podem ser gays e finalmente explorar seus sentimentos quando Ste recebe permissão para ficar na casa de Jamie após um incidente com seu pai abusivo.

*Blackbird* (2014)
Classificação: 18

Outro filme adolescente sobre se assumir, mas o foco dessa vez é em um rapaz negro e gay, Randy, que está aceitando sua identidade enquanto lida com sua mãe arrogante e errática, interpretada pela atriz ganhadora do Oscar Mo'Nique.

*Oitava série* (2018)
Classificação: 18

Uma história doce e inteligente sobre Kayla, de 13 anos, enquanto ela atravessa a avalanche de emoções e inseguranças que caracterizam o fim do ensino fundamental em um subúrbio norte-americano. Kayla usa vlogs para dividir seus pensamentos sobre uma vida que é mais positiva e otimista do que sua realidade. O filme é um retrato sensível sobre amizades e solidão e também retrata uma cena desconfortável da primeira experiência #MeToo de Kayla. Assisti a esse filme com Gibran e ele disse que aquela cena partiu seu coração.

*Cinco Graças* (2015)
Classificação: 18

A estreia semiautobiográfica de Deniz Gamze Ergüven retrata um grupo de cinco irmãs turcas, órfãs e morando com os avós. A diferença de idade entre as meninas e seus tutores é uma fonte de muita tensão nesse filme sobre crescimento, já que as protagonistas se irritam com os costumes de um setor conservador da sociedade turca.

*Pária* (2011)
Classificação: 18

O filme acompanha Alike (Adepero Oduye), uma adolescente lésbica e negra do Brooklyn, que está lidando com sua mãe homofóbica (Kim Wayans). Ele estreou no Festival de Cinema de Sundance de 2011 e recebeu o Prêmio de Excelência em Cinematografia.

*Mulheres do século 20*
Classificação: 18

Esse filme pode muito bem se chamar *Como criar um filho feminista*. Escrito e dirigido por Mike Mills, baseado em sua própria criação na Califórnia dos anos 1970, *Mulheres do século 20* exibe, de forma inesquecível, o impacto que diferentes tipos de mulher podem ter em um menino. Centrado em torno de três mulheres, cada uma das quais se relaciona com o protagonista, Jamie, em níveis muito diferentes, o amálgama e a interação de suas personalidades acabam moldando uma parte importante da visão de mundo de Jamie. O filme aborda a questão de como nossos meninos se relacionam com os muitos tipos diferentes de mulheres em suas vidas com a maior delicadeza e cuidado.

*This is Everything: Gigi Gorgeous* (2019)
Classificação: 18

A diretora Barbara Kopple cria um documentário íntimo de "Gigi Gorgeous" Lazzarato, uma celebridade popular da internet, usando fotos e filmes antigos, entrevistas com familiares e as primeiras aparições de Gigi na web, onde ela documentou seu processo de transição de gênero.

**Televisão**

Você se lembra da ideia de "comídia" sugerida por estudiosos da mídia? Pratiquei muito essa técnica com Gibran em tardes preguiçosas e fins de semana ao longo dos anos. Eu invejo você por poder assistir a todos estes programas com o menino na sua vida. Gostaria de poder ouvir suas conversas escondida.

*Dora, a aventureira* (2000-2019)
Classificação: L
   Essa garotinha latina salvou a imaginação de nossos filhos quando explodiu nas telas de televisão norte-americana em 2000 (aliás, o ano em que Gibran e eu chegamos aos Estados Unidos). Dora e seu macaco Botas, sua mochila falante e uma série de outros amigos animados viajam, exploram e resolvem quebra-cabeças.

*Molly of Denali* (2019—)
Classificação: L
   A PBS nos dá essa heroína indígena que resolve problemas usando pesquisa e informação. Seguimos as aventuras diárias de Molly Mabray, nativa do Alasca, de dez anos, sua família, seu cachorro Suki e seus amigos Tooey e Trini. Molly é interpretada por Sovereign Bill, de Auburn, Washington, de 14 anos, que faz parte da tribo indígena Muckleshoot em Washington e do clã T'ak Dein Taan da tribo Tlingit, da comunidade de Hoonah no Alasca. Yancy assiste a esse programa com o filho de sete anos e conta que é muito divertido!

*The Loud House* (2016—)
Classificação: 10
   Esse desenho animado acompanha as aventuras de Lincoln, de 11 anos, que tem dez irmãs e vive em uma casa muito barulhenta e caótica. Seu melhor amigo, Clyde, tem dois pais e muitas vezes eles se envolvem nas aventuras.

*As meninas superpoderosas*
Classificação: 10
   Eu amava, amava, amava que Gibran era louco pelas Meninas Superpoderosas quando era pequeno. Eu cantava junto com a cativante

canção-título ("*Here they come just in time... The Powerpuff Girls!*"). Três irmãs — Lindinha, Florzinha e Docinho — são criadas em um laboratório pelo Professor Utônio e elas ajudam sua cidade-natal toda vez que o malvado Macaco Loco causa estragos.

*Andi Mac* (2017-2019)
Classificação: L

Essa série sobre amadurecimento acompanha a vida da personagem-título de 13 anos, interpretada por Peyton Elizabeth Lee. Na segunda temporada, o melhor amigo de Andi, Cyrus, começa a perceber que também tem sentimentos pelo crush de Andi, Jonah.

*The Kicks* (2015)
Classificação: L

Esse seriado original da Amazon é uma recomendação de Yancy e seu filho. É baseado em uma série de livros da medalhista de ouro olímpico e jogadora de futebol da Seleção Feminina dos Estados Unidos, Alex Morgan. Devin é a estrela do time de futebol até que sua família se muda para a Califórnia no meio do ano letivo. Depois de saber que sua nova equipe, The Kicks, está em uma sequência de derrotas que já dura meses e precisa de uma líder inspiradora, Devin precisa enfrentar o desafio e se tornar uma força competitiva que pode levar a equipe à vitória. Yancy diz que o foco em um time feminino é um grande equalizador de gênero para seu filho que ama futebol. O seriado conta histórias sobre o tratamento desigual de times masculinos e femininos — uma excelente forma de começar conversas.

*Kim Possible* (2002-2007)
Classificação: L

Enquanto esteve no ar, esse desenho deu às crianças um ótimo exemplo de uma agente contra o crime poderosa, atrevida e que ama se divertir, Kim Possible. Nessa série de comédia e aventura, a adolescente

Kim usa sua inteligência e boas amizades para lidar com o mundo das líderes de torcida do ensino médio e dos criminosos de alto risco. Seu parceiro é seu amigo, Ron Stoppable.

*Degrassi: A próxima geração* (2001- 2015)
Classificação: L

A extensa série dramática canadense ganhadora de vários prêmios acompanha os acontecimentos de um elenco diversificado de personagens enquanto enfrentam a angústia do florescimento da sexualidade, crescimento, drogas e como lidar com seus pais. Muitos personagens LGBTQIA+ e de gênero neutro foram apresentados ao longo das temporadas.

*Glee* (2009-2015)
Classificação: L

O Glee Club da McKinley High School — New Directions — é um lugar onde alunos ambiciosos e talentosos podem encontrar força, aceitação e sua voz. Por meio de dança, diversão e tensões interpessoais, o seriado atravessa o terreno traiçoeiro do amor adolescente, gênero e sexualidade.

*My So-Called Life* (1994-1995)
Classificação: 10

Esse seriado é todinho angústia adolescente. A personagem principal é Angela, uma estudante do ensino médio em constante dúvida por causa de sua relação com meninos, amigos, drogas, sexo... O elenco inclui Ricki (Wilson Cruz), seu melhor amigo, que está aceitando sua sexualidade. *My So-Called Life* aborda uma grande variedade de temas, incluindo tudo desde a falta de moradia e homofobia até relacionamentos nascentes.

*Steven Universo* (2013-2019)
Classificação: 10

Primeiro desenho do Cartoon Network criado por Rebecca Sugar, *Steven Universo* é o mais próximo que chegaremos de um desenho infantil feminista totalmente interseccional. Repleto de lutas emocionantes e música cativante, *Steven Universo* é sobre um menino criado por três guardiãs sem gênero (mas com pronomes femininos), as heroicas Crystal Gems que protegem o mundo. As Gems são os principais modelos de Steven, e o desenho lida com questões LGBTQIA+ de uma forma verdadeiramente impressionante. É uma excelente forma de apresentar a seu filho uma série de questões delicadas, especialmente como reconhecer e prevenir a masculinidade tóxica.

*Supergirl* (2015—)
Classificação: 10

Como o título sugere, o seriado acompanha as aventuras da Supergirl, Kara Zor-El, que escapou do planeta Krypton para a Terra, onde cresceu com a família Danvers, incluindo sua irmã adotiva Alex, uma personagem importante, que teve alguns relacionamentos com mulheres ao longo do seriado.

*Aggretsuko* (2018—)
Classificação: 16

Um desenho leve, mas hilário, da Netflix, criado pela Sanrio, a mesma empresa japonesa que desenvolveu a Hello Kitty, *Aggretsuko* é uma série animada que é impossível parar de ver sobre uma panda-vermelha tipicamente miúda, Aggretsuko, que trabalha em uma empresa de contabilidade. Mas Aggretsuko gosta de se livrar do estresse de ser uma trabalhadora japonesa (microagressões no trabalho, pressão social constante para se casar) cantando death metal em um bar de karaokê todas as noites. *Aggretsuko* é uma sátira divertida da vida no escritório, que usa o humor para proporcionar momentos comoventes e uma visão realista.

*A Bela e o Padeiro* (2020)
Classificação: 16

Esse seriado da ABC é centrado em uma família latina dona de uma padaria em Miami e mostra como a vida deles muda quando o filho,

Amos, começa a namorar uma mulher famosa. O elenco inclui a irmã de Amos, Natalie (Belissa Escobedo), que está aceitando sua sexualidade, incluindo sua primeira paixão e se assumir para os pais.

*Raio Negro* (2018)
Classificação: 16

Baseado em um dos primeiros super-heróis negros da DC Comics, *Raio Negro* é sobre Jefferson Pierce, diretor de uma escola de elite, que é forçado a retornar à sua antiga identidade de vigilante como Raio Negro. Jefferson é uma figura complexa, mas heroica, sem medo de demonstrar sua vulnerabilidade e suas emoções para sua família, seus alunos, ou mesmo os criminosos que ele espera transformar. Escrito por uma equipe de redatores de maioria negra, *Raio Negro* oferece muita ação enquanto considera cuidadosamente muitos aspectos da masculinidade negra.

*Borgen* (2010-2013)
Classificação: 16

*Borgen* é sobre a fictícia primeira mulher a se tornar primeira-ministra da Dinamarca. Além de dar ao espectador um vislumbre da vida como a mulher mais poderosa de um país e as complicações que vêm com isso, *Borgen* tem um foco impressionantemente fundamentado nos direitos reprodutivos, em especial no que se refere às mulheres trabalhadoras.

*Buffy, a Caça-Vampiros* (1997-2003)
Classificação: 16

Essa série acompanhava as aventuras de Buffy, uma caçadora cuja missão é procurar e destruir vampiros, demônios e outras forças das trevas. Buffy tem uma "gangue do Scooby" que a ajuda em suas batalhas contra o mal, incluindo Willow, que mais tarde na série aceita sua sexualidade e entra em um relacionamento com Tara.

*The Fosters* (2013-2018)
Classificação: 16
A série é centrada em Stef, uma policial dedicada, que está em um relacionamento com Lena. O casal cria uma família não tradicional unida, incluindo o filho biológico de Stef, Brandon; gêmeos adotivos, Mariana e Jesus; e outros filhos adotivos, Callie e Jude.

*Um milhão de coisas* (2020)
Classificação: 16
Esse drama meio novelesco acompanha a vida de amigos cujo mundo é destruído com o suicídio inesperado de alguém em seu círculo. O elenco inclui Danny Dixon (Chance Hurstfield), um garoto de 12 anos que está lidando com sua sexualidade, incluindo seu primeiro beijo com um garoto de sua classe.

*Puella Magi Madoka Magica* (2011)
Classificação: 16
Para aqueles que gostam de anime, ou talvez cujos filhos gostem, *Puella Magi Madoka Magica* é uma subversão fascinante dos vários arquétipos femininos que aparecem na grande mídia japonesa. O que à primeira vista parece ser uma cópia direta do gênero "garota mágica" (tipo *Sailor Moon*) se transforma em algo muito mais sinistro, à medida que as garotas no centro da trama descobrem que seus poderes e os inimigos que enfrentam não são o que parecem. *Madoka* é uma metáfora impressionante para as desigualdades na representação das mulheres no anime em particular, e na mídia japonesa em geral.

*Pose* (2018—)
Classificação: 18
Victor Evans nos incentiva a assistir a esse seriado com nossos filhos adolescentes. É uma série dramática de televisão sobre pessoas LGBTQIA+ afro-americanas e latinas da cidade de Nova York, centrada

na cena da cultura de bailes para pessoas sem conformidade de gênero na década de 1980 e, na segunda temporada, no início da década de 1990. Glamoroso e fascinante.

*UnREAL* (2015-2018)
Classificação: 18

Essa série dramática, cocriada por um ex-produtor de reality show, nos leva para trás das cortinas da indústria do entretenimento que domina a vida de muitos jovens. A personagem principal, Rachel Goldberg, é a produtora de um programa de namoro que luta com os frequentes pedidos para que ela comprometa seus escrúpulos. A série é um olhar divertido sobre como a mídia molda os jovens, e as mulheres em particular, para aquilo que melhor se adapta aos objetivos do público naquele momento.

*Olhos que condenam* (2019)
Classificação: 18

*Olhos que condenam*, criado e dirigido por Ava DuVernay, conta a história angustiante dos Central Park Five, um grupo de adolescentes injustamente acusados de estuprar uma mulher branca em um ambiente altamente politizado racialmente em 1989. A minissérie fala por si só, e, com a própria história, é uma prova da força das famílias negras e latinas diante da injustiça estrutural, além de nos mostrar como meninos e homens não brancos são avaliados por suas atitudes em relação às mulheres.

# RECURSOS PARA ADULTOS

**AQUI ESTÁ UMA LISTA DE LIVROS,** filmes e outras ferramentas para que os adultos encontrem inspiração, informação e instrução a respeito da criação de meninos. Como disse em um capítulo anterior, o mundo está conspirando para que criemos meninos gentis. Estes recursos são apenas uma parte dessa maravilhosa conspiração.

**Livros**
*Entre o mundo e eu*, de Ta-Nehisi Coates

Escrito como uma carta de pai para filho, esse livro expõe o racismo, os medos e as esperanças de um pai afro-americano para seu país e para seu filho. O livro é sobre os Estados Unidos e é sobre o olhar dos Estados Unidos branco sobre a masculinidade afro-americana, em particular o corpo do homem negro que é assassinado, encarcerado, policiado e visto como suspeito. Coates também dá esperança a seu filho — "Este é o seu país, este é o seu mundo, este é o seu corpo, e você deve encontrar uma maneira de viver em tudo isso." Uma leitura obrigatória por sua ternura e também por seu apelo à ação em uma nação violenta.

*Boys and Sex: Young Men on Hookups, Love, Porn, Consent, and Navigating the New Masculinity*, de Peggy Orenstein

Orenstein entrevistou rapazes e os fez falar sobre a confusão e a dor que nossos meninos sentem em relação ao sexo e à sexualidade. Novamente, aqui, encontramos meninos e homens que desejam se conectar, enquanto nossa sociedade — incluindo a mídia e a pornografia — os pressiona a serem emocionalmente distantes, ofensivos e até violentos em questões tão ternas como o amor e a sexualidade. Podemos fazer melhor do que isso, diz Orenstein, e podemos começar conversando com nossos meninos sobre intimidade e vulnerabilidade.

*Good Talk: A Memoir in Conversations*, de Mira Jacob

O livro de memórias em quadrinhos da romancista Mira Jacob vai comover você profundamente com seus momentos honestos, engraçados e muito familiares. Jacob é sul-asiática e o marido, judeu. As "boas conversas" do livro são aqueles momentos em que seu filho levanta questões incômodas, mas profundas, sobre identidade birracial, amor e cultura. Jacob usa esses momentos para refletir sobre seu amadurecimento. Elegante, bem-humorado e cada vez mais relevante, esse livro também serve de exemplo de como alguém pode navegar pelo mundo de questões belas e urgentes dos nossos filhos.

*Como educar meninos: O poder da conexão para criar grandes homens*, de Michael C. Reichert

Cheio de recursos e sacadas científicas, esse livro é elaborado a partir de anos de trabalho do autor como psicólogo. Reichert clama por uma mudança na cultura para que nossos meninos possam florescer. Ouça-os, incentive-os a ter amigos próximos, preencha suas vidas com bons modelos e apoiadores e deixe-os falar sobre seus sentimentos — essas são apenas algumas das muitas dicas que Reichert oferece para nutrir uma infância saudável.

*Mediocre: The Dangerous Legacy of White Male America*, de Ijeoma Oluo

A autora do best-seller do *New York Times Então você quer conversar sobre raça* volta seus questionamentos incisivos para a identidade masculina branca nos Estados Unidos. Onde a masculinidade violenta se cruza com a misoginia e o racismo?, pergunta Oluo. O que acontece quando o sucesso é definido pelo status em relação às mulheres e pessoas não brancas, em vez de pelas realizações reais? Investigando uma análise da história norte-americana, Oluo nos mostra que a supremacia masculina branca esmaga mulheres e pessoas de minorias étnicas, sim, mas também prejudica os próprios homens brancos. Que lições podemos aprender para criar nossos filhos com a instrução de Oluo sobre como imaginar uma nova identidade masculina livre de racismo e sexismo?

*Operating Instructions: A Journal of My Son's First Year*, de Anne Lamott
Ri e chorei ao longo desse livro. Anne Lamott escreve sobre todos aqueles momentos deliciosos e enlouquecedores dos primeiros dias e meses após ter um bebê. Um livro de memórias doce e engraçado, de mãe e filho, sobre tantas outras emoções que inundam a vida de uma mãe quando ela se dedica à tarefa de maternar. Lamott também revela sua sagacidade sobre a masculinidade e o que pode estar por vir para seu filho.

*The Power of Discord: Why the Ups and Downs of Relationships Are the Secret to Building Intimacy, Resilience, and Trust*, de Claudia M. Gold e Ed Tronick
O psicólogo dr. Ed Tronick é o homem por trás do "The Still-Face Experiment" (que pode ser assistido no YouTube), em que uma mãe brinca expressivamente com seu bebê feliz e depois muda para uma expressão imóvel. O bebê faz todo o possível para que a mãe responda. O experimento nos diz muito sobre como os humanos anseiam por conexão, e o dr. Tronick e a pediatra dra. Claudia Gold nos mostram como podemos usar isso para ensinar nossos meninos a manter seu núcleo emocional e continuar a se conectar profundamente e sem vergonha, para que todos possamos levar uma vida mais gratificante com parceiros, famílias, amigos e colegas.

*Raising Cain: Protecting the Emotional Life of Boys*, de Dan Kindlon e Michael Thompson

Dois psicólogos infantis compartilham seus 35 anos somados de experiência trabalhando com meninos para chamar a atenção para uma nação de meninos que estão sofrendo — tristes, com medo, com raiva, solitários, silenciosos, viciados, suicidas. Eles discutem como as forças sociais e mensagens emocionais destrutivas em nossas interações diárias com nossos meninos ameaçam sua humanidade. Nós ensinamos a eles a acreditar que ser "legal" é igual a ter uma força machista e estoica. Os autores encorajam os pais a criarem meninos com valores como cordialidade e empatia e libertá-los dos atuais padrões impossíveis e dolorosos de masculinidade.

*Irmã outsider: Ensaios e conferências*, de Audre Lorde

Em especial o ensaio de Lorde intitulado "O filho homem: reflexões de uma lésbica negra e feminista", que é uma tese poderosa e brilhante sobre como criar um filho em um paradigma feminista dentro de uma sociedade sexista e racista. Seu filho Jonathan estava completando 14 anos quando ela escreveu esse ensaio. Embora ela diga que não tem um mapa de ouro para a criação de filhos por mães lésbicas, Lorde oferece uma das reflexões mais profundas sobre a masculinidade e a sexualidade do ponto de vista materno que você lerá na vida. Os filhos de lésbicas, diz ela, "têm a vantagem de nossos projetos de sobrevivência". Criar filhos negros em uma sociedade racista e sexista exige ensinar sobrevivência e amor e a como não ser dominado pelo medo. Ela quer criar um homem negro que não pegará as ferramentas cruéis de homens brancos apontadas contra ele e as voltará contra as mulheres. Esse ensaio se torna cada vez mais relevante a cada ano que passa.

*Sejamos todos feministas*, de Chimamanda Ngozi Adichie

Nesse ensaio tocante compilado em um livro bem fino, Adichie se lembra de concorrer à monitora de classe em sua escola, mas o professor deu a posição a um menino. "O que foi ainda mais interessante é que esse menino era uma alma doce e gentil que não tinha interesse em patrulhar a classe com uma vara. Enquanto eu estava cheia de ambição e doida para fazer isso." Adichie narra essa e outras memórias enquanto faz um apelo para que o feminismo do século XXI seja mais inclusivo e, portanto, benéfico para todos. Ela expõe as interseções de gênero e cultura ao relembrar sua chegada ao feminismo na Nigéria e, em seguida, lidando com sua negação em todo o mundo. Os homens, especialmente, devem falar sobre isso abertamente, diz ela.

*When Boys Become Boys: Development, Relationships, and Masculinity*, de Judy Y. Chu

A dra. Chu e a dra. Gilligan fizeram um estudo que acompanhou meninos da pré-escola à primeira série. Elas descobriram que esses meninos eram ternos, emocionalmente perceptivos, ansiavam por conexões emocionais e eram articulados a respeito de tudo isso. Também descobriram que a sociedade começa a ensinar esses meninos a abandonar essas qualidades "femininas" para provar que são meninos. Nossos filhos recebem mensagens para serem estoicos, autossuficientes, competitivos e até agressivos, para serem aceitos como "meninos de verdade". O que eles perdem é muito mais precioso e, na verdade, algo que depois dizem que desejam — a conexão emocional que faz parte de sua humanidade. Vamos devolver essas coisas boas aos nossos meninos, dizem essas pesquisadoras.

**Filmes**

*The Mask You Live In* (2015)

Em noventa minutos, esse documentário de Jennifer Siebel Newsom vai ao coração da besta que criamos: a masculinidade tóxica. Meninos e rapazes se abrem sobre como são educados no estoicismo e no ódio às mulheres. Psicólogos e pesquisadores alertam sobre a saúde de nossos meninos. Críticos culturais e acadêmicos revelam como a mídia socializa nossos filhos para que formem uma concha de todo o ser humano deles. O que aprendemos com esse filme é que devemos agir com urgência se quisermos resgatar nossos meninos e devolvê-los às suas alegrias sem máscaras.

*Tough Guise 2: Violence, Manhood and American Culture* (2013)

Ao longo dos anos em minhas aulas de conhecimento de mídia, quando exibo *Tough Guise* (2000) e *Tough Guise 2* (2013), os rapazes da minha classe ou ficam comovidos, ou ficam na defensiva. O educador pioneiro antiviolência, teórico cultural e autor Jackson Katz documentou repetidas vezes como os Estados Unidos atribuem uma ética violenta a seus meninos, como se violência fosse sinônimo de masculinidade. Katz examina a masculinidade em diferentes ambientes de raça e de classe e se aprofunda nas questões de tiroteios em massa, homofobia e militarismo norte-americano, todos os quais são alimentados por mensagens da mídia, videogames, publicidade, cultura esportiva e nossas próprias noções arraigadas e distorcidas de como os meninos se tornam homens.

**Outros recursos**

*Decisões que importam: uma experiência interativa*

Esse é um jogo curto e interativo, criado por alunos da Carnegie Mellon Univertisy, sobre maneiras de prevenir abusos sexuais. Em cerca de dez minutos, o jogador toma decisões ao longo de um dia típico de faculdade com os amigos. As decisões do jogador acabam levando a um personagem ser atacado ou não. Ao final, os atores, alunos da Faculdade de Belas Artes, dão vida aos personagens e explicam suas reações emocionais ao desfecho. Peça ao seu filho que está prestes a ir para a faculdade para jogar isso e depois discuta com ele.

https://www.andrew.cmu.edu/course/53-610/

"The Urgency of Intersectionality"

Usei o termo "interseccionalidade" várias vezes neste livro porque isso é, para mim, uma base do feminismo. Devemos todos ser gratos à dra. Kimberlé Crenshaw por dar um nome/termo a uma sensibilidade sem a qual o feminismo seria incompleto ou mesmo distorcido. Nesse TED Talk, a dra. Crenshaw explica como o preconceito de raça e gênero sistematicamente exclui mulheres não brancas, especialmente mulheres negras, de privilégios socioeconômicos e outros.

https://www.ted.com/talks/kimberle_crenshaw_the_urgency_of_intersectionality

# AGRADECIMENTOS

**AGRADEÇO IMENSAMENTE ÀS PESSOAS QUE TORNARAM** este livro possível. Obrigada à fantástica equipe da Sasquatch/Penguin Random House, especialmente à minha editora, Hannah Elnan, por sua sabedoria, sagacidade e guloseimas. Obrigada também à minha maravilhosa agente, Soumeya Bendimerad Roberts.

Sou grata àqueles que leram as primeiras versões deste livro — Theo Nestor, Rick Simonson, Ranjit Arab e Novera King. Meus leitores beta foram inestimáveis: obrigada, Ramon Isao, Amber Flame, Ruchika Tulshyan e Jenny Abrami.

Agradeço também aos alunos de pesquisa que tive ao longo dos anos — Anina Walas, Phoebe Kim, Schuyler Dull e Alec Downing. Agradeço ao corpo docente, aos funcionários e aos alunos da Universidade de Seattle, em especial meus colegas do Departamento de Comunicação e Mídia. Obrigada, Verna McKinnon-Hipps. Obrigada também aos meus companheiros de escrita — Novera, Kim, Ellie, Abby, David, Anna, Francoise e Waverly (de quem sinto muita falta).

Por ter me dado uma residência e um escritório em que eu pudesse escrever calmamente, agradeço à Hugo House. Residências como a PLAYA, L'Ancienne Auberge e a casa de Grace Nordhoff e Jonathan Beard me ajudaram a voltar toda minha atenção para a criação. Meu profundo agradecimento ao retiro de escrita Hedgebrook por sempre alimentar as partes mais famintas da minha alma.

Agradeço também a Theo Nestor, o tipo de amiga, mentora e irmã de que você precisa, especialmente durante a escrita de um livro como este. Pelas memórias contidas neste livro, agradeço a todos aqueles que enriqueceram minha vida. Sou grata à minha irmã, por me defender, por ir embora comigo.

Meu mais terno agradecimento, é claro, vai ao meu filho — por todas as risadas.

# SOBRE A AUTORA

**SONORA JHA É DOUTORA, ENSAÍSTA, ROMANCISTA** e professora de jornalismo na Universidade de Seattle. É autora do romance *Foreign*. Seus artigos e ensaios já foram publicados no *New York Times*, no *Seattle Times*, no *Establishment*, na revista *DAME* e em diversas antologias. Ela cresceu em Mumbai, foi editora-chefe do *Times of India* e editora colaboradora da *East Magazine* em Singapura. Ela dá aulas de ficção e redação na Richard Hugo House, no Hedgebrook Writers' Retreat e na Seattle Public Library. Ela é ex-aluna e membro do conselho do Hedgebrook Writers' Retreat e fez parte do júri do Artist Trust, Hedgebrook e da Hugo House.

Direção editorial
*Daniele Cajueiro*

Editora responsável
*Ana Carla Sousa*

Produção editorial
*Adriana Torres*
*Júlia Ribeiro*
*Juliana Borel*

Revisão de tradução
*Isabela Sampaio*

Revisão
*Fernanda Lutfi*
*Mariana Oliveira*

Projeto gráfico de miolo
*Letícia Fernandez Carvalho*

Diagramação
*Ranna Studio*

Este livro foi impresso em 2021
para a Agir.